KB124476

여성 혐오를 혐오한다

여성 혐오를 혐오한다

우에노 지즈코 지음

女ぎらい

나일등 옮김

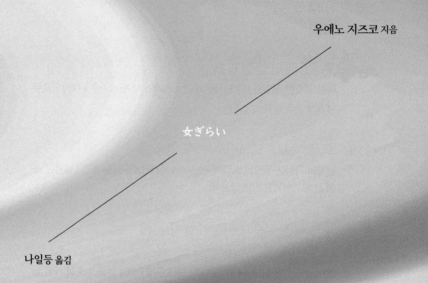

은행나무

차례

일러두기

* 저자 주와 옮긴이 주는 각주로 표시하였으며, '옮긴이'라는 표시가 없는 경우 모두 저자 주입니다.

개정 한국어판을 내며

일본에서 《여성 혐오를 혐오한다》의 단행본이 출간된 것이 2010년, 이후 내용을 보강해 문고판이 나온 것은 2018년이었다. 그리고 이번에 그 문고판을 바탕으로 개정 한국어판이 나오게 되었다. 단행본이 나왔을 때만 해도 '여성 혐오'라는 낯선 개념은 일본에서 거의 알려지지 않은 상태였다. 당시 페미니즘은 심한 역풍을 맞고 있었는데, 제목에 '페미니즘'이라는 말도 '젠더'라는 말도 들어 있지 않은 이 책은 일본의 젊은 독자들에게 매우 신선하게 다가갔다. 젊은 독자들은 이 책을 읽고 '아하, 이래서 그런 거구나!', '내가 무엇을 겪은 것인지 비로소 이해하게 됐다'는 반응을 보였고, 미소지니·호모포비아·호모소셜 3종 세트는 일상생활 속으로 금세 스며들어 정착했다. 얼마 전 "우리 회사는 '호모소'가 너무 심해서 말이지…"라며 호모소셜이라는 전문 용어를 '호모소'라고 줄여 일상 용어로 쓰는 젊은 여성의 대화를 듣고 깜짝 놀란 적이 있을 정도다.

이 책의 첫 한국어판이 나온 때가 2012년. 그리고 2016년에 강남역 살인 사건이 일어났다. 이 비극적인 사건과 맞물려 책의 판매 부수도 올라간 것으로 알고 있다. 처음에 당국은 이 사건을 정신이상자가 저지른 우발적 살인으로 해석하려고 했다. 그러나 범인이 남녀 공용 화장실에 숨어 남성 이용자들이 지나가길 기다렸다가 피해자 여성이 나타났을 때 범행을 저질렀다는 점, 또 "여자라면 누구라도 상관없었다"고 발언한 것을 근거로 한국 여성들이 나서서 이 사건을 '여성 혐오 살인'으로 재정의했다. 현장 인근 역 출구가 여성들에게 일종의 성지가 되고 엄청난 양의 포스트잇이 나붙은 것은 일본에도 잘 알려진 사실이다. 후에 한국을 방문했을 때 그곳에 붙었던 몇몇 메시지를 읽을 기회가 있었는데, 모든 메시지가 '피해자는 나일 수 있었다'라는 공감으로 가득했다.

"13년 전. 나도 화장실에서 칼을 든 남자에게 협박당해 강간 피해자가 됐다. 하지만 죽지는 않았다. 나는 운이 좋았을 뿐이다."

"나는 살아남았다. 나는 침묵하지 않겠다."

여성이라는 이유만으로 살해당하고, 여성이라는 이유만으로 밤길을 혼자 걸을 수 없고, 여성이라는 이유만으로 혐오 범죄에 노출된다… 이러한 여성 혐오는 세계 곳곳에 만연해 있다. 그 이유와 메커니즘을 밝힌 것이 바로 이 책이다.

여성 혐오라는 개념은 외국에서 들여온 것이다. 원전이 된 책은 이브 세지윅이 쓴 《남성 간 유대Between Men》이다. 그러나 자신 있게 말하건대, 나의 책이 세지윅의 책보다 이해하기 쉽고 응용 범위가 넓다. 물론 일본 황실에서부터 도쿄전력 OL 살인 사건까지, 이책에서 들고 있는 예시는 모두 일본의 것이다. 그러나 이 책을 읽은 한국 독자들은 응용문제를 풀 듯 자연스럽게 한국 사례들을 분석하게 될 것이다. 여성 혐오·호모포비아·호모소셜이라는 3종 세트가 현실 분석에 얼마나 잘 드는 칼인지 시험해보고 싶을 것이다.

이론은 사회를 해부하기 위한 무기다. 이론이 존재하기에 우리는 지금까지 보지 못했던 것들을 볼 수 있게 된다. 여성 혐오는 외래 개념이지만 그것을 활용하는 것은 우리다. 일본에서 열린 한 국제 회의에서 한 서양인 페미니스트가 '젠더 개념은 외래 개념이 아니냐'며 심술궂은 질문을 던진 적이 있다. 그러자 그 자리에 있던 인도 출신 페미니스트 가야트리 스피박은 이렇게 대답했다. 나는 그녀의 말을 잊을 수 없다.

"어디서 만들어진 것이 뭐가 중요할까요? 쓸 만한 도구라면 무엇이든 사용하는 편이 좋습니다."

우에노 지즈코

한국어판을 내며

지금으로부터 20년도 더 전의 이야기다. 한국의 한 출판사가 내가 쓴 《스커트 밑의 극장》(1989)을 출간하고 싶다며 한 페미니스트에게 번역을 의뢰했다. 그러자 그녀는 책의 내용을 읽고 "시기상조"라 딱 잘라 말했다고 한다.

그로부터 20여 년. 한국 사회는 변모에 변모를 거듭했다. 단숨에 민주화가 진행되어 일찍이 군사정권 아래 사형 선고를 받았던 김대중 씨가 대통령이 되었다. 경제 성장과 재정 파탄, 신자유주의 개혁이 동시에 진행되는 '압축 근대'를 경험하고 있으며 인구 구성 면에서는 일본보다 빠른 속도로 저출산 고령화가 진행되고 있다. 유교 가족주의의 전통은 그 명맥을 유지하는 것조차 힘겨워 보인다. 또한 '풍요로운 사회'는 젊은이들의 고학력화를 순식간에 달성시켜주었다. 세계화 흐름 속에서 젊은이들의 해외 유학이 증가했을 뿐 아니라 반대로 외국인 노동자들의 국내 유입도 늘어났다. 인터넷의 보급과 활용은 한국이 일본보다 훨씬 앞서 있다.

그러나 젠더 관계 면에서는 어떨까?

한국 사회에서는 여전히 남자다운 남자, 여자다운 여자가 대우받고 있을까? 일본에서는 한류 붐이 일어나 마치 틴에이저가 아이돌을 소비하듯 중장년 여성층이 한국의 남자 배우들을 소비하고 있다. 부드럽고 여성스러운 마스크에, 일본 남자들에게서는 찾아볼 수 없는 우람한 근육질 몸매가 매력적이라고 한다. 건장한 남자에게 보호받고 싶다는 '여성스러운' 바람을 그대로 간직한 채, 자신을 위협할 가능성이 거의 없는 '편리한 다정함'을 한국의 남자 배우들에게서 찾고 있는 것일까. 반대로 한국에서도 일본의 쟈니즈(미소년 아이돌을 전문적으로 관리하는 연예 기획사) 계열 남자 아이돌이 젊은 여성층에게 어필하고 있다고 한다. 일본을 방문한 적이 있는 한 젊은 여성의 말을 빌리자면 "한국 남자들은 언제나 발기 상태에 있는 것 같아싫고 일본 남자들은 체취가 없는 것 같아 좋다"고 한다. 한국의 남자들이 근육을 키우고 있을 동안 여자들의 취향이 '육식'에서 '채식'으로 변화해버린 것일까. 체취나 체모가 없고 청결한 느낌을 주는 남자가 좋다는 취향 변화는 한국에만 국한된 것이 아니라 세계적인 경향이지만, 한국 남자들은 아직 그런 여자들의 변화를 눈치채지 못하고 있는 것일까. 그런데 아무리 '청결'한 남자라 할지라도 필요할 때에는 '나를 지켜줄 능력이 있는 사람'이 좋다는 남성 의존적 바람에는 전혀 흔들림이 없는 것 같다.

이런 양국의 사회적·문화적 차이 속에 군사주의가 짙은 그림자를 드리우고 있다는 사실은 새삼스럽지 않다. 한국은 여전히 조선민주주의인민공화국과 휴전 상태에 놓여 있는 전시 사회이다. 군사적 긴장은 사라지지 않고 있으며 무엇보다도 한국 젊은이들에게

는 징병제가 있다. 아무리 우수한 학생, 유명한 스타, 탤런트라 할지라도 약 2년 동안의 징병을 피할 수가 없다. 징병 회피에 성공한다 하더라도 그 사실이 평생의 오점으로 남을 정도다. 반대로 일본은 1945년 패전 이후 군사력을 가지는 것을 스스로 금지한 국가가되었다(실제로는 빠져나갈 구멍을 만들어놓고 있지만). 물론 징병제도없으며 약 반세기 동안 전사자도 나오지 않았다. 미국의 품에 안겨'평화병平和ボケ'에 걸린 기합 빠진 사회라 불릴 정도다. 일본 젊은이들의 나약함을 한탄하며 징병제의 부재를 그 원인으로 지적하는 연장자들도 있다.

군대는 일명 '남성다움의 학교'라고도 불린다. 한국의 젊은이들에게 군대 경험에 관해 물은 적이 있는데 기억을 떠올리는 것조차 싫을 정도로 힘들었다는 대답이 돌아왔다. 단순히 훈련이 힘들어서가아니다. 그들이 받는 훈련의 내용을 요약하면 적을 공격하고 적을제압하기 위한 스킬이다. 즉, 살인의 기술인 것이다. 죽여라, 그렇지아니하면 내가 죽는다. 살벌한 세계다. 이렇게 비정상적으로 살기를부풀려놓은 병사들이 어느 날 갑자기 여자 앞에서 신사적으로 행동할 수 있을 리 없다. 연구에 따르면 전장에서 돌아온 병사들의 경우가정 폭력의 빈도가 증가하고 폭력적인 남편, 연인이 되는 경향이있으며 성범죄를 일으킬 확률이 높아지는 것으로 나타났다.

징병제가 없는 일본이 좀 더 나은가 하면 그렇지도 않다. '초식남'들은 귀찮고 번거로운 '숨쉬는 여체'를 떠나 이차원 오타쿠 세계속 미소녀 게임에 열중한다. 버추얼한 세계 속에서는 모든 것이 자신을 위해 돌아가기 때문이다. 그래서 여자에게 버림받았다고 느낀 남자들이 때때로 '꼭지'가 돌아 폭주하기도 한다.

이렇게 양국의 상황을 글로 옮기다 보니 저절로 미간이 찌푸려지는데, 결국 '남성다움'의 모델 속에 한국과 일본의 사회적·문화적 배경이 드러나 있을 뿐, 양국 간에 근본적인 차이가 없다는 것을 알 수 있다.

그런 한국 사회에 나의 최근작인 《여성 혐오를 혐오한다》가 번역되어 출간된다. 20년 전에는 '시기상조'였던 나의 저작도 20년이 흐른 뒤에는 그렇지 않게 된 듯하다. 동시대를 살아가는 두 사회의 경험이 과연 어느 정도로 오버랩되는지 독자들에게 물어보고 싶다.

《여성 혐오를 혐오한다》에는 원전이 된 책이 있다. 책의 첫 장에도 밝혔는데, 미국의 영문학자이자 퀴어 이론가이기도 한 이브 세지윅의 저서다. 그녀는 셰익스피어에서 디킨스에 이르기까지 18, 19세기 영국 문학을 소재로 그 속에 드러난 호모소셜, 호모포비아, 여성 혐오에 관해 논하였다. 만약 19세기 영국의 텍스트를 분석한 내용이 21세기 일본 혹은 한국에 대해서도 적용될 수 있다면… 우리들은 근대를 넘어섰다고 자신 있게 말할 수 없을 것이다.

일본에서 《여성 혐오를 혐오한다》는 20~30대 젊은 여성 독자들을 획득하는 예상 밖의 결과를 얻었다. 그녀들은 책을 읽고 "체증이 가셨다", "신선하다", "불편하다"와 같은 감상을 전해주었다. 만약 이 책에 실린 내용에 공감하거나 폐부 깊숙한 어떤 곳을 건드리는 느낌이 들거나 어떤 깨달음이나 이해를 얻었다면… 그녀들이 살아온

시간보다 두 배 정도 오래 산 나는 최근 수십 년 간 젠더 관계가 답보 상태에 있었음을 안타깝게 생각해야만 할 것이다. 만약 당신의 경험을 설명해주는 신선한 언어를 얻었다는 느낌을 받는다면 여자의 경험을 언어화하기 위해 노력해온 페미니즘이 그동안 당신에게 도달하지 못하고 있었음을 깨닫고 실망을 느껴야 할지도 모른다.

이 책을 읽는 한국의 독자들은 어떤 반응을 보일까. 이 책에는 대단히 전형적인 여성 혐오의 사례로 한국에 관한 이야기가 등장한다. 군대가 길러낸 '남성다움'은 군이 세지윅을 끌어들이지 않더라도 간단히 여성 혐오 분석이라는 도마 위에 올릴 수 있기 때문이다.

그러나 만약 당신이 이 책의 내용에 위화감을 느낀다면? 어느 사회에도 변화의 조짐이란 존재한다. 그리고 나는 그것이 알고 싶다.

책이란 저자에게 있어 자식과도 같은 것이다. 이 책을 한국에 '입양'시키는 입장에 있는 나는 이 책이 과연 어떤 반응을 불러일으킬까 하는 생각에 흥미진진함을 감출 수 없다.

우에노 지즈코

제1장

호색한과
여성 혐오

여성 혐오란 무엇인가

 misogyny. '여성 혐오'라 번역되기도 하고 '여성 혐오증', '여성 혐오감'이라 번역되기도 한다. 어쨌든 이런 여성 혐오적인 남자 가운데는 여자를 좋아하는 사람이 많다. 여자를 싫어하는 게 '여성 혐오'인데 여자를 좋아하는 남자가 많다니 이상하게 들릴 수도 있겠다. 그럼 더 알기 쉬운 번역어를 사용해보자. 바로 '여성 멸시'다. 여자를 성적 도구로밖에 보지 않기 때문에 어떤 여자든 상관하지 않고 알몸이나 미니스커트 같은 '여성을 나타내는 기호'만으로 즉각적인 반응을 나타낸다. 먹이를 보여주면 조건반사적으로 침을 흘리는 '파블로프의 개' 실험이 떠오르는데, 이 메커니즘이 남성에게 존재하지 않았다면 오늘날의 섹스 산업은 성립되지 않았을 것이다.

 여성 혐오는 성별이원제^{性別二元制} 젠더 질서의 깊고 깊은 곳에 존재하는 핵이다. 성별이원제의 젠더 질서하에서 성장하는 이들 가운데 여성 혐오로부터 자유로운 사람은 존재하지 않는다. 그것은 마치 중력처럼 시스템 전체 구석구석까지 영향을 미치고 있으며, 너무나도 자명하게 존재하고 있는 탓에 상당한 노력을 기울이지 않으면 의식조차 할 수 없다.

하지만 여성 혐오는 남녀에게 비대칭적으로 작용한다. 남성에게는 '여성 멸시', 여성에게는 '자기혐오'이기 때문이다. 더 노골적인 표현으로 바꿔보자. '여자로 태어나지 않아 천만다행'이라는 생각을 한 번도 해본 적이 없는 남자는 과연 얼마나 있을까. 반대로 '여자로 태어나서 손해'라는 생각을 한 번도 해보지 않은 여자는 얼마나 있을까.

'호색한' 남자가 여성을 혐오한다고 하면 모순적으로 들릴지도 모르겠다. 그러나 'misogyny'라는 영어 단어는 번역하기가 쉽지 않다. 'misogyny' 말고 'women hating'이라는 표현도 있지만, 호색한 남자가 'women hating'하다고 하면 더욱 이상하게 들릴 것이다.

'바람둥이'라 일컬어지는 남자들을 떠올리면 좋다. 그들은 '자기 것'으로 만든 여자의 수를 자랑하곤 하지만, 반대로 말하면 여자라면 누구든 상관 않고 발정할 정도로 여체와 여성기, 여성성의 기호나 신체 부위에 자동적으로 반응하도록 조건반사를 훈련받은 '파블로프의 개'가 바로 자신임을 고백하고 있는 것과 다름없다. 그들이 반응하고 있는 것은 여성이 아니라 여성성의 기호이기 때문이다. 만약 그렇지 않다면 모든 여성을 '여자'라고 하는 하나의 범주로 일괄 처리하는 그들을 이해할 방법이 없다.

모리오카 마사히로의 《남자는 원래 그래?》(2005)는 남성의 자기 성찰 학문인 남성학이 맺은 커다란 성과 가운데 하나다. 이 책에는 '남성은 왜 미니스커트에 욕정을 느끼는가?' 아니, '나 자신은 어째서 미니스커트에 욕정을 느끼는가?' 하고 자문자답하는 대목이 나온다. 그것을 몸에 두르고 있는 것이 여자건 남자건 상관없이 (여장 남자라는 사실을 알고 있음에도) 미니스커트라는 기호에 반응해버리는 페티시즘적 욕정을 솔직하게 고백하는 내용이다. 페티시즘이란 환유적 관계('여성'이 '하이힐'로 표현되는 관계)에 의해 욕망의 대상이 뒤바뀌는 기호적 조작을 뜻한다. 남성의 욕망은 단편화된 여성성 기호에도 간단히 반응할 정도로 자동기계적인 페티시즘을 신체화하고 있는 것 같다. 오해를 피하기 위해 덧붙이자면 페티시즘이란 동물적인 것이 아니라 고도로 문화적인 것이다. '파블로프의 개'가 '학습'에 의한 조건반사인 것처럼.

요시유키 준노스케와 나가이 가후

호색한이면서 여성 혐오적인 남자, 하면 나의 뇌리에는 좋지 않은 기억과 함께 요시유키 준노스케라는 이름이 떠오른다. 그는 문학계에서도 특히 호색한으로 유명했던 인물이었다. 그만큼 여자들한테 인기가 있었다는데, 어쨌든 그가 소설에서 그렸던 것은 소위 '창녀', 즉 '프로 여성'의 세계였다. 아쿠타가와상 수상작으로 그의 출세작이기도 한 《소나기》(1954)는 나가이 가후의 《강 동쪽의 기담》[1](1937)을 의식하고 쓴 작품이라는 말도 있다. 나가이도 '물장사' 세계의 여성을 그린 작가다. 호색한이면서 여성 혐오적인 남자들의 공통점은 창녀를 좋아한다는 점이다. 창녀를 좋아한다는 것은 창녀를 인간적으로 사랑한다는 의미가 아니다. 돈으로 여자를 사 자유롭게 노는 것, 어떨 때는 여자의 자발적 복종까지 이끌어내 희열을 느끼는 것을 의미한다. 나가이의 작품으로 여겨지는《두 평 짜리 방의 장지》[2]永井 1972에는 몸을 파는 여성에게 쾌락을 부여해 고통스러운 현실을 잊게 해주는 사창가 손님들의 '신사적' 문화가 그려져 있다. 이 소설은 남성 지배의 궁극적 형태를 언어화한 텍스 트인 것이다.

오쿠모토 다이사부로[3]는 요시유키를 '의심할 여지 없이 여성 혐 오 사상의 계보를 잇는 작가'奧本 1981: 162라고 썼다. 그러면서 '그러 나 여성 혐오 사상의 소유자는 여성에 대해 무관심할 수 없다는 점 이 바로 여성 혐오 사상의 약점이다'라고 덧붙였다. 그는 요시유키를 읽는 여성 독자의 수가 늘어나는 것을 보며 '사냥꾼의 총소리에 작 은 새들이 놀라 꼼짝 않고 있는 모습을 떠올리게 한다'며 야유했다.

1《강 동쪽의 기담》의 원제는《보쿠토 기담墨東綺譚》으로 직역하면 '보쿠토 이야기' 쯤 된다. '보쿠토'란 다마노이 지역을 가리키는 말로, 현재의 도쿄 스미다 구 일대에 해당한다. 이 지역은 1958년 매춘 방지법이 시행되기까지 사창가로 유명한 곳이었 다. 한 소설가와 창녀의 만남과 헤어짐을 계절의 흐름에 따라 아름답고도 애절하게 그린 이 소설은 나가이 가후의 최고작으로 꼽히고 있다.—옮긴이

2 가후가 쓴 것으로 여겨지는 희극풍 포르노 작품. 1982년에 잡지〈오모시로한분〉 에 게재되었으나 외설적 표현이 문제되어 형사 고발을 당하는 해프닝이 벌어지기도 하였다. '외설'의 개념 정의를 둘러싸고 논란이 된 이 사건은 '두 평짜리 방의 장지 사건'으로 불리기도 한다.

3 프랑스 문학자. 오사카예술대학 문예학과 교수. 1944년 생.—옮긴이

오쿠모토는 호색한이 여성 혐오적이라는 사실을 정확하게 지적하고 있는데, 이 수수께끼를 해석하자면 남자들이 '남성됨'이라는 성적 주체화를 이루기 위해 '여성'이라는 타자에게 의존할 수밖에 없는 모순을 그들이 민감하게 의식하고 있기 때문이라고 할 수 있다. 자신이 성적으로 '남성'인 것을 증명할 필요가 있을 때마다 여자라는 시시하고 불결하며 이해 불가능한 생물에게 욕망의 충족을 의존할 수밖에 없다는 사실에 대한 남자들의 분노와 원한이 바로 여성 혐오의 내용이라는 것이다.

　　남자들 마음속에는 '여자 없이 어떻게 안 될까' 하는 부분이 분명히 존재한다. 때문에 이성애 중심의 근대인에 비해 소년애를 칭송했던 고대 그리스인들의 여성 혐오가 더욱 철저해 보이는 것이다. 남성성을 미화하는 동성애자들에 대해 내가 느끼는 불신은 바로 여기에서 유래한다.

　　지금으로부터 20년 전, 내가 도미오카 다에코, 오구라 지카코와 함께 《남류문학론》上野 외 1992을 내놓았을 당시, 책의 서두에서 요시유키를 언급한 것은 그에게 오랫동안 쌓인 원한이 있었기 때문이다. 개인적으로 요시유키에게 성희롱을 당했다거나 하는 의미가 아니다. 당시 요시유키의 독자들이었던 또래 남자들로부터 성희롱 수준의 발언을 들어야만 했고 또 감내해야 했기 때문이다. 그들은 이렇게 말하곤 했다.

　　"요시유키를 읽어. 그럼 여자를 알게 될 거야."

　　개중에는 "여자란 무엇인가를 알기 위해 요시유키를 읽고 있어요"라고 말하는 여자들도 있었다. 다른 여자가 침대 위에서 어떻게 행동하는지는 남자들한테 묻지 않는 이상 알 길이 없다. 여자 경험이 많은 남자라면 자세히 알려줄 수도 있을 것이다. 하지만 거기에 그려져 있는 것이 '사실 그대로의 여자'가 아니라 여자에 대한 남자의 망상이라는 사실은 오랜 시간이 지난 뒤에야 깨닫게 된다. 어쨌든 요시유키의 저작을 통해 '남자의 망상 속 조연 배우'로서의 여성의 모습을 '지혜'로 얻어 간 여자들도 적지 않을 것이다.

요시유키는 문학계에서 '여자의 달인'으로 인정받았다. 섹스한 여자의 숫자와 섹스 횟수가 많고 그 경험을 소설의 주제로 삼고 있다는 이유만으로 말이다. 성적 상대의 숫자가 많다는 사실은 그 자체로는 자랑거리가 되지 못한다. 특히 그 상대가 '프로'인 경우에는 더욱. 이 경우 과시의 내용이 되는 것은 성적 능력이 아니라 권력이나 재력이 된다. 작가 요시유키 에이스케와 미용가로 성공한 아구리의 아들로 태어난 준노스케에게 돈은 근심거리가 되지 못했을 것이다. 여자는 권력, 부, 위신으로 간단히 낚을 수 있다. 요시유키가 긴자의 바에서 인기를 끌었던 것은 돈 씀씀이가 화끈했던 것뿐만 아니라 '작가 요시유키'라는 타이틀이 있었기 때문이리라. 이런 점에서 요즘의 인기작가 와타나베 준이치 '선생'과 통하는 면이 있다. 이들이 나가이 가후처럼 신분을 숨기며 여자를 안았고 매너가 좋아 인기가 있었다는 이야기는 들어본 적이 없다.

요시유키에게는 아내가 있었으나 유명 여배우와 두 집 살림을 차린 적도 있다. 한편 요시유키가 죽은 후, 소설 《암실》(1970)에 등장하는 여성이 바로 자신이라고 주장하는 이가 나타나 요시유키의 만년 여성 편력을 드러내는 사건이 있었다. 《암실》은 사소설私小說이라해도 무리가 없을 것이다. 두 집 살림을 살던 여배우는 경제적으로 자립할 능력이 있었지만, 또 다른 정부인 이 여성은 요시유키로부터 매달 생활비를 받았다고 한다. '암실'에서 깨끗이 정리된 관계였다면 조용히 침묵 속에 묻어두면 될 것을, 굳이 세상에 스스로를 드러낸 그녀의 심리에는 '요시유키의 여자'라는 자존심이 있었는지도 모르겠다. 이후로도 그녀는 '암실'에서 요시유키와 함께했던 생활을 여러 권의 책에 반복적으로 쓰고 있다.大塚(英子) 1995; 1998; 2004

지금은 유명해진 한 희극 배우가 쓴 주간지 칼럼이 잊히지 않는다. 그는 자신감을 잃을 때나 좌절을 겪을 때면 수첩에 적힌 모든 여자에게 전화를 걸어 "나 탤런트 아무갠데, 지금 길게 이야기할 여유가 없어. 지금 당장 나 있는 데로 와" 하고 부탁한다고 한다. 그래서 그중 몇몇이 진짜로 찾아오면 '그래, 나 아직 죽지 않았어' 하고 안심한다고 한다. 그의 솔직함에 탄식이 절로 나왔다. 인기로 먹고사는 이의 정체성이 얼마나 연약하고 무른 것인가를 절실히 느낄 수 있는 에피소드다. 그에게 전화를 받은 여자들이 반응하고 있는 것은 그의 인격이나 육체가 아니라 그의 '유명인 브랜드'다. 그에게 그녀들이 대체 가능한 존재인 것처럼 그녀들에게 그 역시 대체 가능한 '기호'인 것이다. 그 역시 이 사실을 잘 알고 있지만 그럼에도 여자가 찾아오면 위안을 느끼는 것이다. 명성이나 권력 같은 자신의 기호가 가진 효과를 재확인하는 것이 유일한 목적이기 때문이다. '남성의 섹슈얼리티 소외란 이렇게나 뿌리 깊은 것인가!' 하고 생각했던 기억이 있다.

　요시유키의 《모래 위의 식물들》吉行 1985에는 평범한 샐러리맨인 주인공이 창녀를 찾아가 '분노에 가까운 감정'을 내뱉는 대목이 등장한다. 아니, 그 반대다. '분노에 가까운 감정'을 품었을 때 그걸 퍼부을 수 있는 편리한 상대로 창녀가 존재한다. 요시유키에게 여자란 저항하기보다는 모든 것을 받아들이며 또한 그것을 스스로의 쾌락으로 전환하는 편리한 존재다. 자신의 분노와 우울을 처리해줄 쓰레기터로서 여자를 찾는 남자에게 오히려 그것을 적극적으로 향유하는 여자의 존재는 남자들의 죄의식을 없애주는 장치가 된다. 그리고 그녀가 '고통 대신 환희의 소리를 높일' 때 '여자란 도대체 알 수 없는 존재'가 되어 미지의 영역으로 쫓겨나게 된다. 이중의 타자화인 것이다.

　위의 이야기가 실화인지 어떤지는 모르겠다. 손님이 창녀의 쾌락에 얼마나 신경을 쓰는지 알 수 없고(돈을 주고 여자를 사는 이유는 상대의 반응을 보며 배려할 필요가 없기 때문이 아닐까), 여자가 진짜로 쾌락을 느꼈는지 어땠는지도 본인에게 물어보지 않는 이상 알 수 없기 때문이다. 어쩌면 실제로 그런 여자가 존재하는지도 모르겠고 만약 존재하지 않는다 해도 '환희의 목소리를 높이는' 것쯤 여자에게는 간단한 일이다. 1960년대 미국 여성해방운동 이후 출간된 기념비적 섹슈얼리티 리포트 《하이트 보고서》Hite 1976=1977를 본받아 일본에서 간행한 《모어 리포트》의 개정판 《모어 리포트 NOW》モア・

リポ-ト班編 1990에 따르면, 60퍼센트 이상의 여자들이 '오르가즘을 느끼는 척한 적이 있다'고 대답했고 그 가운데 70퍼센트가 '상대는 그것을 눈치채지 못하고 있다'고 확신했다. 이런 이야기를 하면 반드시 "나는 여자들이 진짜로 느끼는지 어떤지 100퍼센트 알 수 있다"고 호언장담하는 남자들이 있는데, 어느 말이 진실인지는 확인할 방도가 없다.

하지만 고상한 척하며 성을 '탐구'하는 소설 대부분이 깜짝 놀랄만큼 통속 포르노의 정석을 따라 전개된다. 포르노의 철칙은 '유혹하는 이는 여자여야 하며 마지막에 가서는 쾌락에 지배될 것'이다. "유혹한 건 여자라고. 나는 나쁘지 않아" 하고 남자의 욕망을 면책시켜주는 대단히 단순한 장치이다. 저항하는 여자를 억지로 눕혀 범하는 '강간물'에서조차 결국에는 여자의 쾌락으로 끝이 난다. "왜 그래, 너도 좋았잖아"라고 말하는 듯 말이다. 마치 여성기는 어떠한 고통이나 폭력도 쾌락으로 변환시킬 수 있는, 모든 것을 빨아들이는 블랙홀 같다. 포르노그래피의 도달점이 남자의 쾌락이 아니라 여자의 쾌락이라는 역설은 전혀 수수께끼가 되지 못한다. 여성의 쾌락은 남성의 섹슈얼리티 달성을 측정할 수 있는 지표이며 남성에 의한 여성의 성적 지배가 완성되는 지점이기 때문이다. "내 아랫도리를 한번 맛보고 나면 아주 사족을 못 쓰고 떨어지질 않는다니까." 정도야 어떻든 이런 생각을 하지 않는 남자는 거의 없다.

분명히 말해두지만 여성의 쾌락은 이런 식의 편리한(남자들 구미에 맞는) 것이 아니다. 비슷한 종류의 환상이 널리 퍼져 있는 탓에 그런 환상을 진짜로 믿는 이들이 있을까 겁나지만, 요시유키는 이런 성환상을 퍼뜨린 전범 가운데 한 명이다. 실제로 그의 성환상을 믿은 남자와 여자 들이 그 시대에는 존재했었다. '요시유키를 읽으면 여자를 알 수 있다'고 믿은 남녀들이 바로 그런 사람들이다. 그 믿음은 남성에게는 단순히 '편리한 담론'에 불과할지 몰라도 여성에게는 억압으로 작용할 수 있다. '나는 요시유키의 소설 속에 등장하는 여자처럼 느끼지 못해. 혹시 나는 아직 여자로서 성숙하지 못한 것일까'라고 생각할 위험이 있기 때문이다. 여자들에게 요시유키를 읽히고 싶어 했던 남자들은 '편리한 여자'를 양산해내고 싶었던 것이다.

안타깝게도 요시유키를 읽어도 여자는 알 수 없다. 그의 작품을 통해 알 수 있는 것은 여자란 무엇인가, 어떤 존재인가, 어떤 존재였으면 하는가에 관한 남성의 성환상에 지나지 않는다. 마치 오리엔탈리즘의 경우와 같다. 에드워드 사이드는 오리엔탈리즘을 '오리엔트를 지배·재구성·위압하기 위한 서양의 양식', 즉 '동양이란 무엇인가에 관한 서양의 지식'으로 정의했다. 그렇기 때문에 오리엔트에 관해 써놓은 서양 서적을 아무리 읽어도 결국 알게 되는 것은 서양인의 머릿속에 존재하는 오리엔트에 대한 망상일 뿐이며 진짜 오리엔트에 관해서는 알 수가 없다. 이것이 《오리엔탈리즘》Said 1978=1986에서 사이드가 발견한 사실이었다.

실은 요시유키 외에도 가상의 적이 한 명 더 있다. 요시유키가 모범으로 삼았으며 평생 속세와 연을 끊고 뒷골목에서 살다 갔다고 전해지는 작가, 나가이 가후다. 전후戰後 문학 '제3의 신인'[4] 가운데 한 명이었던 요시유키는 머지않아 일본 문학사에서 사라질 마이너한 작가이지만(현재 요시유키를 읽는 독자의 수는 얼마나 될까), 나가이 가후는 그렇지 않다. 가후는 지금도 계속해서 인용되는 문학사의 거장이다. 요시유키뿐 아니라 현재에도 가후를 스승으로 사모하는 남성 작가들이 끊임없이 등장하고 있다. 그걸 볼 때마다 오쿠모토가 말한 '여성 혐오 사상의 계보를 잇는 작가'가 재생산되고 있다는 생각을 지울 수 없다.

가후 역시 호색한이었고 사창가를 자기 집처럼 들락거렸으며 창녀의 손님이기보다는 연인이 되기를 원했던 인물이었다. 그는 요시유키와 달리 신분을 숨긴 채 '뭔가 수상쩍지만 마음씨 좋은 아저씨'의 모습으로 창녀들에게 다가갔다. 씀씀이는 좋았을지 모르지만 사회적 지위를 미끼로 삼은 적은 없으며 창녀로부터 애인 대접을 받을 정도로 인기도 있었다. 요시유키는 애인 삼은 창녀가 다른 손님을 받는 것에 질투를 느꼈지만, 가후는 친한 창녀가 손님을 받을 때면 장사에 방해가 되지 않도록 피할 줄도 알았다. 가후가 진정으로 성의 달인이었으며 여자를 대하는 기술이 더 좋았다는 것은 상상하기 어렵지 않다. 섹스 테크닉 역시 보통이 아니었음은, 쾌락의 정도

---

4 제1차, 제2차 전후파戰後派 작가에 이어 1953~55년 사이에 문단에 등장한 작가들을 가리킨다. 이전 전후파 작가들이 유럽 형식의 장편소설을 주로 썼던 것에 비해, 이들은 전전戰前 일본 문학의 주류였던 사소설, 단편소설로의 회귀를 시도한 것이 특징이다. ―옮긴이

를 스스로 조절할 수 있는 '프로' 여성조차 절정으로 이끌었다(고 전해진다)는 사실로부터도 유추할 수 있다. 이런 아저씨와 한번쯤 친구가 되어보고 싶다고? 하지만 가후 역시 오쿠모토가 말하는 '여성 혐오 사상의 계보를 잇는 작가'라 한다면 기묘하게 들릴 것이다.

《강 동쪽의 기담》에서 가후는 뒷골목 여자에 관해 이렇게 적고 있다.

> 지금은 다 지나간 이야기이지만 나는 소싯적부터 홍등가를 드나들었다. 한때 사정이 있어 그네들 뜻대로 몇몇을 집에 들여 가사를 맡긴 적도 있지만 모두 실패로 돌아가곤 했다. 그녀들은 한번 처지가 바뀌었다고 생각하면 더 이상 그네들이 비천한 몸이 아니라 생각하기 시작하고, 그러면 일변하여 무엇을 가르쳐줘도 듣지 않는 게으른 여자가 되거나 제어하기 어려운 성질 사나운 여자가 되어버리기 때문이다.永井 1971: 104

그는 여자들과 친해지기 위해 신분을 숨겼지만 경찰의 검문을 받은 이후로는 항시 인감과 인감증명, 호적초본을 품에 지니고 다닐 정도로 용의주도했다고 한다. 자신은 이런 홍등가를 배회하기에 어울리지 않는 지위와 신분을 가진 번듯한 신사라는 사실을 증명하기 위해서다. 즉, 자신은 다른 세계의 인간이라는 증명을 손에 쥔 채 여자들과 어울리면서, 여자들이 경계를 넘어 자신의 영역에 들어오는 것은 결코 허락하지 않았던 인물이었던 것이다. 그녀들과 눈높이를 맞춰 어울렸다기보다는 그녀들을 다른 인종으로 간주하였기 때문에 성립할 수 있었던 관계였다.

이처럼 분명하게 그어진 계급과 젠더의 경계선을 무대장치로 세파에 찌든 그녀들에게 내비치는 동정이나 이해는, 절대 안전 영역에 자리한 남자의 자기만족을 위한 재료에 지나지 않는다. 그런데 어떨 때는 이런 것조차 짜고 하는 연극이 되기도 한다. 창녀가 손님의 구미에 맞게 이런저런 이야기를 지어내어 손님에게 '착한 아저씨'의 부가가치를 붙여주는 것은 익히 알려진 상술 중 하나다. 그걸 순진하게 믿을 만큼 가후가 멍청하지는 않았을 것이다. 《강 동쪽의 기담》에 '오유키'라는 창녀가 이 연극에서 일탈해 가후에게 순애를 표하는 대목이 나오는데, 결론부터 말하자면 가후가 표현하듯 '그 몸뿐만 아니라 그 순정도 농락한 꼴'이 되고 말았다.永井 1971: 105

여성으로부터 도주하는 남성

요시유키의 작품을 분노를 느끼며 읽는 대신 남성의 성환상에 관한 훌륭한 텍스트로서 읽는 방법도 있다. 이런 식으로 읽으면 열이 오를 독서 체험도 어쩌면 이렇게까지 적나라하게 남자의 속내를 드러내 보일까, 하는 교훈적인 독서로 바뀐다. 실제로 그렇게라도 생각하지 않으면 남자들이 쓴 글들은 대개 얌전히 읽기가 힘들다. 노벨문학상 수상 작가인 오에 겐자부로의 작품에도 가토 슈이치[5]가 지적하듯 '어떤 부분에서는 페미니즘에 대한 경계심이 가

득 담긴 야유와 동성애 혐오적 언사가 거리낌 없이 드러나 있다.'加藤
2006: 100 일일이 화를 내며 씩씩거리기보다는 사이드가 오리엔탈리
즘에 대해 그랬던 것처럼 남성 작가의 작품을 '여성에 관한 텍스트'
가 아닌 '남성의 성환상에 관한 텍스트'로 읽는다면 여러 가지로 공
부가 된다. 그들은 작품에서 남자라는 수수께끼에 관해 대단히 솔직
하게 털어놓고 있기 때문이다.

근대 일본의 남성문학을 이런 식으로 읽은 문학자가 바로 미즈타
노리코이다. 그녀는 「여자에게로의 도주와 여자로부터의 도주」水田
1993에서 이렇게 쓰고 있다.

> 남성 작가가 여성을 제대로 이해하지 않았고 여성을 정확하게 그
> 려오지 않았으며 인간으로서의 여성을 그리지 않았다고 하는 지적
> 은 그 자체로는 올바른 지적이지만, 남성 작가 비판의 측면에서 보
> 면 헛다리를 짚고 있다고 할 수 있다. (…) 남성 내면의 모양을 펼
> 쳐 보여 '여자라고 하는 꿈'의 구조를 밝히는 것이야말로 비평이
> 분석해야 하는 부분인 것이다. 남성 작가들은 여성에게 자신의 꿈
> 을 투사하여 자기 멋대로 해석해왔는데, 그들이 그려온 꿈 속 여성
> 과 현실 속 여성과의 괴리야말로 남성 내면의 풍경을 현란시켜온
> 주범이다.水田 1993: 75

---

5 메이지가쿠인대학 사회학부 교수. 1963년 생.―옮긴이

나는 이 문장을 《남류문학론》에 대한 통렬한 비판으로 읽었다. 남자는 여자를 그려오면서 사실은 자기 자신에 관한 가장 극명한 묘사를 해온 것이다. 논문의 제목 그대로 미즈타는 근대 일본의 남성 문학을 '여자에게로의 도주'와 '여자로부터의 도주'라는 두 키워드로 읽는다. 약간은 대담하기까지 한 이 도식은 나에게 놀라운 발견으로 다가왔다. 미즈타에 따르면 근대 남성문학에서 '여자'란(살아 있는 인간으로서의 여성이 아니라 페티시즘적 기호로서의 여성을 '여자'로 표기하기로 하자) 남성의 내면이 성립하는 사적 공간이었다. 남성은 공적 세계로부터의 도피를 추구, '여자'라는 공간으로 향하게 되며 그곳에서 현실 속 여성과 조우하게 된다. 그리고 거기서 '불가사의하고 꺼림칙한 타자'를 찾아내고는 다시 도주를 시도하게 된다. 이 도주가 '가정으로부터의 도주'의 형태를 띠는지 '가정에로의 도주'의 형태를 띠는지는 문맥에 의해 달라진다. '가정으로부터의 도주'는 이해하기 쉬운 형태이기는 하나, 도주 끝에 그들이 발견하는 것 역시 그들의 '꿈'을 만족시켜주지 않는 또 하나의 타자임을 알게 되고 다시금 그곳으로부터 도주하게 된다. 이런 틀을 가지고 일본의 근대 사소설을 해석해보면 남성 작가의 작품 대부분을 이해할수 있다. 요시유키의 작품 역시 이 틀을 벗어나지 않는다.

처음에는 요시유키에 흠뻑 빠져들었다가 이후 요시유키로부터의 졸업을 선언한 내 또래 세대 일본문학 연구자, 세키네 에이지는 요시유키의 작품이 남성에게 있어 얼마나 매력적인 텍스트인가를 고백하고 있다. 세키네는 자신의 논문집에 《'타자'의 소거》關根 1993라는 의미심장한 제목을 달았다. 여성을 '타자화'한다는 것은 실질적으로는 자신이 감당할 수 있는 '타자' 범주에 여성을 억지로 집어넣는다는 것을 의미하며 이러한 타자는 매혹과 동시에 모멸의 대상이 된다. '성녀'로 추앙되든 '매춘부'로 업신여겨지든 모두 한 동전의 양면인 것이다. 세키네가 요시유키를 '졸업'하게 된 계기는, 미국인 여성과 사귀고 결혼하게 된 경험에 의해서였다(고 한다). 다른 문화권의 여성은 '나는 당신의 편리한 '타자'가 아니다'라고 끊임없이 주장하기 때문이다. 거기에 존재하는 타자란 진정한 '타자', 이해하는 것도 제어하는 것도 불가능한 진짜 타자, 자기와는 전혀 다른 미지의 몬스터인 것이다.

《남류문학론》에서 내가 시마오 도시오의 《죽음의 가시》[6](1977)를 일본 근대 문학의 하나의 도달점으로 간주했던 이유는, 그 속에 그려진 아내가 '이형의 타자' 모습 그대로 그려져 있고 그 현장으로부터 작가가 도망치려 하지 않기 때문이다. 그리고 그 태도가 남자들에게 있어 얼마나 드문 것인지를 잘 알고 있기 때문이다.

미즈타는 이 이론을 더 확장시킨다. 그렇다면 여성 작가들은 어떠한가? 자기 내면을 발견하는 장으로서 그녀들은 '남자'라고 하는 꿈을 꾸었는가? 그 답은 '놀라울 정도로 비대칭적'이다. 남자들은 '여자'라고 하는 꿈을 꾸지만 여자들은 남자들의 현실에 일찍 눈을

6 1917년생. 이 작품은 그의 사소설이자 대표작으로, 전쟁 말기 주둔지 섬이라는 극한 상황에서 만난 한 특공대원과 섬 처녀의 결혼 생활을 그리고 있다.—옮긴이

뜨고 남성 대신 여성, 즉 자기 자신에게로 향했다. '근대 여성문학에는 남성이라고 하는 환상이 희박한 것이 그 특징이다'水田 1993: 86라고 미즈타는 간단하게 결론 내린다. 젠더는 성환상의 형성에 있어서조차 이렇게나 비대칭적이다.

'대환상對幻想[7]이란 남성이 꾸는 꿈이다'라는 사이토 다마키斎藤(環) 2006b의 분석은 혜안이다.

남성의 성환상에 빠져 그 속에서 '꿈속의 여성'을 연기해주려 한 여자들이 있었는지도 모른다. 하지만 오늘날의 여자들은 그런 무의미한 남성 시나리오로부터 빠져나오기 시작했다. 남자들이 현실 속 여성으로부터 '도주'하여 가상 현실 속 '여자'에게 빠져드는 것은 예나 지금이나 마찬가지이다.

---

7 요시모토 다카아키가 1968년의 저서 《공동환상론》에서 만들어 사용한 개념. 인간의 환상 영역을 공동환상, 자기환상, 대환상으로 구분하여 논의하였다.—옮긴이

제2장

호모소셜,
호모포비아,
여성 혐오

남자의 가치는 무엇으로 정해지는가

　남자들을 보고 있으면 여자와 함께 있는 것보다 남자들끼리 있는 걸 더 좋아하고 편안해하는 것이 아닐까 하는 생각이 들곤 한다. 여자의 가치는 남자의 선택에 의해 결정되는(일반적으로 그렇다) 반면, 남자의 가치가 여자의 선택에 의해 결정되는 일은 없다. 그런 점에서 이성애 질서는 남녀에게 비대칭적으로 작동한다. 그렇다면 남자의 가치는 무엇으로 결정되는 것일까? 그 답은 '남성 세계 내 패권 게임에 의해 결정된다'이다. 남자가 받을 수 있는 최고의 평가는 같은 남자가 내뱉는 "제법인걸!"이라는 칭찬이 아닐까? 시대극에 나오는 한 장면처럼, 호적수와 칼을 맞대고 힘겨루기를 하다가 서로의 얼굴이 가까워졌을 때 귓바퀴 언저리에 대고 읊조리는 "제법인걸!"이란 말보다 더 가슴이 요동치는 쾌감이 있을까. 이 쾌감에 비하면 여성으로부터 받는 칭찬은 거의 아무런 감흥을 주지 못하리라—고 비非남성인 나는 추측하는데, 이 추측에는 나름의 근거가 있다.

　남자는 남성 세계의 패권 게임 속에서 다른 남자들로부터 실력을 인정받고, 평가받고, 칭찬받는 것을 좋아한다. 패권 게임에는 지위를 놓고 다투는 권력 게임과 부를 놓고 다투는 치부致富 게임, 명예를 놓고 다투는 위신 게임 등 여러 종류가 있는데, 패권 게임의 승자가 되기만 하면 여자는 전리품처럼 자동적으로 따라오게 된다. 바로 얼마 전까지만 해도 정말로 그랬다. 유명 인터넷 벤처기업 라이브도어의 사장 호리에 다카후미[1], 일명 호리에몽이 남긴 "돈만 있으면 여자는 저절로 따라온다"는 호언은 사실 그다지 과장된 진술이 아니다. 남자는 영웅이 되는 걸 좋아한다. 그리고 여자는 영웅을 좋아한다. 여자를 얻고 싶다면 우선 남자들 사이의 패권 게임에서 승자가 되는 것이 가장 빠른 길이다. 여자들은 영웅에게로 모여든다. 남자들이 여자들의 평가를 신경 쓰기 시작한 것은 여성이 스스로의 힘으로 지위, 부, 명예를 획득할 수 있게 된 이후의 일이다.

그런데 위의 논리는 여자들 사이에서는 성립하지 않는다. 여성 세계의 패권 게임은 여성 세계 그 자체만으로는 충족되지 않는다. 거기에는 반드시 남성의 평가가 개입하여 여자들을 갈라놓게 된다.

---

1 호리에 다카후미는 1972년생으로, 1996년 벤처기업(홈페이지 제작 회사)을 설립하여 '닷컴 버블' 속에서 급성장을 거듭하고 2004년 유명 프로야구 구단의 매수를 시도하여 일약 주목을 받게 된다. "돈으로 살 수 없는 것은 없다"와 같은 직설적 발언과 가치관으로 젊은이들의 주목을 받았다. 이후 증권 매입을 통한 후지테레비 매수 시도, 2005년 중위원 선거 출마 등 세간의 이목을 집중시키나 2006년에 증권거래법 위반 혐의로 구속, 재판에서 징역 2년 6개월의 실형을 선고받아 복역한 뒤 2013년에 가석방되었다. 현재 기업인이자 저자, 방송인, 유튜버 등으로 활발하게 활동하고 있다.—옮긴이

적어도 남자들이 인정하는 여자와 여자들이 인정하는 여자 사이에는 이중 기준이 존재하며 양자는 서로 일치하지 않는다.

나는 오랜 세월 동안 이런 '남자들끼리의 강한 유대'를 동성애라 착각하고 있었다. 남성 간 성애를 호모섹슈얼homosexual이라고 하는데, 성적이지 않은 남성 간 유대를 호모소셜homosocial이라 칭하고 그것을 호모섹슈얼과 구별한 이가 바로 이브 세지윅Eve Sedgwick이다.Sedgwick 1985=2001 호모섹슈얼에는 '동성애'라는 번역어가 있지만 호모소셜에는 현재로서는 적당한 번역어가 없다. 세지윅의 《Between Men》Sedgwick 1985의 일본어판 제목을 따라 '남성 간 유대'로 부르는 것이 가장 적당할지도 모르겠다.[2] 호모소셜과 호모섹슈얼은 비슷한 것처럼 보이지만 사실 다르며, 또 서로 다른 것처럼 보이지만 비슷하기도 하다. 원래의 단어가 가지는 어감을 존중하는 의미에서 무리하게 번역어를 사용하기보다 '호모소셜'이라는 영어 단어를 그대로 사용하기로 하자.

남성 연대의 성립 조건
앞서 호모소셜을 '성적이지 않은 남성 간 유대'라고 풀이했는데 좀 더 정확하게 말하면 '성적인 것을 억압한 남성 간 유대'를 의미한다.

[2] 한국에서는 '동성사회적同性社會的'이라는 말이 사용되기도 한다.—옮긴이

'성적'이라는 것은 무슨 의미일까? 프로이트는 '생生의 욕동欲動'을 아이덴티피케이션identification과 리비도·카텍시스libido·cathexis의 두 가지로 분류했다. 전자를 '동일화'로, 후자를 '욕구충당欲求充當'으로 번역하기도 한다. 이 두 가지를 '되고 싶은 욕망'과 '가지고 싶은 욕망'이라는 더할 나위 없이 명쾌한 말로 표현해준 이가 바로 사회학자 사쿠타 게이치다. 아버지와 어머니, 그리고 아이로 이루어지는 '가족의 삼각형' 속에서 아버지와 동일화하고 어머니(와 닮은 이)를 가지고 싶다고 생각하면 아이는 '남성'이 되고, 어머니와 동일화하고 아버지(와 닮은 이)를 가지고 싶다고 생각하면 아이는 '여성'이 된다. 현실의 어머니를 소유하는 것은 불가능하므로(이미 아버지가 소유하고 있으므로) 어머니와 닮은 이를 추구하여 아내가 어머니의 대리인이 되어주길 바라면 그는 이성애자 남성이 된다.

한편 자신과 마찬가지로 어머니에게 팔루스phallus(상징으로서의 페니스)가 없다는 사실을 발견하고 아버지의 팔루스를 욕망한 아이는 팔루스의 대용품으로 아들을 추구, 어머니와 동일화함으로써 이성애자 여성이 된다. 즉, '되고 싶은 욕망'과 '가지고 싶은 욕망'을 이성 부모에게 성공적으로 분할·부여한 아이만이 이성애자 남성 혹은 여성이 되는 것이다. 이러한 정신분석 발달 이론에는 남성 혹은 여성이 되는 것 이외에 다른 선택지가 존재하지 않지만, 발달 과정에서 '실패'가 일어날 가능성은 얼마든지 있다. 따지고 보면 프로이트의 발달 이론에는 애초부터 생물학적 운명론의 요소는 없다.

참고로 프로이트 이론을 철저하게 기호론화한 정신분석가가

라캉인데, 사이토 다마키의 《지속 가능한 삶을 위한 라캉》斎藤(環) 2006a은 본인이 자부하듯 '일본에서 나온 책 중에서 가장 쉽게 라캉을 이해할 수 있는 책'이다. 이 책을 읽으면 프로이트 이론을 한층 더 깊게 이해할 수 있다.

그렇다면 동성애자란 누구일까? 프로이트에 따르면 '되고 싶은 욕망'과 '가지고 싶은 욕망'의 성적 분화에 실패한 이, 즉 동성에게 '되고 싶은 욕망'과 '가지고 싶은 욕망'을 모두 추구한 이가 동성애자가 된다.

사실 '되고 싶은 욕망'과 '가지고 싶은 욕망'은 간단히 분리되는 것이 아니다. '그 사람처럼 되고 싶다'는 절실한 욕망과 '그 사람을 내 것으로 만들고 싶다'는 열렬한 욕망은 종종 겹쳐서 나타나기도 한다. 세지윅은 호모소셜에는 호모섹슈얼한 욕망이 포함되어 있으며 그 두 가지는 연속체로서 이해해야 한다고 말한다.

호모섹슈얼한 욕망이 포함된 호모소셜에는 위험이 뒤따른다. '되고 싶은 욕망'은 대상에 대한 동일화를 통해 성적 주체화를 이루는 것을 의미하고, '가지고 싶은 욕망'은 대상을 향한 욕망을 통해 성적 객체화를 이루는 것을 의미하기 때문이다. 따라서 동일화의 대상인 타자(주체)를 동시에 성적 욕망의 대상(객체)으로 삼는 것은 불가능하다. '동일화'란 '그 사람처럼 되는 것(즉 타자가 되는 것)'을 통해 주체가 되는 것이며, 이성애 질서 아래에서 아들이 '남자가 된다'는 것은 아버지처럼 '여자(성적 객체)를 소유하는' 성적 주체와 동일화하는 것을 의미한다.

남성의 역사는 이 '되고 싶은 욕망'과 '가지고 싶은 욕망' 사이의 조절에 안간힘을 써온 역사로 읽을 수도 있다. 유명한 푸코의《성의 역사》Foucault 1976=1986도 이러한 관점으로 풀이하는 것이 가능하다. 고대 그리스에서는 성애의 최상위에 동성애가 있었으나 정확하게는 소년애였으며 성인 남성 간의 성애는 아니었다. 자유민 성인 남성이 성적으로 접근할 수 있는 이들은 소년 또는 노예 남성으로 제한되어 있었으며 양자의 관계는 비대칭적이었다. 한편 여성은 아이를 낳는 수단으로밖에 인식되지 않았으며 가축이나 노예와 마찬가지로 재산의 일부로 취급되었다. 이성애는 자유민 남성의 의무이자 책임이었지 소년애처럼 '고귀한 권리'는 아니었다.

　그리스의 동성애는 어째서 대칭성을 가지지 못했을까? 페니스를 '삽입하는 이penetrater'와 '삽입당하는 이penetrated' 사이에는 일방적인 관계만이 있을 뿐이며 '삽입당하는 이'는 열등한 위치에 놓이기 때문이다. 다른 말로 하면 '삽입하는 이'는 성적 주체, '삽입당하는 이'는 성적 객체로서 양자 사이에 혼란이 있어서는 안 되었기 때문이다. 동성애 중에서도 자유민 소년이 스스로의 의지로 성애의 객체가 되는 것을 선택하는 것(또는 선택하도록 만드는 것)이 최고로 가치 있는 성애이며 선택의 자유가 없는 노예와의 성애는 하위 등급에 속하는 것으로 여겨졌다. 자유민 소년은 '삽입당하는 이'의 위치에 있긴 하지만 시간이 흘러 성인 남성이 되면 다른 소년을 성적 객체로 삼아 스스로를 성적 주체화하는 것이 가능하기 때문이다.

삽입당하는 것, 소유당하는 것, 성적 객체가 되는 것을 다른 말로 표현하면 '여성화되는 것feminize'이다. 남자들이 가장 두려워하는 것은 여성화되는 것, 즉 성적 주체의 위치로부터 성적 객체로 전락하는 것이었다.

호모소셜적인 연대란 성적 주체(로서 서로가 인정한 사이) 간의 연대를 말한다. '제법인걸!'이란 이 주체 성원 간의 승인을 뜻하며 '좋아, 너를 남자로 인정한다'는 굳은 약속을 의미한다. 이러한 집단에서 호모섹슈얼한 시선은 논리적 계급의 혼동이라는 결과로 이어질 수 있다. 따라서 성적 주체 간에 서로를 객체화하는 성적 시선은 위험한 것이 되어 금기시되고 억압되고 배제된다.

또한 세지윅은 호모소셜이 호모섹슈얼과 구별하기 어렵다는 사실 때문에 배제가 더욱 엄격하고 강렬해지는 경향이 있다고 지적한다. 자기 안에 있는 것을 부인하는 몸짓은 이질적인 것을 배제하는 몸짓보다 더욱 격렬한 것이 되지 않을 수 없다. 따라서 '쟤는 고추도 안 달렸나 봐' 같은 표현은 남성 집단에서 구성원 자격의 실추를 의미하는 최고의 욕설이 된다. 남자 자격이 없는 남자를 남성 집단으로부터 추방하는 표현이 '고추 떨어짐', '계집'과 같은 여성화 레토릭을 수반한다는 점은 상징적이라 할 수 있다. 반대로 남성 집단에 매복해 있을지 모르는 '계집'에 대한 경계는 주체 위치로부터의 전락, 즉 '나도 언젠가 성적 객체화를 당할 수 있다'는 공포를 의미한다. 때문에 남성 집단 사이에서는 '계집'에 대한 마녀사냥이 격렬하게 일어날 수 있다. 이것을 호모포비아homophobia(동성애 혐오)라고 한다. 성적 주체로서 남성 집단이 가진 동질성을 유지하기 위해 호모포비아는 필수불가결하다.

호모소셜리티homosociality(동성사회성)는 호모포비아에 의해 유지된다. 그리고 호모소셜한 남자가 자신의 성적 주체성을 확인하기 위해 이용하는 장치가 바로 '여성을 성적 객체화'하는 것이다. 뒤집어 말하면, 여성의 성적 객체화를 서로 승인함으로써 성적 주체 간 상호 승인과 연대가 성립하게 되는 것이다. '자기 여자를 (적어도 한 명 이상) 소유하는 것'이 성적 주체가 되기 위한 조건인 것이다.

'자기 여자'란 말은 참으로 잘도 만들어낸 표현이다. '남자다움'은 한 여자를 자기 지배 아래 두는 것으로 담보된다. '자기 마누라 하나 휘어잡지 못하는 남자가 무슨 남자냐'는 판정 기준은 지금도 살아 숨 쉬고 있다. 여성을 남성과 동등한 성적 주체로 결코 인정하지 않는 이러한 여성의 객체화와 타자화—더 직설적으로 말하면 여성 멸시—를 '여성 혐오'라고 한다.

호모소셜리티는 여성 혐오에 의해 성립되고 호모포비아에 의해 유지된다—이것이 바로 세지윅이 탁월한 논리 전개를 통해 우리들에게 가르쳐준 사실이다.

이상의 논의를 간결한 말로 다시 정리하면 다음과 같다 — 서로를 남성으로 인정한 이들의 연대는, 남성이 되지 못한 이들과 여성을 배제하고 차별함으로써 성립한다. 호모소셜리티가 여성의 차별뿐만 아니라 경계선의 관리와 끊임없는 배제를 필요로 한다는 사실은 '남성됨'이 얼마나 취약한 기반 위에 서 있는가를 역으로 증명한다.

그런데 중간항을 배제하는 성별이원제의 보편성에 대한 반증으로 들뢰즈와 가타리가 이야기하는 'n개의 성'[3]을 드는 사람들이 있다. 사실 인간의 역사에는 남성/여성의 이항뿐만 아니라 '제3의 성'이라 불리는 남성도 여성도 아닌 중간적인 젠더가 언제나 존재했다. 북미 인디언의 베르다쉬berdache[4], 인도의 히즈라hijra[5], 통가의 파카레이티fakaleiti[6] 등이 그러하다.

하지만 이 범주의 사람들은 다음과 같은 공통점을 가지고 있다. 첫째, 생물학적으로는 남성이다. 둘째, 여장女裝과 같은 여성성 기호에 의해 '여성화'되어 있다. 셋째, 종종 종교상의 의례적 역할뿐만 아니라 (남성을 상대로 한) 성매매에도 종사하고 있다. 그들은 '남성이면서 남성이 되지 못한 남성', '여성화된 남성'이며 그들의 존재 의의는 오로지 남성을 위한 '성적 객체'가 되는 것에 불과하다. 이러한 '제3의 성'을 'n개의 성'에 대한 증거로 언급해온 이들이 많으

3 프랑스 철학자 질 들뢰즈와 정신분석가 펠릭스 가타리의 공저《안티 오이디푸스》에서 제기된 성의 다양성을 나타내는 개념.
4 북미 인디언 사회의 '제3의 성'. '여장하는 남성'이라는 범주이다.
5 인도 사회의 '제3의 성'으로 아웃카스트outcaste 집단이다. 이들은 여장 남성으로, 거세되는 경우도 있다. 종교적 의례 혹은 성매매에 종사한다.
6 통가의 '제3의 성'으로 생물학적으로는 남성이지만 여성적 행동 또는 여성적 요소를 지닌 이들. 성별 분업에 있어서도 여성의 일을 담당한다. 남성과 결혼하거나 성매매를 하는 경우도 있다. 사모아 제도에는 파아파피네Fa'afafine, 즉 '여성의 일을 하는 남성'이라는 '제3의 성' 범주도 있다.石原 2005

나, 이상의 내용에서 알 수 있듯이 이들은 남성과 여성의 중간적 성이라기보다는 성별이원제하에 존재하는 하위 범주이다. 이들을 '제3의 성'이라 부르는 것은 잘못된 호칭인 것이다. 또한 남성만이 '제3의 성'으로 이행 가능하고 여성이 '제3의 성'으로 이행하는 경우는 없다는 것도 반대로 성별이원제가 얼마나 강력한 것인지를 증명하고 있다. 논리적으로는 도출해낼 수 있으나 현실에서는 발견되지 않는 'n개의 성'은 이렇게 반증될 수 있다.

남성이라는 성적 주체에 대한 동일화는 여성을 성적 객체화하는 것에 의해 성립되며 그 경계에는 수많은 혼란이 존재하기 때문에 철저하게 관리되어야 한다. 이렇게 생각하면 여러 수수께끼가 한 번에 풀리게 된다.

전시강간戰時强姦의 많은 경우가 동료의 면전에서 행해지는 공개적 강간, 또는 동료 집단 전체에 의한 윤간인 이유는 무엇일까? 이 경우 성행위는 사적이며 비밀스러운 성격을 가지지 않는다. 히코사카 다이는《남성 신화》彦坂 1991에서 전시강간의 목적은 바로 남성 동료 간의 연대감을 높이기 위함이라 대답한다. 남자라는 생물은 그런 상황에서조차 발기가 가능한 것일까? 이런 소박한 질문은 던질 필요가 없다. 그런 상황에서 발기하는 것이 '진짜 남자로 인정'받기 위한 조건이기 때문이다. 이렇듯 남성 집단의 연대를 위한 의식은 여성을 '공통의 희생자'화함으로써 이루어진다.

전시강간은 윤간이라는 평시 강간 형태의 연장선상에 있다. 와세다 대학의 이벤트 동호회 '슈퍼 프리' 멤버들에 의해 저질러진 집단 강간 사건, 일명 '슈퍼 프리 사건'이 있다. 이 사건에 관한 르포^小野 2004를 읽을 기회가 있었는데 르포에 따른 사건의 경위는 다음과 같다.

이벤트를 마치고 뒤풀이에 참석한 여학생에게 알코올 도수가 높은 술을 연속해서 '원샷'하도록 유도, 거의 정신을 잃을 정도로 취하게 만든 다음 멤버들이 돌아가며 강간을 한다. 지방에서 상경한 신입 멤버에게는 '좋은 경험'을 시켜준다며 "자, 이번에는 네 차례야" 하고 부추긴다. 주변이 토사물로 범벅이 된 곳에서 만취해 의식을 잃고 쓰러져 아무런 반응도 보이지 않는 여체에 발기할 정도로 요즘 젊은이들의 '남성 성적 주체화'가 확고하다고 시니컬한 반응을 보여야 할까? 근래 초식남이란 말이 유행하고 있는데 초식동물뿐만 아니라 문자 그대로의 '짐승'들도 재생산되고 있다. 대학원 수업에서 '슈퍼 프리 사건'에 관해 리포트를 제출한 한 학생은 하찮은 특권 의식, 남성다움, 범죄행위의 공유 등으로부터 유발되는 호모소셜한 연대를 '절묘한 노무관리술'이라고 표현했다. 군대의 병사 관리술과 대단히 닮아 있다.

남자는 성에 관해 이야기한 적이 있는가

한 가지 더. 남자들의 음담패설에 관해 이야기해보자. 여성을 성적 객체화한 뒤 그것을 폄하, 언어적 능욕 대상으로 삼아 구성원 전체가 공유하는 의례적 커뮤니케이션이 음담패설이다. 하반신에 관

해 이야기한다고 모두 음담패설이 되는 것이 아니다. 음담패설이 되기 위해서는 정해진 규칙과 관례를 따라야 한다. 그 규칙과 관례란 자신이 남성으로서 얼마나 확고한 '성적 주체'인가를 상호 확인하는 의식을 말한다. 이것을 가토 슈이치加藤 2006는 '남자 말하기男語り'라고 부른다.

남자들은 성에 관해 무수히 떠들고 있는 것처럼 보이지만, '사실은 자기의 성적 경험에 관해 일인칭 시점에서 이야기할 수 있는 언어를 가지고 있지 못한 것이 아닐까' 하는 의구심을 나는 오랫동안 품어왔다. 여성이 하반신 혹은 성기에 관한 이야기를 입에 담는 것은 거리낌의 대상이었고, 또한 이야기를 하려 해도 이미 존재하고 있는 언어 자체가 남성이 마련해놓은 모욕과 멸시로 뒤덮인 언어밖에 없었기 때문에 이야기하고 싶은 것이 있어도 주저할 수밖에 없었다. 섹스하는 것을 속어로 '보지 따먹는다'고 표현하는 경우는 있어도 '자지 따먹는다'고는 말하지 않는 것이 그 단적인 예이다. 여성 성기는 그 자체로 성행위의 대명사가 될 정도로 남성 욕망의 객체로 인식되어 여성의 소유물이 아닌 것처럼 간주되어왔다. 성기를 음부陰部로, 성모를 음모陰毛로 부르는 호칭법도 여성이 자신의 신체와 마주하는 것을 방해해왔다. 여자들이 자신의 신체와 성적 경험에 관해 조심스럽게 이야기를 꺼내고 그 경험이 주는 놀라움과 흥분을 서로 공유하며 대화하기 시작한 것은 매우 최근의 일이다. 그 사례 가운데 몇몇은《하이트 보고서》Hite 1976=1977와《우리 몸, 우리 자신》Boston Women's Health Book Collective 1984=1988과 같이 문자화되어 출판되기도 하였다.

'뒤늦게나마 여성이 성에 관해 이야기하기 시작했다'고 말할 때 내 머릿속에는 한 가지 질문이 떠오른다. 그럼 남자는? 남자는 진정으로 성에 관해 이야기한 적이 있는가? 그렇게나 음담패설을 좋아하는 남자들이 실제로는 음담패설이라는 정형화된 틀 속에서밖에 자신의 섹슈얼리티를 이야기해오지 않았고 정형화되지 않은 경험에 관해서는 언어화를 억압해온 것이 아닐까? 아니, 반대로 그만큼 남성의 성적 주체화에 대한 억압이 강렬한 것은 아닐까?

가토加藤 2006는 《신체에 관한 레슨 2, 자원으로서의 신체》鷲田 외 編 2006의 편집자인 오기노 미호가 던진 '남성에게 있어 신체란 무엇인가?'라는 질문에 일인칭 대답을 시도한다. '신체사身體史'의 제창자인 오기노는 '신체'를 논할 때면 언제나 여성의 신체가 대상화되고 남성의 신체사를 다룰 때조차 남성 신체가 주제화되는 일은 없다는 점을 끊임없이 비판해왔다. 그런 그녀가 던진 질문에 가토는 '일인칭의 신체'와 '삼인칭의 신체'를 구별하고 남성이 말해 온 신체는 오로지 '삼인칭의 신체'였다고 대답한다. '너도 남자니까 무슨 이야기하는지 알지?'와 같이 서로 간 동의를 요구하는 정형화된 말하기를 그는 '남자 말하기'라고 부른다. 남자들이 '남자 말하기'를 스스로 금지했을 때 대체 어떤 말하기가 가능할 것인가. 가토의 성실함은 평가될 수 있으나 그의 시도가 성공했다고는 할 수 없다.

남자가 '남성'이 되기 위해 필요한 동일화와 배제는 혼자서는 할수 없다. '차별에는 최소 세 명이 필요하다'고 갈파한 것은《차별론》

佐藤 2005의 저자이자 사회학자인 사토 유이다. 차별에 대한 그의 정의를 조금 수정하여 다르게 표현하면 이렇게 말할 수 있다.

'차별이란 어떤 이를 타자화함으로써 그것을 공유하는 다른 이와 동일화하는 행위이다.'

전자의 '어떤 이'를 여성으로, 후자의 '다른 이'를 남성으로 대입하면 그대로 '성차별'의 정의가 된다. 사토는 다음과 같은 훌륭한 예를 소개한다.

"여자들은 대체 무슨 생각을 하는지 알 수가 없어."

이것은 남성A가 여성B에게 던진 발언이 아니라, 남성C에게 여성B의 타자화를 공유하여 '우리 남자들'을 구성할 것을 요구하는 발언이다. 그 장소에 여성B는 없어도 된다. 사토가 지적하는 바와 같이 '배제란 공동 행위'다. 남성C가 "정말 그래"라며 남성A에게 동조하면(즉 동일화하면) 차별 행위는 완성된다. "아니, 그렇지 않아"라고 항변하면 남성됨의 아이덴티티 구성에 실패한 남성A는 당혹을 감추기 위하여 남성C를 일탈화시키는 반격으로 태세를 전환할 것이다. "뭐? 너 그러고도 남자냐?" 남성이 아니면 여성, 여성이 아니면 남성인, 중간항을 인정하지 않는 이 굳건한 성별이원제하에서 남성으로부터의 일탈은 '여성화된 남성'과 동의어가 된다.

사토와 마찬가지로 가토도 '남자 말하기'의 성립을 말하는 이와 듣는 이의 '공범 관계'에서 찾는다. 언제나 정형화된 틀에 동일화할 것을 강요하는 이러한 담론을 그는 '남자 말하기'라고 부른다.

하지만 남성됨을 인정해주는 것은 이성인 여성이 아니다. 동성인 남성이다. 남성의 성적 주체화에 필요한 것은 자신을 남성으로 인정해주는 남성 집단이다. 라캉이 '욕망이란 타자의 욕망이다'라고 갈파한 것처럼 남자는 다른 남자의 성적 욕망을 모방함으로써 남성이라는 성적 주체가 된다. 때문에 남성됨의 방식에는 다양성이 없다. 음담패설이 정형화되고 '나는…' 식의 일인칭 말하기가 결코 성립하지 않는 것이 바로 이런 이유에서이다. 남자가 발기 능력과 사정 횟수에 집착하는 것 역시 오로지 그것만이 남자들 사이에서 비교 가능한 일원적 척도이기 때문이다. '남성의 성의 빈약함'을 논하고자 한다면, 우리는 남성의 성적 주체가 되는 방식 그 자체의 정형화(일탈과 다양성을 배제한)까지 거슬러 올라가 고찰할 필요가 있다.

제3장

성의 이중 기준과
여성의 분단 지배
—'성녀'와 '창녀'의 타자화

젠더, 인종, 계급

　도저히 상대방을 이해할 수 없을 때, 혹은 이해하려는 노력을 포기해도 상관없다는 생각이 들 때, 나도 모르게 이런 말이 입에서 나올 때가 있다―애초에 인종이 다른걸.

　때때로 남자들을 보고 있으면 같은 말이 하고 싶어진다―도저히 같은 생물이라는 생각이 안 들어. 애초에 인종이 다른 게 아닐까?

　'전후 베이비붐 세대(1940년대 후반부터 1950년대 전반에 태어난 세대)'로 뭉뚱그려 취급당할 때마다 나는 언제나 베이비붐 세대 남성과 베이비붐 세대 여성은 '인종이 다르다'고 주장해왔다. '낭만적 사랑 이데올로기'를 철석같이 믿고 실천해온 최초이자 최후 세대인 이 남녀들은 지금에 와서는 그것이 동상이몽이었음을 절실히 깨닫고 있다. 가부장 가족 내에서 성장한 이들은 '죽어도 연애결혼'을 꿈꿔왔고 1960년대 후반에는 배우자 선택에서 연애가 중매를 앞질렀다. 누군가에 의해 강제된 것도 아니고 틀림없이 스스로 선택한 남편이건만, 내가 사랑했던 그 사람은 대체 어디로 사라지고 지금 내 눈앞에는 왜 낯선 외계인이 앉아 있는 걸까…? 이런 삭막한 기분으로 식탁 너머 남편의 얼굴을 바라보고 있는 아내들이 많을 것이다.

상대방을 이해 불가능한 존재—즉, 이방인, 이물질, 이교도—로 만들어 '우리들'로부터 추방하는 양식(이것을 '타자화'라고 한다)에는 인종화와 젠더화의 두 가지가 있으며 이 두 가지 사이에는 밀접한 관계가 있다고 에드워드 사이드는 《오리엔탈리즘》Said 1978=1986 에서 지적한다. '동양(오리엔트)'은 '여성'으로 대체하여 이해할 수 있다. 여기서 말하는 '오리엔트'란 '이방異邦'의 다른 말이며 '오리엔탈리즘'이란 다른 사회를 타자화하는 양식을 가리킨다.

사이드는 오리엔탈리즘을 '동양이란 무엇인가에 관한 서양의 지식'이라고 간결하게 정의했다. 오리엔탈리즘이란 동양이란 무엇인가, 무엇이어야 하는가, 무엇이었으면 하는가에 관한 서양인의 망상의 다른 이름인 것이다. 따라서 오리엔탈리즘에 대해 안다고 해서 동양을 알게 되는 것은 아니다. 알게 되는 것은 오로지 동양에 관한 서양인의 머릿속일 뿐이다.

서양인의 머릿속에 떠오르는 '오리엔트 여성'의 이미지란 푸치니의 오페라 〈나비 부인〉의 주인공, 마담 버터플라이 같은 것일 테다. 그렇다. 오리엔탈리즘에서 일본은 나비 부인으로 표상화된다. 나비 부인은 시쳇말로 해외에 홀로 파견된 주재원의 현지처다. 본국의 인사이동 명령을 받은 애인에게 보기 좋게 차이지만, 그래도 애인을 잊지 못하고 매일 바다를 바라보며 "날이 맑게 개면 당신은 나를 찾으러 오실 테지요…" 하고 망상에 젖어 사는 완전히 무력한 여자다. 더 설명할 필요도 없지만, 이 망상은 나비 부인의 머릿속이 아니라 나비 부인을 만들어낸 푸치니의 머릿속에 존재하는 망상이다.

옥시덴트Occident(서양) 남성에게 이렇게나 '편리한' 망상도 없다. 상대는 이해 불가능한 타자이자 매혹적인 쾌락의 원천이면서 위협적인 요소를 전혀 가지지 않는 무력한 존재, 유혹하는 이로 등장하여 스스로 몸을 내어줄 뿐만 아니라 자신이 떠난 뒤에도 원한을 품기는커녕 연모의 정을 잊지 않는 존재가 되고 '내가 버린 여자'에 대한 일말의 죄책감마저도 그녀가 가진 사랑의 크기에 의해 정화되어버린다—이렇게나 '서양 남성'의 자존심을 만족시켜주는 이야기가 또 있을까. '그런 여자가 있을 리 없다!'는 목소리는 서양인의 거대한 망상 앞에서 흔적도 없이 사라진다. 지배적인 집단이 타자의 현실을 보지 않기 위해 만든 장치가 바로 오리엔탈리즘이기 때문에 아무리 '일본 여자는 진짜로는 이러이러해'라고 말해도 그 목소리는 닿지 못한다. 저속하게 말해 오리엔탈리즘이란 '서양인 남성의 마스터베이션 재료'인데, 이런 '포르노'를 보며 박수갈채를 보내는 동양인 청중의 속내를 알 수가 없다. 나는 〈나비 부인〉을 볼 때마다 배알이 뒤틀려 기분 좋게 앉아 있을 수가 없다.

인종은 계급과도 연결되어 있다. 최근의 인종 연구 분야는 젠더와 마찬가지로 '인종' 역시 역사적 구축물이라는 사실을 기본으로 하고 있다. 호모 사피엔스는 같은 속의 같은 종이며 어느 인간이라도 DNA의 99퍼센트 이상이 동일함에도 불구하고 '인종'이라고 하는 범주를 만들어 피부색으로 인간을 구별한다. 젠더가 '남성이 아닌 이', 즉 남성이 되지 못한 남자와 여자를 배제함으로써 유지되는 경계이며 남자가 남성으로서 주체화되는 장치인 것처럼, 인종이란 (그것을 발명한) 백인종들이 '백인이 아닌 이'를 배제함으로써 '백인됨'을 정의하기 위한 장치였다는 사실은 많은 백인 연구가(예를 들어 후지카와 다카오 편저의 《백인이란 무엇인가?》藤川編 2005)에 의해 차례차례 밝혀졌다. '백인됨'이란 열등 인종을 지배해도 좋다는 자격을 가지는 것을 의미한다. 역사적으로 말하면 '인종'이란 개념은 제국주의의 세계 지배 이데올로기와 함께 탄생한 것이다.

노벨문학상 수상 작가인 흑인 여성 토니 모리슨Morrison 1992=1994은 미국의 건국 신화라고도 할 수 있는 국민적 이야기, 마크 트웨인의 《허클베리 핀의 모험》을 분석한 저작에서 허크의 '백인성whiteness' 확립에 흑인 도망 노예가 필수불가결한 역할을 한다고 지적한다. 허크가 성인 남성이 되는 과정을 그린 이 미국판 성장소설bildungsroman은 '진정한 미국인(=남성. 여성이 아니다)은 어떻게 만들어지는가'에 관한 국민적 이야기다. 도망 노예를 돕는 것을 통해 허크는 독립전쟁과 남북전쟁을 치른 미국, 노예해방의 미국, 민주주의와 자유의 나라인 미국의 고귀한 '백인 남성성'의 심벌이 된다. 백인성 연구whiteness studies는 '백인성'에 관하여 백인들이 너무나 무자각하고 무관심했던 탓에 모리슨 같은 흑인 여성의 손에 의해 태어나게 되었다.

일찍이 인종이라는 범주는 현재와는 다른 용도로 사용되었다. 메이지 시대는 서양의 인종주의적 편견이 그대로 일본에 들어와 유통된 시기로, 당시의 문헌에는 '상등인종上等人種' '하등인종下等人種'과 같은 용어가 등장하는데 현재의 '상류계급' '하류계급'과 같은 의미로 사용되었다. '하등인종'의 특징으로 빈곤이나 태만, 성적 타락을 들고 있으며 그것은 마치 DNA처럼 세대를 통해 전해지는 것이라 개선을 기대할 수 없다는 식으로 묘사되어 있다.

예를 들어 창녀는 '하등인종'에서 태어나지만(이는 사실 사회적으로 부정할 수 없는 사실이긴 하나) 그것은 그녀들이 빈곤하기 때문이 아니라 본래 선천적으로 '음란'하기 때문이라고 설명된다. 메이지 시대 유명한 '여성의 아군' 이와모토 요시하루 선생도 신세를 망친 여성은 그렇게 될 만한 이유가 본인에게 있기 때문이라며 '자기책임설'을 전개하기도 하였다.

그러고 보니 메이지 시대의 남녀동권론자男女同權論者로 유명한 우에키 에모리는 언행불일치한 인물로도 유명하다. 자유민권론자이기도 했던 우에키는 각지에서 연설회를 열어 남녀동권론을 설파하곤 했다. 그는 매일의 행동 기록을 일기에 상세하게 남긴 것으로도 유명한데, 후일《우에키 에모리 일기》高知新聞社編 1955가 발간되기도 하였다. 그 안에 이런 기술이 있다.

'메이지 13년 9월 17일 밤. 센니치마에에서 연설을 행하다. 남녀동권론을 논했다. 기생 기쿠에를 불러 놀았다.'高知新聞社編 1955: 173

남녀동권을 논한 직후 그날 밤에 홍등가에서 창녀를 샀다는 증언이다. 때문에 우에키는 페미니스트들로부터 언행불일치하다는 비난을 받게 되는데, 우에키 입장에서는 그의 행동에 아무런 모순도 없다. 창녀는 '인종'이 다르기 때문에 '동권'의 대상이 될 수 없는 것이다. 한편 그는 자신의 아내가 될 여성은 덕이 높고 학문이 있으며 존경 가능한 여성이 아니면 안 된다는 취지의 발언을 남기고 있다. 계급에 따른 여성의 이중 기준이 성립한다면 그를 언행불일치하다고 비난하는 것은 불가능하다. 그가 '언행불일치'하다고 비난받게 되는 것은 계급을 불문하고 여성 모두가 같은 인간이라는 '평등사상'이 전파되고 난 이후의 일이다.

'성녀'와 '창녀'의 분단 지배

지금까지 '남자는 남성으로서의 성적 주체화를 달성하기 위해 여성 멸시를 아이덴티티의 핵심에 위치시키고 있으며, 그것이 바로 여성 혐오다'라고 논했다. 호모포비아 역시 여성과의 경계를 불분명하게 만드는 것에 대한 공포로 이해할 수 있다. 남성은 자신이 '여자 같은 남자'가 아니라는 사실을 끊임없이 증명해야 하기 때문이다.

하지만 이런 여성 혐오에도 아킬레스건이 있다. 바로 어머니다. 자신을 낳은 여성을 대놓고 멸시하는 것은 곧 자신의 태생을 위협하는 것이 된다. 사실 여성 혐오에는 여성 멸시뿐 아니라 여성 숭배라는 또 하나의 측면이 있다. 이 둘은 서로 모순되는 것일까?

그것이 모순되지 않음을 설명해주는 것이 바로 성의 이중 기준 sexual double standard이라는 개념이다.

여성 혐오의 역사를 되돌아보면 18세기부터 19세기까지의 남성 사상가들, 쇼펜하우어나 오토 바이닝거 등이 떠오르지만, 재미있는 것은 이들 근대 성별이원제의 사상적 지도자들은 동시에 성의 이중 기준을 발명한 이들이기도 하다는 점이다. 역사적으로 보면 성의 이중 기준의 성립은 부부 중심 가족인 근대 가족의 형성기에 산업으로서의 매매춘이 성립된 사실과 동전의 양면을 이루고 있다. 미셸 푸코의《성의 역사》Foucault 1976=1986 제1장에는 '우리들 빅토리아 시대의 인간'이라고 하는 풍자적인 제목이 달려 있다. 근대 여명기였던 빅토리아 여왕 통치하 19세기 초두는 일부일처제의 단혼 가족과 매매춘이 동시에 제도로 확립된 시대였으며, 따라서 '빅토리아조朝의', '빅토리아 시대의'란 용어는 '위선적인'이라는 단어와 같은 의미로 사용된다. 바퀴벌레를 발견하면 비명을 지르고 기절할 것처럼 행동하는 품격 높은 '숙녀'를 숭배하는 한편, 홍등가를 들락거리는 '신사'의 존재가 당연시되었던 시대였기 때문이다.

성의 이중 기준이란 남성 대상의 성도덕과 여성 대상의 성도덕이 서로 다름을 뜻한다. 예를 들어 남성은 호색할수록 높게 평가되나(요시유키나 가후처럼), 여성은 성적으로 무구無垢하며 무지할수록 좋은 것으로 여겨진다. 그러나 근대의 일부일처제는 형식적으로 '상호 정절'을 내세우면서 실질적으로는 남성의 위반 가능성을 고려하고 있기 때문에(지키지 못할 룰이라면 처음부터 약속하지 않으면 된다), 남성의 반칙 행위에 짝이 되어줄 여성이 별도로 필요하게 된다.

그 결과 성의 이중 기준은 여성을 두 종류의 집단으로 분할하게 된다. 성녀와 창녀, 아내·어머니와 매춘부, 결혼 상대와 놀이 상대, 아마추어와 프로 등 우리에게 아주 익숙한 이분법이다. 실제 살아 있는 여성에게는 몸도 마음도 그리고 자궁도 보지도 달려 있지만, '생식용 여성'은 쾌락을 빼앗긴 채 생식의 영역으로 소외되고 '쾌락용 여성'은 쾌락에 특화되어 생식으로부터 소외된다. 이 경계를 흐트러뜨리는 존재인 '애 딸린 창녀'는 그래서 기분 나쁜 존재가 된다.

여기서 말하는 쾌락은 오로지 남성의 쾌락만을 의미하며 남성은 여성의 쾌락에 신경 쓰지 않아도 된다. 그와 관련해, 누가 생각해낸 것인지는 모르지만 '위안부'라는 명칭은 참으로 절묘하게도 지은 이름이다. 이 '위안'은 오로지 남성의 '위안'이지 '위안부'에게는 지옥의 노예 노동이 되기 때문이다. 때문에 생존자에 의한 증언이 등장할 때마다 "나는 '위안부'가 아닙니다"ᵃアジア·太平洋地域の戦争犠牲者に思いを馳せ, 心に刻む集会' 実行委員会編 1997라고 그 호칭을 단호하게 거부하는 사람들이 등장하는 것이다.

'분할하여 통치하라divide and rule.' 이것은 지배의 철칙이다. 분단해놓고 서로 대립시킨다. 상호 연대 같은 건 당치도 않다. 여성 입장에서 말하자면 남성에 의한 '성녀'와 '창녀'의 분단 지배이다. 그 위에 계급이나 인종의 균열도 들어간다.

위안부를 예로 들어보자. 위안부 안에는 일본인 여성도 있었고, 일본인 위안부와 비일본인(특히 조선인) 위안부 사이에는 처우의 불평등이 있었다. 일본인 위안부는 장교를 상대하는 전속대우(현지처대우)가 많았다고 한다(모두가 그러했던 것은 아니었지만). 한편 조선인 위안부는 병졸을 상대하는 성적 도구로 취급당했다. 군대 은어로 '조선 피야朝鮮ピ-屋' 같은 호칭까지 있었다. '피ピ-'는 여성기를 가

리키는 중국어에서 전용된 말이라고 하는데, 이 호칭을 통해서도 알 수 있듯이 그녀들을 '인격체'가 아닌 '성기'로 환원했음을 알 수 있다. 이처럼 위안부 사이에는 민족의 경계가 그어져 있었다. 마치 '인종이 다르면 상대를 인간 취급하지 않아도 된다'는 듯.

군대에는 종군 간호사들도 있었는데 그녀들은 전장에서 위안부 여성이 상처 입은 병사를 간호함으로써 자신들과의 경계가 모호해지는 것을 싫어했다고 한다. 종군 간호사는 병사의 '어머니'이자 '자매'로서의 정체성은 받아들이나 '성의 대상'으로서의 정체성은 거부한다. '위안부 취급 하지 말라'는 것이 그녀들을 지탱해주는 자존심이었고, 성의 이중 기준으로 분단된 여자들에게 서로가 서로를 멸시하는 '창녀 차별'이 존재했던 것이다. 실제로는 임종을 앞둔 젊은 병사들이 종군 간호사에게 "죽기 전에 가슴 한번 보여주지 않겠냐"고 요구해 그에 응해주었다는 일화도 전해지고 있다. 요즘 말로 하면 '성추행'이다. 연민이나 합의에 의해 요구에 응해준 예뿐만 아니라 강요에 의한 것도 있었을 것이다. 하지만 간호사의 '성녀' 이미지는 자신들이 성의 대상이 될 가능성 자체를 부인해주는 효과가 있다. 때문인지 종군 간호사의 기록에는 신기하게도 성추행이나 강간의 기록이 남아 있지 않다. 여성의 '창녀 차별'은 자신이 성적 대상이 되는 것조차 '불결'하다고 생각하게 할 정도로 강력하다. 그 탓에 자신이 받은 성적 침해를 인정하는 것도, 고발하는 것도 억제되어버린다.

증언에 따르면 일손이 부족한 전장에서는 '위안부'들이 낮에는 탄약을 나르고, 후방에서는 부상병을 간호하고, 밤에는 성 상대가 되었다고 한다. 어떤 때에는 전선에 이동하는 병사를 위해 일장기를 흔들며 배웅하는 애국부인회愛國婦人會 역할까지 했다. 식민지 출신 위안부들은 일본 이름을 사용하며 유카타 비슷한 일본 옷을 입고 '고국의 여인들'을 연출했다. 전쟁 말기에는 자결로 내몰린 많은 병사들과 운명을 같이 했다.

전시 일본에는 국방부인회國防婦人會와 애국부인회라는 두 가지 커다란 익찬[1] 부인단체가 있었다. 애국부인회는 군이 따지자면 양갓집 부인들의 집회였고 그에 반해 오사카에서 출발한 국방부인회는 서민적 이미지로 인기를 끌었다. 국방부인회 인기의 비밀 가운데 하나는 흰색으로 통일한 일본식 앞치마와 어깨띠를 유니폼화했다는 것이다. '하얀 앞치마'라는 '성녀'의 표식을 몸에 두르기만 하면 적어도 그 순간에는 계급과 인종의 벽을 넘을 수 있었다. 실제로 오사카의 홍등가인 도비타에서 일하는 직업 여성이 흰 앞치마를 걸치고 국방부인회 대열에 참가해 자신들도 국가를 위해 조금이나마 도움이 될 수 있다는 사실에 '감격'했다는 기록이 남아 있다. '앞치마'는 양갓집 부녀자와 도비타의 부녀자 사이에 있는 '계급의 벽'을 일시적이나마 덮어 보이지 않게 해주었던 것이다.加納 1987

한편 남편을 전장으로 떠나보낸 아내들은 어떠했을까? 병사의 아내나 미망인에 대한 정조를 확실히 관리하지 않으면 전선에 있는

---

1 우리말의 '익찬'과 같이 본래 일본어에서도 '옆에서 보좌함. 힘을 더함'의 뜻을 가진 단어이나, 전쟁을 경험하는 동안 일본의 많은 파시즘 단체가 이 단어를 사용한 탓에 현재는 우익 성향의 뉘앙스로 쓰이는 경우가 많다.—옮긴이

병사들의 사기에 영향을 줄 수 있기 때문에 '정조 문제'는 국가가 처리해야 할 중대 과제 가운데 하나였다. 남편이 병사로 징집된 가정에 '위문'이라는 명목으로 방문하여 아내의 정조를 감시하는 것이 국방부인회의 숨겨진 사명이었음은 '총후사'[2] 연구자인 가노 미키요加納 1987에 의해 폭로된 사실이다. 출정 병사의 아내와 미망인들의 아내·어머니로서의 섹슈얼리티는 오로지 생식 영역으로만 제한되어 쾌락으로부터 소외되었다. 아무리 '낳아라, 늘려라' 해도 남편 이외의 씨를 품어서는 안 되었던 것이다.

전쟁으로 남성 국민 500만 명을 잃은 독일에서는 전쟁 말기에 남자가 부족해져 출산 장려책을 추진하기가 어려워졌다. 그래서 나치 친위대 남성(공식적으로 인정된 아리아 인종)과 부녀자 간의 불륜을 장려했으나 빈축을 사 이내 계획을 중지했다고 한다.

생식으로부터의 소외도, 생식으로의 소외도—뒤집어 말하면 쾌락으로의 소외도, 쾌락으로부터의 소외도(모두 남성의 쾌락이지만)—여성에게는 억압이다. 위안부만 억압되었던 것이 아니다. 후방의 아내들도 억압되었다. 즉, 여성의 섹슈얼리티는 생식 전용과 쾌락 전용으로 분단되어 서로 대립하고 소외시킨다. 물론 그 안에는 억압과 착취의 정도 차가 있으나, '성녀'로 떠받들어지는 것을 고마워할 이유는 없다. '성녀'와 '창녀'는 여성 억압의 두 가지 형태일 뿐이며 모두

---

2 총후銃後는 전장의 후방, 즉 일본 국내를 의미하며, 총후사銃後史는 대외적 전쟁의 기록이 아닌 전시 일본의 국내적 상황, 특히 민간사民間史를 의미한다.—옮긴이

허울 좋은 '타자화'에 불과하다. 그리고 성녀는 '창녀 취급하지 말라'며 창녀에 대한 멸시를 드러내고 창녀는 '양갓집 부녀자'와 달리 '스스로의 힘으로 살아가는 직업 여성'으로서 자부심을 가지는 것을 통해 '아마추어 여성'의 의존성과 무력함을 비웃게 되는 것이다.[3]

성의 이중 기준이 가진 딜레마

성의 이중 기준 아래, 여성에 대한 분단 지배는 그것을 만들어낸 남성에게 기묘한 희비극을 낳는다. 특정 여성에 대하여 '진심'일 경우에는 그 여성을 '성의 대상'으로 보아서는 안 되며, 반대로 '성의 대상'으로 볼 경우 상대를 '진심'으로 대해서는 안 되는 자가당착에 빠지게 되는 것이다. 한 고령 남성으로부터 이런 이야기를 들은 적이 있다. 그는 먼 곳을 바라보듯 아련한 눈빛을 하고 다음과 같이 젊은 시절의 '로맨틱한 추억'을 들려주었다.

"예전에 좋아하는 여자랑 단둘이서 여행을 간 적이 있었는데, 며칠 동안 함께 지냈어도 손가락 하나 대지 않았어요. 그녀는 여행 동안 답답해했던 것 같은데 나는 그걸로 족했어요. 소중한 사람이었던 만큼 깨끗한 상태로 헤어지고 싶었던 거죠."

독선도 어지간히 하시지요! 이렇게 쏘아붙이고 싶어지는데, 그

---

3 기온祇園의 게이샤 세계에서 필드워크를 한 미국 인류학자 라이자 달비는 구조적인 차별을 보지 못한 채, 게이샤들의 직업적 '자긍심'의 대변자가 되는 인류학자로서는 초보적인 실수를 범했다.Dalby 1983=1985

세대 남성에게는 그것이 여성을 '소중히' 대하는 것이었으리라. 현실 속 여성이라면 그런 상황에 '답답해'하는 것이 당연하다. '답답함'을 알면서도 일부러 무시한다면 그건 단순히 '자기중심적 사고'에 지나지 않는다. 이 남성이 '소중히' 한 것은 상대 여성이 아니다. 자신의 믿음에 순사殉死했을 뿐. 그 촌극에 같이 참여'당한' 여성도 우스운 꼴을 겪었을 뿐이다. 이런 걸 가지고 '순수'하다든가 '로맨틱'하다고 말하는 것은 착각에 지나지 않는다.

옛날이야기라고 넘길 일이 아니다. 사랑하기 때문에 섹스할 수 없다? 섹스해버리면 사랑하지 않는 것이 된다? 성의 이중 기준에서 기인하는 이런 딜레마는 현재에도 살아 있다. '섹스를 요구하는 남자친구는 나를 진심으로 대하는 것일까?' 이런 고민에 빠지는 10대 소녀들이 존재하는 것은 예나 지금이나 변함이 없다. 직업 여성 앞에서는 발기하지만 아내 앞에서는 발기하지 못한다고 넋두리하는 발기부전증 남성도 앞서 소개한 고령 남성과 다르지 않다. 상대의 반응을 보며 마음을 써야 하는 경우에는 발기하지 못하고 그러지 않아도 될 때는 원하는 대로 행동하는 양극화된 삶을 살고 있기 때문이다. 스스로 뿌린 씨앗이니 자업자득이라 해야 마땅할 테다.

이 이중 기준의 메커니즘을 한번 알고 나면 우에키 에모리의 '언행불일치'는 '불일치'가 아니라는 것을 알게 된다. 그는 대단히 훌륭하게 여성을 '용도별로 구분'해서 사용했던 것이다. 즉, 유곽의 여성은 성적 장난감으로 대하고 한편 '아내가 될 여자'에게는 '남녀동권'에 걸맞은 자격을 요구했던 것이다. 그 분단을 정당화한 것은 계급이라고 하는 벽이었다. 메이지 시대가 철저한 신분 사회였다는 사실을 떠올릴 필요가 있다. '신분'이란 넘으려야 넘을 수 없는 '인종의 벽'의 다른 말이기 때문이다.

하지만 남성이 만들어낸 룰에는 언제나 위반을 눈감아주기 위해 마련된 샛길이 존재하기 마련이다. 낮은 계층의 여성은 본처가 될 수 없으나 애인 혹은 첩이 될 수 있다. 그래도 본처로 맞이하고 싶다면 일단 신분이 높은 집에 양녀로 들인 뒤 연을 맺는 방법도 있다. 혼인이란 남성과 여성 양측에게 '집안 동맹을 통한 사회적 자원의 최대화'가 목표인 교환 게임이기 때문에 본처가 될 여자에게는 가문이나 재산을 요구하는 것이 당연하다. 때문에 몸값을 지불하고 홍등가의 여성을 빼내어 아내로 맞이하거나 하녀에 손을 대어 결혼하는 경우는 자원의 최대화라는 기회를 놓치게 되므로 어리석은 선택이라고 할 수 있다.[4]

가만히 생각해보면 우에키가 살던 시대의 사람들은, 아내가 될 여성에게 미모와 가사 능력(즉, 창녀와 하녀를 합친)을 모두 요구하게 되는 시대가 오리라고는 상상도 하지 못했을 것이다. 본처에게는 미모와 성적 매력이 필요 없다. 가문과 재산 이외에는 그저 아이를 낳을 능력과 집안일을 돌볼 능력만 있으면 된다. 경우에 따라서는 출산 능력도 필요가 없다. '결혼해 3년 동안 아이가 없으면 쫓겨

---

4 중매결혼뿐 아니라 연애결혼에 있어서도 '계층내혼階層內婚'이라고 하는 자원 최대화의 선택 메커니즘이 작동하고 있다는 사실은 많은 연구에 의해 밝혀지고 있다.

난다'라는 일본 속담은 신화에 불과하다. 본처가 지닌 집안 간 동맹의 상징으로서의 지위는 그 정도로는 흔들리지 않는다. 에도 시대의 자연 불임률은 열 쌍 중 한 쌍이라고 하는데, 필요하다면 양자를 들여 얼마든지 아이를 가질 수 있던 시대다. 메이지 시대, 현재의 니가타 현에 해당하는 에치고 지역 농촌에서는 결혼 후에도 아이가 태어날 때까지 친정에서 생활하는 사례가 많았는데, 시댁으로 거처를 완전히 옮길 때에는 가계 운영의 전권 이양을 전제로 하여 적자嫡子를 데리고 당당하게 들어서는 사례가 야나기타 구니오[5]의 자료에 남아 있다. 어느 집안의 누구 자식인지도 모르는 여자가 미모만으로 계급의 사다리를 박차고 올라가는 신데렐라 스토리는 진짜 신분제 사회에서는 있을 수 없는 근대의 판타지인 것이다.

이 '성녀'와 '창녀'의 분단 지배를 더욱 통렬하게 고발한 것이 현재에는 일본의 여성해방운동 선언문으로 유명한 다나카 미쓰의 「변소로부터의 해방」[6]이다.

남성에게 여성이란 모성의 자애로움=어머니, 성욕처리기=변소, 이
렇게 두 가지 이미지로 나뉘어 존재한다. (…) 남성의 '어머니' 혹은

---

5 일본 민속학의 개척자(1875~1962). 문헌보다 현장을 중시하는 태도와 그가 남긴 방대한 저서는 이후 일본의 민속학, 역사학, 사회학의 발전에 지대한 영향을 끼쳤다.—옮긴이

6 이 기념비적인 전단은 '침략=차별과 싸우는 아시아 부인회의' 1970년 8월 22일 대회에서 배부되었다.

'변소'라고 하는 의식은, 현실에서는 '결혼 대상' 혹은 '놀이 대상'이라는 식으로 나타난다. (…) 남성의 '어머니' 혹은 '변소'라고 하는 의식은, 성을 더러운 것이라 여기는 성부정性否定의 의식구조로부터 나오는 양극화된 의식으로 존재한다. (…) 놀이 대상으로 여겨지든 결혼 대상으로 여겨져 선택받든 모든 뿌리는 하나로 이어진다. '어머니' 혹은 '변소'는 모두 같은 곳에서 나오는 것이며 본질적으로 동일하다….溝口 외 編 1992: 202; 井上 외 編 1994; 田中(美) 2004

현대의 생식 테크놀로지 속에서 여성은 '성욕처리기'뿐만 아니라 '애 낳는 기계'[7]로도 변화한다. 자궁을 '빌리는' 것이 문자 그대로 가능한 '대리모의 시대'가 도래했기 때문이다. 캐나다 작가 마거릿 애트우드가 《시녀 이야기》Atwood 1985=1990를 쓴 것이 1985년. 아내의 동의하에 쾌락을 제한한 섹스를 하여 아이를 낳는 생식 전용 시녀가 존재하는 궁극적 생식 관리 사회의 악몽을 그린 SF소설인데, 소설이 발표되고 얼마 지나지 않아 그 악몽은 더 이상 '꿈'이 아니게 되었다. 성교와 같은 야만적인 행위를 하지 않고도 인공수정만으로 타인의 자궁을 빌려 아이를 가질 수 있게 된 것이다. 자궁을 빌려주는 것은 물론 돈 때문이지 인류애에서 나온 자선 행위가 아니다. 대리모 비즈니스에서 일반적인 보수는 미국의 경우 약 6만

7 2007년 1월 27일, 아베 내각의 후생노동성 장관인 야나기사와 하쿠오는 저출산 문제와 관련한 발언에서 여성을 '애 낳는 기계'라고 표현하여 사과하기도 했다.

달러인데 인도에서는 약 1만2천 달러로 파격적으로 저렴하다. 세계화 시대에는 경제 불평등이 국경을 초월하여 이용된다. 인도에서는 중개업자가 한 마을 전체를 관리하는 경우도 있다고 한다. 자신의 아이를 낳은 여성에게 죽을 때까지 책임을 지지 않아도 되는 시대가 바로 현대인 것이다.

80년대부터 90년대에 걸쳐 일본에서는 '성녀'와 '창녀'로 분단된 신체를 되찾으려는 움직임이 있었다. '직업 여성'과 '아마추어 여성'의 장벽이 낮아져 아내·어머니·딸들이 성적 신체가 되어 성의 자유시장에 넘쳐나기 시작한 것이다. 불륜 드라마와 원조교제[8]의 등장에 남자들이 충격을 받은 것은 이제 더 이상 자신의 아내와 딸이 경계선 안쪽의 존재가 아니게 되었다는 사실을 통고받았기 때문이다.鬼畜 2006 이것은 남자들이 '성적 사용을 금지당한 신체'[9]인 여중생, 여고생에게 높은 가치를 매기는 바람에 '아마추어 여성'이 성적 존재이기도 하다는 사실을 그녀들 스스로가 '발견'한 탓이지만. 여기에서부터 하나의 신체로 성의 이중 기준을 분별해 연기한 '도쿄전력 OL'까지의 거리는 그다지 멀지 않다.

---

8 '원조교제'란 실제로는 성매매의 완곡어법이다. 초기에는 직장인 여성이나 여대생에게 의복이나 학비를 '원조'해준다는 명목이었으나, 현재에는 중·고등학생을 대상으로 한 소녀 성매매를 가리키는 말이 되었다.

9 오쓰카 에이지의 《소녀 민속학》大塚(英志) 1989, 1997에 의거하여, 여기서 나는 '소녀'를 '성적으로 성숙한 연령에 달하였으나 그 성적 사용이 금지된 신체를 가진 이'로 정의한다.

제4장

'비인기남'과
여성 혐오

'성적 약자론'의 덫

언제부터였을까. 젊은 남성 논객들 사이에 '성적 약자론'이 등장한 것이.

연애와 성 시장의 규제 완화, 성의 자유시장화가 진행되면서 연애 자원의 독점 현상과 더불어 성적 강자와 성적 약자가 태어난다. 그러면서 여자들이 일부 '인기남'에게 집중하여 '비인기남'은 쳐다보지도 않게 된다…는 식의 이야기이다. '성적 약자론'을 주장하는 남성 논객 중 한 명인 미야다이 신지는 말한다. '섹스 상대를 구하는 시스템이 '자유시장화'되면 될수록 많은 남자들이 성적 약자가 되어 넘치게 된다.'宮台 1998: 265

금세 눈치챌 수 있듯이, 위 인용문의 주어는 성별이 '남성'으로 전제되어 있다. 그들은 여성 '성적 약자'에 관해서는 전혀 언급하고 있지 않다. 여성 중에도 '남성에게 주목받지 못하는' 성적 약자가 있을 텐데, 제13장에서 논하는 바와 같이 '추녀는 여자가 아니다', '내 성적 욕망을 자극하지 않는 여자는 여자 자격이 없다'는 기준에 따라 그녀들은 '성 시장'의 플레이어로서 등장조차 하지 않는다. 오히려 현실에서는 미추, 연령, 외견을 불문하고 모든 '종류'의 여성이 강간 피해를 입고 있다는 경험적 사실로 보아 남성은 여성의 속성이 아니라 여성이라는 기호에 반응하고 있을 뿐일 테지만. 장애를 가진 여성은 '여성됨'을 박탈당하는 한편 동시에 성추행의 대상도 된다. 지적 장애를 가진 여성은 연애나 결혼 대상으로 취급되지 않지만 강간의 대상이 되어 임신한다. 하지만 그녀들을 '성적 약자'에 포함하여 논하는 이는 없다. 성 시장에 등장하는 플레이어에는 분명한 젠더 비대칭성이 있는 것이다.

'성적 약자론'은 '약자'라는 용어를 채용함으로써 '사회적 약자', '마이너리티'와 같은 주제와 접점을 가지게 된다.[1] '약자'란 사회적 현상이며 '약자'를 '약자'이게 하는 것은 사회이므로(성적 약자론에서는 여성에 의한 선택), 사회는 '약자'의 구제에 책임이 있다고 하는 기묘한 논리다. 이 논리를 그대로 여성 입장에 적용하는 일은 없으므로(즉, '여성 성적 약자를 낳은 것은 남성에 의한 선택이므로 남성에게 구제의 책임이 있다'는 이야기는 성립되지 않는다), 여기서도 젠더 비대칭성이 분명하게 나타난다. 하긴 '남성에 의한 여성의 성적 구제'란 여성을 남성의 성적 욕망의 대상으로 만드는 것이기 때문에 그런 '구제'

---

1 '성적 약자론'은 진짜 '사회적 약자'인 장애인과 연결됨으로써 더욱 혼란스러워진다. 신체적, 사회적, 경제적, 기타 등등의 부분에서 약자인 장애인 남성은 성의 자유 시장에서도 성적 약자로 간주된다. 그러한 성적 약자 장애인의 성욕은 충족될 권리가 있다고 인정되어 장애인의 성매매를 인정할 것인가 말 것인가, 마스터베이션 혹은 성행위를 위한 돌봄 서비스를 제공해야 하는가 말아야 하는가 등이 논의되고 있다. 여기서도 여성 장애인의 '성적 약자' 문제는 의도적인지 비의도적인지는 모르나 간과되고 있다.

는 필요 없다는 것이 많은 '성적 약자' 여성의 목소리일 테지만.

이 논리를 대단히 단순한 형태로 제시한 것이 「마루야마 마사오의 뺨을 때리고 싶다―31세, 프리터. 희망은 전쟁」으로 기성 논단에 충격을 던진 아카기 도모히로다.赤木 2007 물론 이 정도의 엉성한 논설에 '충격'을 받은 논단은 마루야마 콤플렉스[2] 혹은 '전쟁'이라는 단어에 도발되어 스스로의 '영감쟁이' 정도를 증명한 것에 지나지 않으며 아카기가 던진 떡밥에 '낚였다'고 할 수 있을 것이다. 그는 다음과 같은 구절을 통해 인종 차별, 성 차별, 연령 차별에 대한 사상적 빈약함을 자랑한다.

> 나 '일본인 31세 남성'은 재일 조선인과 여성, 그리고 최근 경기 회
> 복기의 취직 시장 속에서 쉽게쉽게 일자리를 얻는 어린 친구들보
> 다 더 존경받아야 하는 입장에 서 있다. 프리터라도, 무력한 빈곤
> 노동자층이라 할지라도 사회가 우경화되면 인간으로서의 존엄을
> 회복할 수 있을 것이다.赤木 2007: 219

또한 아카기는 커리어우먼들이 자신과 같은 성적 약자들을 '주부主夫'로 대하며 먹여 살릴 의무가 있다고 주장한다.赤木 2007 그렇다면 지금까지 여성이 가정에서 맡아오던 모든 것들, 가사·육아·간호 서

---

2 정치학자 마루야마 마사오는 전후 지식인 중에서도 제1급 지식인으로 분류되곤 하는데, 마루야마 콤플렉스란 그 권위에 벌벌 기는 일본의 영감 지식인들의 심리를 가리킨다.

비스, 성적 봉사, 가정 폭력까지 모두 감내할 각오가 되어 있는지 묻고 싶어진다. 물론 그는 이런 부분에 대해서는 전혀 언급하지 않는다. 주부主夫가 적은 것은 주부를 먹여 살릴 경제력이 있는 여성의 수가 적기 때문뿐만 아니라 남성 측에도 주부가 될 의향을 가진 이가 적기 때문이다. 그것은 주부主婦는 물론 주부主夫가 되는 것 자체에 많은 불리함이 존재한다는 사실을 남자들이 이미 알고 있기 때문이다.

한편 가계에 공헌하지 않으면서 가사도 하지 않는 남편은 예전부터 넘쳐났다. 다만 그런 남편을 주부主夫라 부르지 않았을 뿐이다. 그 증거로 경제적 능력이 있는 남성이 경제적 약자인 여성을 먹여 살릴 의무가 있다는 주장은 지금까지 어느 누구도 해온 일이 없으며 오히려 '먹여 살림을 받기' 위해 약자 측인 여성이 경제력을 가진 남성에게 선택받고자 갖은 노력과 희생을 치러왔다는 사실도 언급되지 않는다. 그가 제시하는 '강자 남성(일+) 〉 강자 여성(일+, 가사-) 〉 약자 여성(일-, 가사+) 〉 약자 남성(일-)'이라는 기묘한 도식에는 '약자 남성'이 가장 아래에 오지만 '최약자 여성', 즉 비혼 무직 여성이나 불리한 조건 속에서 노동하며 아이까지 부양하고 있는 싱글 마더는 도식에서 의도적으로 배제되어 있다. 남성 수준의 소득을 확보할 수 있는 '강자 여성'은 압도적으로 소수이며 또 그런 그녀들이 결혼하는 경우 강도 높은 일에 가사를 더하여 '일+, 가사+' 상태가 된다는 사실 역시 간과되고 있다. '약자 여성'과 '약자 남성' 모두에게 '일-'라는 공통점이 있다면 아직 가사 부담이 없는 '약자 남성'이 더 유리할 수 있다는 사실도 알아차리지 못하고 있다. 이런 허점투성이의 논리에서 알 수 있는 것은 그가 여성의 현실에 대해 전혀 이해하고 있지 못하며 관심도 없다는 사실이다.

'성적 약자론'은 이렇게 성의 자유시장을 저주하는 목소리가 되어 성의 자유시장을 조금이라도 전제로 하고 있는 주장에 대해서는 모두 '강자 논리'라는 낙인을 찍어버린다. 나도 미야다이 신지와의 대담上野·宮台 1999에서 남성 성적 약자에 대해 "커뮤니케이션 스킬을 더 키워라"라고 발언한 것만으로 비판의 대상이 되었다.[3] 성도 연애도, 결국은 타자의 신체에 접근하기 위한 기술이라 할 수 있다. 이 기술은 넓은 의미로는 커뮤니케이션 스킬의 일부이다. 사회적인 기술이므로 사회적으로 습득하는 일이 가능할 것이다. 성매매란 이 접근 과정을 금전을 매개로 단숨에 단축해버리는(즉, 스킬이 없는 자도 성교섭이 가능한) 강간의 일종인 것이다.

성의 자유시장

야마다 마사히로山田 1996의 주장처럼, 성의 자유시장에 '매력 자원'은 불평등하게 분배되어 있지만 그 매력 자원은 학력, 직업, 지위, 수입과 같은 사회경제적 자원으로만 환원되는 것이 아니다. 학

---

3 자신의 체험을 바탕으로 한 '비인기남 연애론' 관련 책으로 유명한 문예평론가 고야노 돈은 "용모나 학력 같은 '비인기' 요인을 극복하게 해주는 것이 바로 커뮤니케이션 스킬이라고, 우에노 지즈코를 비롯한 몇몇 사람들은 말한다"小谷野 2005: 64고 지적하며 의문을 제기했다.

력이 높고 수입도 많으면서 '비인기'인 남성은 많이 있다. 신장이나 외모, 운동 능력과 같은 신체 자원이 결정적인 요인이라고 하기에는 신체 자원이 없는 남자도 인기를 끄는 예가 있으므로 반드시 그러하다고는 할 수 없다. '매력 자원'이란 '교환가치'가 아니라 그것을 소비하는 당사자에게만 유용한 '사용가치'라 할 수 있다. 그렇다면 결국 성이나 연애란 대인 관계 그 자체를 가리키는 것이 된다. 성 시장이 규제 완화된다는 것은 남성에게도 이 '대인 관계의 기술'이 요구되게 되었다는 것을 의미한다.

성의 자유시장을 저주하는 사람들은 '규제 완화'되기 이전의 결혼 시장에 향수를 느끼는 경향이 있다. '가만히 입 다물고 있어도 참견하기 좋아하는 친척 아주머니가 중매 자리를 구해오던 좋은 시절'에는 애써 '결혼 활동'을 하려고 노력하지 않아도 되었다. 그 덕에 거의 모든 남녀가 결혼 상대를 찾아 짝을 맺는 '전원 결혼 사회'가 출현했다. 일부일처제니까 당연히 그렇게 되는 것이라고 생각한다면 커다란 착각이다. 계층차가 큰 신분 사회에서는 상위 계급 남성이 다수의 여성을 독점하는 탓에 하층 계급 남성에게까지 여성이 분배되지 않는다. 독신자의 도시였던 에도(현재의 도쿄)에는 그들을 위한 유곽(사창가)이 발달되어 있었다. 근대가 되어도 중혼 상황은 사라지지 않았는데 본처를 둘 이상 가지지 않은 경우에도 '능력 있는' 남자들은 첩이나 애인을 여럿 두고 있었다. 고도 성장기 일본에서 처음으로 거의 100퍼센트의 남성에게 여성이 돌아가게 된다. 이것을 '재생산 평등주의(즉 여성과 아이의 평등분배)'라고 부른 것이 오치아이 에미코落合 1994, 2004다. '전원 결혼 사회'는 1960년대 중반에 거의 100퍼센트 완성되었다가 곧 하락세로 돌아서게 되는데, 달리 말하면 1960년대 중반이라는 일시적 시기에만 '(남성에게 있어서의)성의 평등'이 성립했었다는 이야기가 된다.

'전원 결혼 사회'는 여성에게 어떤 의미였을까? 그것은 결혼이 강제였던 사회, 결혼하지 않고 살아간다는 선택지가 없었던 시대의 다른 이름이었다. 이 시대에 결혼은 여성의 '평생 직장'이라 불렸다.

그에 반해 결혼이 선택지의 하나인 사회에서는 일반적으로 여성의 혼인율은 저하하고 이혼율은 상승한다. 이는 여성에게 '평생 직장' 이외의 선택지가 있다는 의미이다. '전원 결혼 사회'가 종언한 오늘날, 우치다 다츠루나 고야노 돈 같은 남성 논객이 '누구나 결혼 가능했던(해야만 했던) 시대'에 대한 노스탤지어를 논하는 것, 야마다 마사히로와 시라가와 도코가《결혼 활동 시대》山田·白河 2008를 논하는 것은 시대착오라 하지 않을 수 없다.

아키하바라 무차별 살상 사건과 '비인기남'

그런데 애초에 '비인기남'이 '남성 문제'로서 급속도로 주목받기 시작한 계기는 2008년 아키하바라 무차별 살상 사건의 범인 K군, 즉 가토 도모히로에 의해서였다. 수험에 실패한 것도, 가족과의 갈등이 있던 것도 아니고, 파견 사원으로 일하던 회사의 일방적인 해고에 따른 실업도 동기가 아니었다. 그가 이 끔찍한 사건을 저지른 것은 (사건 당시 K군 본인의 말에 따르면) 위의 모든 원인에 더해, 자신이 '비인기남'이라는 사실 때문이었다. 물론 단순히 '비인기남'이었다는 사실이 아무런 관계도 없는 타인을 무차별로 살상할 동기가 된다는 것은 매우 믿기 힘든 이유이다.

본인의 말에 따르면, K군은 외모에 열등감을 가지고 있었다고 한다. 자신이 인기가 없는 것은 얼굴 탓이라고 생각하고 있었다. '설마!' 하고 놀라기 전에, 사실 여부를 떠나 K군 자신이 외모와 인기 사이에 인과관계가 있다고 굳게 믿고 있었고 그것이 그에게 '동기의 어휘'[4]를 제공해주었다는 것을 확인할 수 있다면 그걸로 족하다. 비인기를 얼굴 탓으로 돌리는 것은 어떤 의미에서 자존심을 지키는 안전한 방법이다. 노력하면 바꿀 수 있는(그렇게 여겨지고 있는) 학력이나 직업과 달리 얼굴은 노력해도 바꿀 수 없으며 부모를 원망하는 수밖에 없기 때문이다. 어쩌면 학력이나 직업, 수입 등 여성을 유인할 다른 요인을 모두 결핍한 (그리고 그것을 인정하는 것이 고통스러운) K군에게 얼굴만이 한방에 역전을 노릴 수 있는 히든카드였을지 모르나(실제로 호스트클럽에는 이런 종류의 성공 이야기가 넘쳐난다) 그것마저 가지고 있지 않은 자신을 바라보며 최후의 거점마저 무너져 내리는 기분을 맛보았는지도 모르겠다. 그렇다 하더라도 얼굴로부터 비인기를 끌어내는 K군의 사고 회로를 보면 현실 여성과의 관

---

4 사회 운동론의 '자원 동원론'에서 사용되는 용어. 사람들을 동원하는 동기에는 사회적인 동의를 얻기 쉬운 담론 자원이 어휘로서 제공된다는 설.

계가 얼마나 결여되어 있는지를 알 수 있다. 그의 머릿속에서 여자란 남자의 외견에 이끌리는 단순한 동물로 이해되고 있는 것 같다. 혹은 그가 이성에게 보이는 반응을 상대에게도 투사함으로써 자신의 빈약한 이성관을 내보이고 있을 뿐일지도 모르지만.

어쨌든 일반적으로 '성적 약자'라 불리는 남성일수록 현실의 여성과 접촉하지 않기 때문에 '여자란 무엇인가'에 관하여 현실의 여성과 괴리된, 거의 망상의 영역에 도달한 고정관념을 가지고 있음은 쉽게 추론할 수 있다. 그것을 일단 인정하고 나면 K군에 관해 논한 《비인기남!—남성수난의 시대》三浦 2009에서 미우라 아쓰시가 다음과 같이 말한 것에 대하여 동의해도 좋다.

'현대 일본의 젊은이(인용자 주: 여기서도 미우라에게 '젊은이'란 오로지 남성만을 가리킨다)에게는 '인기'와 '얼굴'이야말로 인생 최대의 문제이며 격차 사회의 근저에 자리한 문제이다.'三浦 2009: 22

K군은 아키하바라로 향하기 직전에 인터넷에 다음과 같은 글을 남겼다.

> 얼굴만 좀 더 괜찮게 생겼다면 여자 친구가 있었을 것이고 여자 친구가 있었으면 성격도 비뚤어지지 않았을 것이다.
> 평범한 직장을 가지고 집을 사고 차를 굴리며 평범한 생활을 하고 있었을 것이다.
> 얼굴이 모든 것의 원흉이다.(5월 8일 오전 5시 3분)浅野 2008: 190-1
> 에서 재인용

이 '평범한 생활'이 아카기와 마찬가지로 취직과 결혼을 전제로한 놀라우리만큼 보수적인 남성 생활을 모델로 하고 있음은 말할필요도 없다.

스즈키 유카리도 '겉모습이 못생겼기 때문에 인기가 없다는 논리를 바탕으로 연애 약자론을 논하는 방식'을 지적하는데,鈴木 (由) 2008 그녀는 혼고 가즈토라는 도쿄대학 준교수의 문장을 인용하고 있다.

이제 됐어. 지금까지 쭉 참아왔는데, 이제는 아무래도 상관없어. 너희들 모두 싫어! 바보 같은 계집들! 어렸을 적부터 무시당해왔어. 전혀 인기가 없었지. 왜냐하면 얼굴이 이상하거든. 뚱뚱하거든. 키가 작거든. (…) 무서운 페미니즘 아줌마들은 "커뮤니케이션 능력을 키워라. 그게 부족하니까 너희 오타쿠들은 여자들한테 무시당하는 거다"라고 말하는데, 그건 아니거든. 절대 아니거든. 오타쿠라서 인기가 없는 게 아니야. 겉모습으로 선별당하고 여자와의 커뮤니케이션을 일방적으로 완전히 거절당했기 때문이야. 자기 폄하와멸시를 참아가며 아첨까지 하면서 너희들과 커뮤니케이션할 필요가 있어?[5]本鄉 2006: 126; 鈴木 (由) 2008: 142-3에서 재인용

'겉모습으로 선별당하고 여자와의 커뮤니케이션을 일방적으로

---

5 스즈키는 '남성은 원래 '약간의 여성 혐오'를 마음속에 가지고 있는 것이 아닐까' 鈴木 (由) 2008: 152라고 지적한다. '약간' 정도가 아니다. 세지윅에 따르면 여성 혐오야말로 남성성의 핵심이다.

완전히 거절'당하는 것은 미팅 자리의 '추녀'에게는 친숙한 경험이리라. '자기 폄하와 멸시를 참아가며 아첨까지 하면서' 여자들이 '결혼 활동'을 해온 길고 긴 역사를 생각해보면 어제오늘 이 정도의 경험에 비틀거리는 남자들은 아직 약자가 되는 것에 익숙하지 않을 뿐이다. 남성은 연애시장에서 '내려올' 수 있는 특권을 가지고 있다. '남자들로부터 선택받지 못하는 너의 존재는 무無다'라고 선고당해왔던 여자 입장에서 보면 '여자들로부터 선택받지 못하는 나의 존재는 무無다'라며 스스로를 재판하는 남자들의 등장은 젠더 관계의 비대칭성이 시정되면서 나타나는 효과로서 이해해야 하는 걸까….

K군은 말한다.

'여자 친구가 있으면 일을 그만두거나 차를 도난당하거나 야반도주하거나 휴대전화 의존증에 걸리지 않아도 되었을 것이다. 아직 희망을 가지고 있는 놈들이 이해할 수 있을 리가 없다.'

'여자 친구'가 모든 부정적인 것으로부터 자신을 구원해줄 역전 홈런의 히든카드라 생각하는 그의 사고는 완전히 앞뒤가 바뀐 것이다. 실제 인과관계는 '일을 그만두거나 차를 도난당하거나 야반도주하거나 휴대전화 의존증에 걸리는 놈'한테 여자 친구가 생길 리 없다는 것일 테니까.

그런데 남자에게 여자 친구가 있다는 것은 어떤 의미인 것일까? 학력이 안 좋아도, 직장이 없어도, 수입이 없어도 '여자 친구만 있으면' 왜 역전타를 날릴 수 있는 것일까? 어째서 '인기'가 다른 모든 사회적 요인을 웃도는 것일까? 바로 여자 친구만 있으면 '나는 남자가 될 수 있다'고 생각하기 때문이다.

여자 친구가 있다는 것은 여성에게 선택되었다는 의미일까? 제 2장에서 논한 세지윅의 호모소셜리티 개념에 따르면 남자는 여자에게 선택되는 것에 의해 '남성'이 되는 것이 아니다.[6] 남자는 남성 집단의 정식 멤버로 인정됨으로써 최초로 남성이 되는 것이며 여자는 그 가입 자격을 위한 조건, 또는 그 멤버십에 사후적으로 딸려 오는 선물 같은 것이다. 여자 친구가 있다는 것은 '여자를 한 명 소유', 즉 문자 그대로 '자기 것을 하나 가지는' 상태를 가리킨다. 다른 모든 요인에 결함이 있다 하더라도 최후의 요인, 자기 소유의 여자가 한 명이라도 있는 경우 남자는 남성이 되기 위한 최소한의 조건을 만족시키게 된다. 반대로 학력, 직업, 수입 등 다른 모든 사회적 요인에 있어 우월한 남자라 할지라도 '여자 하나 자기 것으로 만들지 못하는'[7] 남자는 가치가 떨어지게 된다. 남성 집단은 이러한 남자를 결코 진정한 남성, 즉 집단의 정식 구성원으로 인정하지 않는다. 여성 '루저'에 비해 남성 '루저'들이 '패배'를 인정하기 더 힘

---

6 여기에도 남녀 간 비대칭성이 존재하는데, 여자가 남자에게 선택되는 것에 의해 처음으로 여성으로서의 존재 증명을 얻게 되는 것과 대조적이다.

7 혹은 소유하고 있는 여자에 대하여 '마누라 교육 하나 제대로 시키지 못하는' 남자, '마누라한테 기죽어 사는 남자'는 동성으로부터 모멸의 대상이 된다. 아내의 간통이 남성에게 스티그마(사회적 낙인)가 되는 이유는 아내에게 배신당했다는 사실 때문이 아니라 자기 아내 하나 관리하지 못하는 자신의 치부를 다른 남자에게 들켰다는 사실 때문이다. 간통 상대를 처단하는 것은 남성으로서의 명예 회복을 위한 것이지 아내에 대한 질투의 표현이 아니다.

들어하고, 처녀인 것보다 동정인 것을 커밍아웃하기가 더 힘든 것은 바로 이 때문이다.

앞서 언급한 미우라의 저서에는 이러한 '비인기남'들이 여성에게 어떤 태도를 취하는지에 관한 몇 가지 사례가 소개되어 있다.

> "나는 사고방식이 낡은 편이라 (…) 여자한테 맞춰주는 걸 싫어해
> 요. (…) 왠지 촌스럽기도 하고…." (27세, 회사원)三浦 2009: 68-9
> "여자들한테 차갑게 대하면 여자들이 알아서 찾아온다고 생각해
> 요… 아니, 그랬으면 좋겠어요."(위와 같음)三浦 2009: 69
> "내가 나서서 적극적으로 여자와 대화할 기회를 만드는 경우는 거
> 의 없습니다." (27세, 무직)三浦 2009: 71
> "여자랑 둘이서 이야기하는 건 긴장도 되고 무슨 말을 해야 될지도
> 모르겠어요. 어차피 미움받을 게 뻔한데요, 뭐. 어차피 상처받을 거
> 라면 혼자서 자위하는 걸로 충분해요." (25세, 회사원)三浦 2009: 73

이런 생각을 하는 데 인기가 있을 리 없다.

한편 그들이 원하는 여성상은 어떤 것일까.

미우라의 책에는 '남자를 떠받들어 주는 여자라면 어떤 여자라도 상관없다(용모를 안 따진다는 이야기)'는 적나라한 본심도 실려 있다.

남성에게 있어 여성의 가장 중요한 역할은 자존심 수호다. 남자들에게 인기를 끄는 비결이 있다. 바로 남자의 프라이드를 절대로

상처 입히지 않으며 수백 번 반복해서 듣는 자랑 이야기에도 싫증 내지 않고 귀를 기울이고 대각선 45도 아래에서 올려다보며 "당신은 정말 대단해요!" 하고 자장가를 부르듯 끊임없이 속삭이는 것이다.[8] 의심이 든다면 실제로 해보면 좋다. 제3자의 눈으로도 도저히 '대단한' 구석을 찾아볼 수 없는 남자의 경우 이렇게 덧붙이면 된다. "당신의 훌륭함을 이해할 수 있는 건 나밖에 없어요." 이어서 "당신이 나의 유일한 남자"라고 덧붙이면 완벽하다.

이것을 전통적인 어휘로 이야기한 1980년대의 증언이 있다. 당시 패션잡지 〈an·an〉의 설문 조사에서 '안기고 싶은 남자 1위'였던 다하라 도시히코의 발언을 미우라의 공저자인 사토 루미가 소개하고 있다.

"여자 친구가 있었으면 좋겠어. 말수가 적고 귀엽고 내성적이고 일본적이고 얌전한 애로. 내 취향 그다지 나쁘지 않지?"三浦 2009: 168

이어서 사토는 다음과 같은 코멘트를 더한다. '요즘 시대에 이런 말을 여자에게 하면 어떤 대답을 듣게 될지 미리 각오부터 해두는 것이 좋다.'三浦 2009: 168

이런 '최악의 취향'이 바로 엊그제까지 동시대 남자들의 공통적인 생각이었다는 것은 믿고 싶지 않은 사실인데, 앞서 소개한 2000년대 젊은이들의 증언을 보면 현재에도 같은 생각을 가진 남자들이

---

8 여자가 교태를 부리며 남자를 조종하는 것을 가리켜 일본어로 '코틸을 읽는다'고 표현한다. 문자 그대로 남자에게 기댄 채 아양을 떨며 대각선 45도 위를 올려다보면 시선 정중앙에 콧구멍이 오게 된다.

많다는 것을 알 수 있다. 아마도 많은 여자가 남자들의 착각을 정정하지 않고 그대로 유통시킴으로써 이익을 얻고자 하였기 때문이리라.

격차혼의 말로

K군과 정반대의 사례가 있다. 톱클래스 탤런트 후지와라 노리카와 '격차혼格差婚'에 성공한 개그맨 진나이 도모노리(이하 J군으로 약칭)의 사례다. 2007년 5억 엔이라는 거액을 써서 호화로운 피로연을 열고 불과 2년 뒤, J군의 불륜과 가정 폭력으로 이혼한 사실이 매스컴에 보도되었다. 사회적 명성도, 지위도, 수입도 아내가 남편을 앞지르는 커플이었다. 이 결혼 생활을 잘 유지할 수 있는 단 하나의 방법은 '아내가 남편을 받들어주는 것'이었을 테지만, 아마도 사회적으로 미숙하고 유아적인 남편은 '파워를 가진 아내'를 (정신적으로나 신체적으로) 힘껏 발로 차는 것으로 자신의 자존심을 지키려고 했던 것 같다. 세상이 인정하는 좋은 여자, 강한 여자를 자신은 이렇게나 함부로 대하고 모욕하면서 태연할 수 있고, 그럼에도 그녀는 나를 떠나지 못할 것이라 생각함으로써 스스로의 자존심을 지키려 했던 것이다. 상대에게 파워가 있으면 있을수록 모욕은 더욱 철저할 필요가 있다. 그 결과 아내는 남편으로부터 도망쳤다. 다행히도 아내에게는 도망이라는 선택지가 있었다.

《가쓰마 가즈요의 인디펜던트한 생활 가이드》勝間 2008를 보면 여성이 인디[9]해지기 위해 필요한 세 가지 조건이 제시되어 있다. 첫째, 연에 600만 엔 이상 벌 수 있을 것. 둘째, 자랑할 만한 파트너가 있을 것. 셋째, 나이를 먹을수록 더 멋져질 것. 그녀가 말한 인디한 여자의 남자 파트너에 걸맞는 조건에는 '연소득 1천만 엔 이상'도 있다. '연 소득 600만 엔 이상'이라는 조건만으로도 문턱이 높은데, 이 조건을 만족하는 남자는 또 얼마나 있을까. 모든 조건을 만족하는 '인디한 결혼 활동'은 낙타가 바늘구멍을 통과하는 것만큼이나 어려운 일이다. 그녀의 설명에 따르면 그녀가 돈 많은 남자를 좋아하는 것이 아니라 '연소득 600만 엔이 넘는 여성에 대하여 그 정도의 소득이 없으면 남자의 자존심이 서지 못한다'는 경험적 법칙에서 나온 것이라 한다. 남성과 여성의 균형은 끝까지 남성 우위를 지킴으로써, 다시 말해 '여자가 남자를 떠받드는' 것에 의해 간신히 유지되는 연약한 것임을 그녀는 경험으로 터득한 것 같다. 이렇게나 무르고 불안한 것이 남성의 아이덴티티다.

'남성보호법'의 반동성

'루저' 문제가 현대 남성에게 사활을 건 문제라고 말하는 미우라는 대책으로 '남성보호법'을 제창한다. 그는 '현대는 그야말로 남성 수난의 시대'라고 정의하며 다음과 같이 말한다.

9 정신적으로도, 경제적으로도 주위에 의존하지 않는 자립한 삶을 가리킨다.

'초·중학교에서도, 고등학교와 대학교에서도, 그리고 취직 활동에서도 여성이 남성보다 우위에 있다. 실제 사회에서는 가까스로 남성이 우위를 유지하고 있으나 그것도 앞으로 10년 안에 완전히 여성 지배 체제로 변하게 될 것이다.'三浦 2009: 213

사회학자를 표방하며 언제나 실증 데이터를 제시하고 증거를 중시하는 미우라가 이 점에 관해서는 완벽하게 사실에 반하는 기술을 하고 있다. 의무교육에 가까운 초중고는 둘째 치고 대학의 경우 지금도 남녀 간 진학률의 격차는 대단히 크다(부모는 딸에게 아들만큼의 고등교육 투자를 하지 않는다). 또한 취직의 경우 대놓고 여성차별이 횡행하고 있음은 취직 내정율의 남녀차 등의 데이터를 통해 분명히 나타나고 있다. HDIHuman Development Index(인간 개발 지수)는 세계 10위임에도 불구하고 여성의 지위 척도를 나타내는 GEMGender Empowerment Measure(젠더 임파워먼트 지수)은 57위(이상의 순위는 모두 2009년 자료)를 차지하고 있는, 국제적으로 볼 때 여성의 지위가 매우 낮은 사회에 속하는 일본 사회가 앞으로 10년 안에 여성 우위로 변할 것이라고 예측하는 지식인은―미우라를 제외하고―아무도 없을 것이다.

결국 마우라는 이런 본심을 내뱉는다.

'무엇보다 내가 볼 때, 연애하고픈 마음이 드는 여자, 결혼하고 싶다는 생각이 들 만한 괜찮은 여자가 현대만큼 적은 시대도 없다. 남자 입장에서 '괜찮은 여자가 없고 있어도 이미 100퍼센트 결혼한 상태'인 것이다.'三浦 2009: 217

여기서 말하는 '괜찮은 여자'를 번역하는 것은 간단하다. 남자 입장에서 '편리한 여자', 80년대 다하라의 '나쁘지 않은 취향'에 맞는 여자, 지금은 멸종위기종이 된 여자를 말한다. 미우라는 이런 여자를 가리켜 '남성의 용기를 북돋아주는 여성', '모성이 느껴지는 여성'으로 바꿔 부르기도 한다. 이것을 번역하는 것도 간단하다. '무슨 일이 있어도 나를 떠받들어주고 나를 남자이게 해주는 여자', '밟히고 차여도 나를 무조건적으로 이해해줄 여자'이다.

나는 그의 시대를 읽는 감성에 공감하며 트렌드 워처trend watcher로서 신뢰해왔지만 여기서 그의 정체가 드러났다. 특히 젠더에 관해서는 그 역시 다하라 수준의 '낡은 남자'였던 것이다.

예상대로 미우라는 '연애와 성의 자유시장화'에 반대한다.

'예전의 중매결혼 제도는 각종 규제나 상도덕에 묶인 시장과도 같은 것이었으며 자유의 정도가 낮은 대신 누구나 조금씩 은혜를 입을 수 있었다. 즉, 누구나 결혼하는 것이 가능하다는 이점이 있었다.'三浦 2009: 60

이 이점의 최대 수혜자가 남성이라는 사실은 말할 필요도 없다.

그가 제창하는 '남성보호법'에 따르면, '고용 면에서 남성을 여성보다 우선한다. 특히 정규고용자의 채용에서 남성을 여성보다 우선한다.'三浦 2009: 221 이런 법률을 만들지 않아도 현실 사회에서는 이미 같은 내용의 조처가 취해지고 있다. 그가 이런 내용을 주장하는 이유는 '남성은 이제 약자'가 되었으며 특히 '일부 약한 남성은 '사회적 약자'로서 보호받아야만' 하기 때문이라고 한다.三浦 2009: 221

'이 얼마나 반동적인가! 하고 화를 내서는 안 된다'고 그는 먼저 못 박는다. 하지만 그의 이야기는 반동 담론 외에 아무것도 아니다. 사실 '사회적 약자'설에 동조하여 여성에 대한 증오를 키우는 남성 독자 중에는 미우라의 책을 읽고 후련해하는 이도 있을 것이다. 미우라의 담론은 그가 의도하건 그렇지 않건 '약자'로서 스스로를 규정하는 남자들의 여성 혐오를 선동하는 효과를 가지고 있다. '사회적 약자'라고 하는 어휘는—나는 그것이 단순한 오용이라고 생각하지만—그들의 여성 혐오에 정통성을 부여하는 담론 효과를 가지기 때문이다.

남자가 되기 위한 조건

K군은 게시판에 이런 말도 남겼다.

'나도 애니메이션이나 미소녀 게임만 있으면 행복해하는 그런 인종이었으면 좋았을 테지만 불행하게도 현실에 흥미를 가지고 있습니다.'

현실에, 그리고 현실의 여자에게 흥미가 있다면 대인 관계를 가지려고 노력하는 것 이외에 다른 길이 없다. 학력이나 지위나 수입이 있으면, 그리고 '겉모습'이 좋다면 입 다물고 있어도 '여자가 줄을 서던' 시대는 지나갔다.

때문에 커뮤니케이션 스킬의 여부를 묻게 되는 것은 당연한 일이다. 미우라도 '커뮤니케이션 능력'이 인기의 조건이 되는 시대로 변화했음을 인정하고 있다. 최근 커뮤니케이션 능력을 새로운 권력으로 비판하고 고발하는 식의 담론이 유행하고 있으나 참으로 이상한 일이다. 커뮤니케이션 '능력'이나 '스킬' 같은 단어가 오해를 부르고 있는지도 모르겠다. 커뮤니케이션 능력이나 스킬은 분명히 학습과 경험에 의해 습득되는 것이지만 그렇다고 해서 다른 자원처럼 계량할 수 있거나 축적되는 종류의 것이 아니다. 게다가 대인 관계가 상대방에 따라 변화하듯, 모든 이에게 적합한 커뮤니케이션 스킬이 있는 것도 아니다.

커뮤니케이션이란 대인 관계의 다른 이름이고, 당연히 대인 관계를 맺을 수 없는 이에게 '여자 친구가 생길' 리도 없다. '일찍이 학교나 직장에서는 남자들끼리 원활하게 소통할 수 있으면 그걸로 족했다'三浦 2009: 143고 미우라는 남성 간 호모소셜한 커뮤니케이션을 긍정한다. 그 호모소셜한 남성 집단에서는 페킹 오더pecking order(닭들이 모이를 쪼는 순서. 즉 위계질서를 말한다)에 따라 저절로 여성이 분배된다. 남성의 노력은 전적으로 남성 집단 내의 지위 획득을 위한 것이었다.

그러나 지위 서열을 수반하는 대인 관계는 정형적인 것이다. 미우라도 지적하는 바와 같이 오늘날 커뮤니케이션 능력이 요구되는 것은 정형화되지 않는 대인 관계가 (가족 간, 남녀 간에서도!) 늘어났기 때문일 것이다.

정형화되지 않는 대인 관계의 정점에 있는 것은 친구 관계이다. 이해관계나 역할을 수반하지 않는, 직접적인 이익을 기대하기 힘든 친구 관계만큼 유지하기 힘든 관계도 없다. 후카사와 마키가《자신을 소모시키지 않는 인간관계 유지술》深澤 2009에서 지적하는 바와 같이 친구 관계란 '인간관계의 상급편'이다. 친구 관계를 유지하기 위해서는 고도의 스킬이 필요하다. 연애나 결혼보다 더. 연인이나 부부관계는 일종의 역할극에 근거하고 있기 때문이다.

그러나 부부나 연인도 점차 정형화된 틀을 잃어가고 있다. 정형화된 틀이 없는 성적 관계에서 상대가 얼마나 이형의 타자가 되는가는 수많은 문학 작품이 묘사하고 있다. 커뮤니케이션이란 달콤한 공감 같은 것이 아니다. 자아를 판돈으로 내건 필사의 줄다리기다. 그게 싫으면 관계를 포기하는 수밖에 없다.

'여자 친구가 있었으면' 하고 바라던 K군의 외침이 진정으로 '사람과 관계를 가지고 싶다'는 욕망이었다면 그가 선택했어야 하는 행동은 아키하바라에서 타인을 칼로 찌르는 것과는 완전히 다른 것이어야 했다. 그들의 행동을 근거로 판단했을 때, K군과 J군이 공통적으로 가졌던 바람은 자신을 '남성으로 만들어주는', 독선적인 '여성 소유' 욕망일 뿐이다.

제5장

아동 성학대자와
여성 혐오

'욕망 문제'

후시미 노리아키는 《욕망 문제》伏見 2007에서 다음과 같은 '상담' 편지를 소개하고 있다.[1]

저는 28세의 동성애자입니다. 아니, (…) 성인 남성이 아니라 아직 어른이 되기 전의 소년을 좋아합니다. (…) 요즘에는 길거리를 걷다가 제 취향의 소년이 눈에 띄면 저도 모르는 사이에 뒤를 쫓거나 말을 걸려고 하는 자신을 발견하고 깜짝 놀라곤 합니다. 그리고 동시에 소름이 오싹 돋습니다. 대체 저는 어떻게 하면 좋을까요. 어떻게 방법이 없을까요? 지금 정말 애들을 건드리기 일보 직전입니다… 伏見 2007: 6

---

1 《욕망 문제》의 띠지에는 '목숨 걸고 쓴 책이니까 목숨 걸고 읽어주길 바란다'고 쓰여 있다. 다소 과장된 매니페스토인데 본인은 진심인 듯하다. 책이 나왔을 당시 담당 편집자로부터 인터넷상에 코멘트를 올려달라는 부탁을 여러 차례 받았는데 당시에는 너무 바빠 여유가 없었다. 이 책을 그 응답으로 알아주길 바란다.

후시미는 이 편지를 받고 '그와 나 사이에 얼마만큼의 차이가 있는 것일까' 하는 생각이 들어 '절규라 해도 좋을 그의 '아픔'이 한 글자 한 글자를 통해 절실히 전해져왔다'며 이해와 동정을 표한다. 게이인 그는 성인 남성에게 욕망을 느끼지만 이 28세 남성은 소년에게 욕망을 느끼고 있으며 그 차이는 '종이 한 장'에 지나지 않을 수 있다며 다음과 같이 적는다.

'나는 (게이로서의) 나의 욕망을 인권 문제 차원에서 세상에 호소하는 것이 가능하지만 어린아이에게 욕망을 느끼는 사람들은 범죄자로 단죄당한다'며 그런 사실을 '대단히 부조리'하게 느낀다고 한다.伏見 2007: 13 그리고 성적 소수자 운동에 소년애자의 모습이 보이지 않는다는 사실을 지적한다.

사실 문제는 '소년애'라는 용어에 있다. 페미니즘이 성적 장난을 '성추행'으로, 사랑 싸움을 '가정 폭력'으로 바꿔 부르게 한 것처럼 소년애를 '아동 성학대'로 바꿔 부른다면 어떻게 될까? '소년을 성적으로 학대하고 싶어 근질거리는' 누군가에게 그래도 후시미는 아픔과 동정을 표할 것인가. 시험 삼아 위의 인용문 중 소년애를 '소녀애'로 바꾸어 보자.

저는 28세의 이성애자입니다. 아니, (⋯) 성인 여성이 아니라 아직 어른이 되기 전의 소녀를 좋아합니다. (⋯) 요즘에는 길거리를 걷다가 제 취향의 소녀가 눈에 띄면 저도 모르는 사이에 뒤를 쫓거나 말을 걸려고 하는 자신을 발견하고 깜짝 놀라곤 합니다. 그리고 동시에 소름이 오싹 돋습니다. 대체 저는 어떻게 하면 좋을까요. 어떻게 방법이 없을까요? 지금 정말 애들을 건드리기 일보직전입니다….

　후시미는 동성애자에게 동정을 표하듯 이성애 아동 성애자에게도 '동정'을 표할 것인가.
　'소년애'나 '성애' 같이 오해를 부르는 용어의 사용은 가급적 피하기로 하자. 성은 욕망의 언어이고 사랑은 관계의 언어이다. 성과 사랑이 별개의 것이라는 사실이 이토록 분명하게 드러나는 오늘날, '성애'와 같이 혼란을 부르는 용어를 사용할 필요는 없다. 우리가 알고 있는 것은 성이 사랑을 수반하는 경우도 있고 그렇지 않은 경우도 있다는 분명한 경험적 사실이다. 나아가 성은 증오나 모욕을 수반하기도 한다. 여기에 제시된 것은 후시미가 정확하게 명명한 바와 같이 '욕망 문제'인 것이다.

공적 섹스와 사적 섹스
　성욕과 성행위와 성관계는 엄밀하게 구분되어야 한다.
　성욕은 개인의 내부에서 완결되는 대뇌 작용의 현상이다. 미국 성정보·교육위원회(SIECUS)의 정의처럼 '성적 욕망'으로 번역되기도 하는 '섹슈얼리티'는 '다리 사이between the legs'가 아니라 '귀 사이between the ears', 즉 대뇌 안에 있다. 때문에 섹슈얼리티 연구는 사실 하반신 연구가 아니다. 무엇이 성욕의 장치가 되는가는 개인이나 문화에 따라 달라진다. 육체가 눈앞에 있지 않으면 성욕을 느낄 수 없다는 사람이 있을지도 모르나 실제로는 단순히 기호화된 신체의 일부만으로도 만족할 수 있으며 완전히 가상의 상징이나 영상으로도 느낌을 가질 수 있다. 사물이나 기호에 반응하는 즉물적即物的 경우도 있을 것이고 특정 판타지를 무대장치로 요구하는 복잡한 경우도 있을 것이다.

하지만 그조차도 완전한 오리지널일 수는 없으며 문화에 의해 학습된 '기성품 시나리오'를 바탕으로 만든 자기 버전에 지나지 않는다. 그렇기 때문에 내가 책 《발정 장치》上野 1998b에 '에로스의 시나리오'라는 부제를 달았던 것이다. 욕망이 '연애'라는 관계 망상을 판타지로 수반할 때조차 욕망 그 자체는 개인 내에서 완결되고 있기 때문에, '내가 널 사랑하고 있다는 사실은 너와 전혀 상관없는 일이다'라는 말이 성립된다. 그 한도 내에서 욕망은—상상력처럼—자유롭다. 사람은 신과 교감하는 것도, 성모 품에 안기는 것도, 강간하는 것도, 소녀를 토막 내는 것도 욕망할 수 있다. 그것을 금지하거나 억압하는 것은—본인 이외에는—누구에게도 불가능한 일이다.

이러한 성욕과 달리 성행위는 욕망이 행동화한 것이다. 그 행동에는 타자(신체)를 필요로 하는 것과 필요로 하지 않는 것이 있다. 전자를 '성관계'로 한정한다면, '관계 부재'의 성행위란 자기 신체와의 에로스적 관계, 즉 마스터베이션을 말한다. 사람은 타자의 신체와 에로스적인 관계를 맺기 전에 자기 신체와 에로스적인 관계를 맺는 법을 먼저 배운다. 참고로 마스터베이션은 훗날 경험하게 될 타인과의 성교를 위한 준비 작업이나 그것의 불완전한 대체물이 아니다.[2]

사람은 타인의 신체와 소통하기 전에도, 소통하는 도중이나 그 후에도 자기 신체와의 에로스적 관계를 평생 가지고 살아간다. 타자 신체와의 에로스적 관계가 우발적인 것이라 해도 좋을 정도로.

《섹스 인 아메리카》Michael 외 1994=1996의 저자 로버트 마이클, 존 가뇽 등은 '파트너가 없는 섹스'와 '파트너가 있는 섹스'를 구별하여 후자를 '공적 영역의 섹스'라고 불렀다. 파트너가 없는 섹스란 마스터베이션을 가리킨다. 타자의 개입을 수반하는 한, 모든 섹스는 사회관계의 하나가 되며 따라서 '공적'인 것이 된다.

공적인 섹스에는 사회관계에 적용되는 모든 시민사회의 룰이 적용된다. 상대의 합의가 없으면 부부 간에도 '강간죄'가 성립하며 상대가 싫어하는 성적 접근은 '성추행'이 된다. 이것들은 지금까지 '프라이버시'라는 이름으로 봉인돼오던 것들인데, 성관계는 '프라이버시'가 아니다. 복수의 개인 간에 이루어지는 사회관계의 일종이기 때문이다. 마이클을 비롯한 저자들은 '프라이버시'의 경계를 완전

---

2 마스터베이션이 타인을 상대로 하는 성교의 불완전한 대체물이라고 하는 생각은 최근의 마스터베이션 연구에서 완전히 사라진 상태이다. 실증 연구에 따르면 오히려 파트너와의 성관계가 활발한 사람일수록 마스터베이션 횟수가 많다고 한다. 즉, 성적 활동의 정도가 강한 사람은 자기 신체 그리고 타자 신체 모두와 성적으로 관계하는 기회가 많으며, 어느 한 쪽이 다른 한 쪽을 대체하는 것이 아니다.

한 개인 상태로까지 축소시킨다.

이런 표현이 적당할지 모르겠다. 자기 신체는 최초의 타자이며 사적 섹스(파트너가 없는 섹스)란 합의가 필요 없는 자기 신체와의 성행위라고. 자기 신체는 자신의 의지대로 할 수 있다고 생각하는 사람들이 많다. 실제로는 자기 뜻대로 되지 않는 신체와 대면하고 있는 이들이 많음에도 불구하고. 자기 신체는 애무하는 것도, 상처 입히는 것도 가능하다. 경우에 따라서는 죽이는 것도 가능하다. 설사 신체가 저항한다 하더라도 그 저항을 배제하고 억압할 수 있다. 현재의 법률상으로는 자기 신체를 성적으로 가지고 놀거나 살상해도 범죄가 되지 않는다. 예를 들어 자살 미수자를 자기 신체에 대한 위해 행위를 했다는 이유로 체포하는 것은 법적으로 성립되지 않는다. 자기 신체란 자신의 최초이자 최후의 영토, 어떤 식으로든 마음대로 통치하고 유기하고 처분하는 것이 가능한 사유 재산으로 간주하는 것이 근대 자유주의의 인간관이다. 때문에 많은 사람이 자기 손목을 긋거나 거식증으로 먹고 토하는 등 자기 신체에 대해 폭력을 행사한다.

성행위에 타자의 신체를 개입시키는 순간, 성관계라는 이름의 관계가 성립한다. 성욕에는 성'관계'욕이 포함된다. 그러나 타자가 등장하는 순간 그것은 더 이상 자기완결적인 욕망이 아니게 된다. 상대를 밧줄로 묶어 자유를 빼앗은 뒤 섹스를 하고 싶다거나 누군가의 채찍을 맞지 않으면 사정할 수 없다는 식의 욕망이 있다면? 스스로 조달하지 못하는 장치라면 타자의 합의를 얻어 그 신체 일부를 사용하도록 허락받을 수도 있다. 혹은 자신의 성적 판타지 시나리오의 일부를, 이 또한 동의를 얻어 누군가와 함께 연기할 수도 있다. 이를 위해 그에 상응하는 대가를 지불할 수도 있다. 그러나 저항하는 상대를 억압하여 성교하는 것이 더욱 큰 흥분을 준다거나, 아이의 무지 혹은 무구함을 이용하여 그 신체를 성적으로 가지고 놀고 싶다는 성관계욕을 가졌다면? ─ 이런 욕망들까지 '성적 소수자' 욕망의 일종으로서 인정하는 것이 가능할까?

성적 욕망에 한정된 이야기가 아니다. 사람은 타자를 공격하고, 억압하고, 모욕하고, 지배하고, 죽이고 싶다는 욕망을 가질 수 있다. 서두에서 언급한 '28세, 남성'이 아키하바라 무차별 살상 사건의 용의자 K군처럼 '누구든 상관없으니까 사람을 죽이고 싶다'는 욕망의 주인이라면 어떻게 할 것인가?

이 남성이 자신의 '욕망'을 '성행위'로 옮기고 그 행위에 소년을 개입시켰다고 하자. 그 행위는 후시미가 말하는 바와 같이 '성범죄'가 된다. 후시미는 이렇게 적는다.

'성범죄가 일어날 때마다 피해자에 대한 깊은 동정과 함께 범죄자에 대한 측은지심을 억누를 수가 없습니다. 범죄자의 모습에서 저 자신을 발견하게 되기 때문입니다.'伏見 2007: 14

후시미의 이러한 상상력이 '성범죄'에서 '성'을 빼도 성립되는 것이라면, 그것은 '범죄자에게 느끼는 공감' 현상으로 이해될 수도 있다. 미야자키 쓰토무 사건[3] 때도 'M군은 바로 나 자신이다'라는 공감의 목소리가 있었으며 아키하바라 사건 때도 'K군은 나 자신일지도 모른다'는 공감의 글이 인터넷상에 올라왔다. 그 유명한 연합적군 린치 살인 사건[4] 때조차 다나카 미쓰는 '나가타 요코는 바로 나다'라고 공감을 표했었다.

　그러나 M군, K군의 경우가 모두 그러하듯, 욕망을 가지는 것과 욕망을 행위로 옮기는 것 사이에는 엄청난 차이가 있다. M군은 스플래터 영화 수집가였다는 사실이 확인되었으며[5] 비디오에 나오는 것처럼 소녀의 몸을 토막 냈다는 사실이 보도되었으나, 넘치고 넘치는 스플래터 영화 애호자 모두가 범죄자가 되는 것은 아니다. K군의 경우에는 비정규직 파견 사원에 대한 부당 해고가 무차별 살상의 원인이라는 주장도 있는데, 수십만이나 되는 부당해고자 젊은이들

---

3 1988~9년에 도쿄와 사이타마 현에서 발생한 연쇄 소녀 납치·살해 사건. 피해자가 4~7세의 어린 소녀들이었고 범인이 신문사에 성명을 내고 피해자 가족에게 엽서와 유해를 보내는 등 엽기적인 행각을 벌여 일본 사회에 충격을 주었다.─옮긴이

4 '산악 베이스 사건'이라고도 한다. '연합적군連合赤軍'은 신좌익 테러 단체인 '공산주의자 동맹 적군파'와 신좌익 과격파인 '혁명좌파'가 통합되어 결성된 신좌익 테러 조직이었다. '산악 베이스'는 '혁명좌파' 멤버들이 지명수배를 피해 산 속에 설치한 군사훈련 및 작전 캠프를 가리킨다. 이 '산악 베이스'에서 1971~2년에 걸쳐 총 12명이 살해·암매장되었는데, 이들은 자아비판을 한 후 멤버들에게 구타를 당하는 의식을 치르는 과정에서 사망 또는 교살되었다. 이 사건이 알려지면서 일본 사회의 신좌익 운동은 급속도로 쇠퇴하게 된다.─옮긴이

5 스플래터 영화란 살인 현장을 생생하게 재현한 영상, 특히 신체를 절단하는 장면이 담긴 영화를 가리킨다. 피가 튀기는 모습에서 '스플래터'라는 이름이 붙었다. 연쇄 소녀 납치·살해 사건으로 미야자키 쓰토무가 체포된 후, 미디어를 통해 공개된 그의 자택 영상에서 방 천장까지 쌓여 있는 스플래터 영화의 비디오테이프를 확인할 수 있고, 일부 마니아 사이에 그의 이름이 알려져 있다는 사실 등도 밝혀졌다.

이 모두 K군처럼 무차별 살상을 저지르는 것도 아니다.

상상력은 단속할 수 없다—폭력적인 포르노를 법적으로 단속할 것을 요구하는 다수파 페미니스트들의 요구에 내가 동조할 수 없는 이유가 바로 이것이다.

페미니스트 법학자 캐서린 맥킨논은 '포르노는 이론, 강간은 실천'이라는 유명한 공식을 주장하기도 했다.[6]Mackinnon 1987=1993 그리고 이 논리를 근거로 미국의 주류파 페미니스트는 여성에게 폭력을 가하는 내용의 포르노를 법적으로 규제할 것을 요구해오고 있다. 일본에서도 포르노 규제를 둘러싸고 일부 페미니스트와 만화가, 작가 사이에 '표현의 자유'를 둘러싼 논쟁이 일어났으나, 나 자신은 페미니스트 사이에서도 소수파인 '표현의 자유' 옹호파에 속한다. 예를 들어 나가야마 가오루는 '표현의 자유' 논쟁의 속편 격인 《2007-2008 만화 논쟁 발발》永山·昼間編 2007에 나를 소수파 페미니스트 대표로 인터뷰한 내용을 수록하고 있다.上野 2007

참고로 나가야마의 《에로 만화 스터디스》永山 2006는 폭력적 포르노에 관한 통찰력 넘치는 명저이다. 이 책에는 '귀축계鬼畜系'라는 폭력적 포르노가 소개되어 있는데, 귀축계란 신체를 변형하고 가공하고 상처를 입히면서까지 타자를 능욕하고 싶다는 욕망을 표현한 것이다. 그 자세한 내용을 읽다보면 인간의 상상력이 가지는 한계가 얼마나 깊은지를 알 수 있다. 그 안에는 '인간수人間獣'라는, 사지를

---

6 원래는 페미니스트 로빈 모건의 말이다.

절단당하고 개목걸이를 찬 채 오로지 성적인 조련과 능욕을 당하기
위해 사육되는 인간이 등장한다. 하지만 텍스트는 그 '인간수'의 고
통과 슬픔까지도 표현하고 있다. 나가야마는 귀축계 포르노의 소비
자는 가해자와 피해자 양측의 낙차를 경험함으로써 이중의 쾌락을
즐기는 것이라는 깜짝 놀랄만한 지적을 한다. 가해자와 동일화하는
것만으로 느낄 수 있는 쾌락은 깊이가 얕다는 것이다. 피해자의 고
통에도 동일화함으로써 쾌락은 더욱 복잡하고 깊이가 깊어지는 것
이다.

연령 제한 표시나 액세스 제한 같은 수법의 포르노 규제로 '보고
싶지 않은 것을 보지 않을 자유'를 옹호하는 것은 좋다. 그러나 그
것이 아무리 잔혹한 상상력이라 할지라도 표상의 생산 그 자체를
단속하는 것은 불가능할뿐더러 단속하지 않는 것이 좋다. 표상과
현실의 관계는 반영이나 투사와 같이 단순한 것이 아니다. 오히려
꿈과 같이 보상이나 보완과 같은 역할을 할 수도 있다. 우리는 상상
속에서 줄기차게 살인을 저지름으로써 현실 속에서 누구도 죽이지
않고 있을 수 있는 것인지도 모른다.

아동 성학대자들

'28세, 남성'의 욕망을 행동으로 옮긴 이들이 있다. 바로 아동 성
학대자들이다. 그리고 그들은 '성범죄자'가 된다.

'어째서 그들은 어린아이들을 성애의 대상으로 삼는가?' 이 질문

에 누구보다도 절실한 관심을 가진 연구자가 있다. 바로 피해 당사자다. 아니, 이렇게 말하는 것이 정확할 것이다. 유아 성애의 피해자였던 여성이 자신에게 가장 절실한 물음에 대한 답을 얻기 위해 연구자가 되었다고. 그녀는 수감 중인 성범죄자들을 찾아가 인터뷰한 기록을 바탕으로 책을 썼다. 바로 파멜라 슐츠의 《괴물이 된 사람들》Schultz 2005=2006이다.

이 책의 띠지에는 앞서 말한 '어째서 그들은 어린아이들을 성애의 대상으로 삼는가?'라는 물음과 함께 '그리고 어떤 식으로 욕망의 제물로 만드는가'라는 말이 적혀 있다. 여기서도 '성애'라는 혼동을 유발하는 용어를 피해 환언하자면 '어째서 그들은 어린아이들을 욕망의 대상으로 삼으며 어떤 식으로 욕망의 제물로 만드는가'라고 말할 수 있을 것이다.

성이 무엇인지 아직 알지 못하는 이들에게 동의를 구하는 것은 불가능하다. 아동 성학대자들(대부분이 아이들 주변의 어른이다)은 아이의 지배자로서 행동하고 아이들의 신체를 자기 욕망의 도구로 이용하려고 한다. 그 과정에서 아이의 저항을 무력화하기 위해 '사랑'이라는 편리한 단어를 반복해서 사용한다. '아저씨는 너를 사랑하고 있으니까 (네가 싫어하는) 이런 행위를 하는 거야. (그러니까 너도 저항하지 말고 협력하렴)'이라는 대사는 '너를 사랑하기 때문에 때리는 거야'라고 말하는 가정 폭력 남편을 떠올리게 한다. 슐츠의 연구에 따르면 가해자들은 피해자가 그것을 반기고 있다고 생각하는 경향이 있다. 대부분 소심한 성격인 가해자들은 그런 식으로 자신의 죄의식을 경감시키려 한다는 것이다. 포르노의 정석처럼, 그것이 설사 강간이라 할지라도 '여자도 그걸 기다리고 있다'는 '유혹자 논리'이다.

'나는 아동 성학대를 경험한 적이 있다'고 밝히며 책을 시작하는 슐츠가 던지는 물음은 '나를 학대한 남성이 가지고 있던 동기를 이해하고 싶다는 뿌리 깊은 욕구'였다. '나는 그저 편리한 도구가 아니었다'라는 믿음을 확인하기 위해.Schultz 2005=2006: 18

그녀는 유아기부터 10대가 되기 전까지 이웃 아저씨에게 성적 학대를 당해왔다. 10대가 되자 학대가 멈춘 이유는 '사춘기에 들어선' 그녀에게 아저씨가 흥미를 잃었기 때문이었을 것이라고 그녀는 추측한다. 문자 그대로 '어른이 되기 전의 소녀'에게만 성적 욕망을 가지는 남성이 가해자였던 것이다.

지금까지 성범죄 연구는 성범죄 피해자의 연구에 치중해왔다. 그러나 '피해자 측의 이야기를 듣는 것만으로는 절반의 승리밖에 얻을 수 없다'고 생각한 슐츠는 '가해자 측 이야기에 적극적으로 귀를 기울이기' 위해 수감자들을 찾았다. 그녀가 가장 피하고 싶은 상대와 마주하며 비참함, 혼란, 갈등이라는 심리적 비용을 지불하면서까지 말이다. 그리고 그녀는 발견한다. 그들이 저지른 범죄는 역겨운 것이지만 그들은 '괴물'이 아니라는 사실을.

'나는 당신들을 알고 싶다. 어째서 다른 사람들을 상처 입히는지 이해하고 싶다. (…) 그들이 타인에게 이렇게나 잔혹한 짓을 저지를 수 있었던 것은 대체 어떤 고통을 맛보았기 때문인 걸까, 나는

그것을 알고 싶었다.'Schultz 2005=2006: 20

이렇게 말하는 것은 학대 경험이 그녀에게 평생 지울 수 없는 트라우마(심리적 외상)를 남겼기 때문이다. 피해자는 가해자가 적어도 상대를 상처 입히고 있다는 사실을 자각하길 바란다. 하지만 가해자는 피해자가 받은 타격을 언제나 과소평가하려고 한다. 그뿐 아니라 피해자가 그것을 '반기고' 있다며 고의적인 착각을 하려고 한다. 이는 그들이 '죄의식'을 가지고 있음을 역설적으로 증명하는 것이기도 하다.

그들은 자신이 가해자라는 사실을 자각하고 있다. 때문에 '케이티와 내가 섹스하고 있을 때'가 아니라 '내가 케이티에게 섹스해주고 있을 때'라는 식으로 표현하며, 저항하는 상대를 힘으로 제압하고 있다는 사실 역시 자각하고 있다.

어떤 남성은 수양딸이 자기 말을 듣도록 하기 위해 '입 다물고 벗어. 안 그러면 두들겨 패줄 테다'라고 협박했다. 그는 '소도미sodomy한 플레이를 하고 있을 때 그 애가 울기 시작해서 손으로 입을 막아 조용하게 한' 동기가 '섹스와도 사랑과도 관계가 없고' 누군가에게 '분노를 표출하고 싶었던' 것이라고 했다.Schultz 2005=2006: 191 '죽일 것인가, 섹스할 것인가'Schultz 2005=2006: 259라는 선택밖에 없었다고 고백하는 남자도 있었고, '성학대에 집중했던 덕에 살인 같은 더 흉악한 범죄를 저지르지 않아도 됐다'Schultz 2005=2006: 395고 생각하는 남자도 있었다.

그들이 어린아이들에게 욕망을 품은 이유로 든 것은 '아이한테는 무슨 짓이든 할 수 있으니까', '남과 비교하지 않기 때문에'Schultz 2005=2006: 127, '순수하고 단순하니까', '쉽게 꼬여낼 수 있으니까', '뜻대로 하기 쉬우니까'Schultz 2005=2006: 225, '나 자신이 미숙해서' Schultz 2005=2006: 140, 또는 자기 식으로 아이에게 '친근감을 행동으로 표현'한 것에 불과하거나Schultz 2005=2006: 177 아이를 '숭배'하기 때문Schultz 2005=2006: 258이었다. 또 어떤 남자는 아이가 섹스를 '즐기고 있다'고 믿고자 했으며Schultz 2005=2006: 224 다른 남자는 아이가 자신을 우러러봐 주길 바라고 있었다.Schultz 2005=2006: 259

이들 중에는 아이에 대한 '사랑'이 사실은 '집착'을 다른 말로 표현한 것에 지나지 않으며 그저 욕망을 채우기 위해 아이들을 이용했다는 사실을 인식하고 있는 이도 있었다. 그러나 그것은 그들이 슐츠의 질문에 답하며 그녀가 '셀프 내러티브'라고 부르는 것을 구축하는 과정에서 회고적으로 나온 자기성찰의 산물이었다.

아동 성학대자는 자신의 욕망을 채우기 위해 동의를 구하지 않고 (혹은 구하지 않을 수 있는) 무력한 타자의 신체를 이용하고, 거기에 집착하고, 의존하고, 아이를 끊임없이 통제하려 하고, 아이로부터 자존감, 타인에 대한 신뢰, 자기통제감 등을 무참하게 빼앗아간다. 또한 아이가 그것을 바라고 있다고 믿고자 하며 유혹한 것은 아이였다고 몰아간다. 아동 성학대 가해자의 99퍼센트가 남성이며 피해자의 약 90퍼센트가 여아, 10퍼센트가 남아다.

슐츠는 가해자 남성 대부분이 자기평가가 낮으며 학대당한 경험이 있는 피해자라는 사실을 발견한다. 그리고 그녀는 피해자들의 격분을 사면서까지 '수복적 사법修復的司法'[7]의 중요성을 설파하기에 이른다.

그녀가 문제 해결의 실마리로 삼고자 하는 것은 '피해자·가해자 양측의 셀프 내러티브'이다. 단, 양측이 서로 무관하게 존재해서는 안 된다. 왜냐하면 쌍방의 내러티브가 '사건의 현실'을 구성하기 때문이다. '이러한 내러티브는 아동 성학대가 사회 안에서 어떤 식으로 기능하고 있는가에 관한 정보를 제공해준다. 왜냐하면 성, 성적 경향, 성습관이 권력의 수단이 되는 방법을 알려주기 때문이다.' Schultz 2005=2006: 416-7

아동 성학대자는 소수의 특수한 사람들이 아니다. 아니, 숫자상으로는 소수일지 몰라도 — 실제로는 수면 위로 드러나지 않을 뿐 다수 존재할 수도 있다 — 그들의 경험은 결코 '특수한 경험'이라고 할 수 없다.

'자신의 욕망을 채우기 위해 동의를 구하지 않고 (혹은 구하지 않을 수 있는) 무력한 타자의 신체를 이용하고, 거기에 집착하고, 의존하고, 상대를 끊임없이 통제하려 하고, 상대로부터 자존감, 타인에 대한 신뢰, 자기통제감 등을 무참하게 빼앗으면서 상대가 그것을 바라고 있다고 믿으려 하고 유혹한 것은 상대였다며 몰아가는 관계'는, 강간이나 성추행, 가정 폭력에도 해당한다.

---

[7] 범죄 피해자와 가해자 간의 대화를 통해 관계의 회복이나 가해자의 갱생을 시도하는 수법.

이는 이성애 남녀 사이에도 그대로 적용된다. 후시미가 '28세, 남성 소년애자'와 자신의 차이가 '종이 한 장'이며 경계선을 그을 수 없다고 이야기하듯, 그들의 성욕, 성행위, 성관계는 '보통'의 성관계에 한없이 가깝다. 여기서 '보통'이란 '남성 지배적'이란 의미다.

그렇다면 차라리 그들이 성관계에서 한 걸음 물러나도록 해 성행위를 마스터베이션에 한정시키고 자기완결적 성적 욕망의 판타지 속에 머물도록 하는 편이 훨씬 나을 것이다. 가상의 상징으로 욕망을 충족하는 '이차원 캐릭터'에 빠져 사는 오타쿠나 초식남이 '대달라'며 협박하는 야만적인 육식남보다는 낫다. 미디어계의 성산업은 모두 '싸기 위한 재료', 즉 마스터베이션을 위한 성환상 장치로 기능하고 있다. 설사 그것이 '유혹자인 여자가 알아서 남자의 욕망에 봉사'하는 구태의연한 남권주의적 성환상을 재생산하고 있다 하더라도. 상상력은 단속할 수 없다. 그들이 그것을 행동으로 옮기지 않는 한.

단, 서둘러 부연해야 하는 것은 포르노라는 표상 안이라 할지라도 실재하는 어린이를 모델로 사용한 차일드 포르노는 별개라는 사실이다.

모델의 현실과 모델의 연기 사이의 경계는 대단히 모호하다. 살인 현장을 연기로 표현하는 피해자 모델은 살아 돌아올 수 있다. 미디어에 넘쳐나는 살인 장면을 단속하라는 미디어 규제는 존재하지 않지만, 만약 그것이 연기자에게 트라우마적인 체험이 된다면 이야기는 달라진다. 포르노 모델이 시나리오에 없는 실제 강간을 당하게 된다면 당연히 인권침해로 볼 수 있다. 또한 트라우마적인 포르노를 연기함으로써 받게 되는 영향 역시 간과해서는 안 된다.

특히 어린이의 경우 '동의' 능력을 전제하는 것이 불가능하다. 어린이는 그것이 어떤 의미를 가지는가를 자각하지 못한 채 성적 노출을 요구받게 되기 때문이다. 어린이의 신체를 성적인 도구로 삼는 것은, 그것이 표상의 생산과 유통, 소비에 한정된 것이라 할지라도 그 자체가 범죄로 간주되어야 한다.

차일드 포르노 사이트에는 출연한 아이의 자각 없이 제작된 영상물이 끊임없이 유출되고 있다. 부모나 교사 등 보호자 입장에 있는 이들이 아이를 이용하는 경우도 있다. 더욱 무서운 사실은 자신의 성적인 신체에 가치가 있다는 사실을 깨달은 아이들이 스스로를 성적으로 객체화한 영상이 유통되고 있다는, 차일드 포르노를 검열하는 전문가의 증언이다.

그 검열관은 하루의 대부분을 인터넷을 검색하여 어린이들의 참혹한 영상을 찾아 다니며 보냈는데, 결국 오래 버티지 못하고 그 자리를 떠났다고 한다.

여성 혐오와 호모포비아

여기서 다시 이브 세지윅Sedgwick 1990=1999으로 돌아온다.

세지윅은 여성 혐오와 동성애 혐오를 남성 간 연대를 성립시키는, 분리하기 어려운 한 쌍의 계기라고 했다. 호모소셜한 집단의 일원이 되려면, 즉 자신이 남성임을 다른 남성에게 인정받으려면 자신이 '여자가 아님'을 증명할 필요가 있다. 유무대립privative opposition에 의해 성립된 '표준'으로서의 남성성은 오로지 '유표화有標化, marked된 여성성의 결여'에 의해서만 정의되기 때문이다.[8]

남자를 남성으로서 인정하는 것은 남성이지 여성이 아니다. '여자 같지 않다'는 것을 증명하기 위해서는 여성을 소유하여 '여성의 지배자' 위치에 설 필요가 있다. 남자는 '여자를 소유(자기 것으로) 함'으로써 '남성이 된다.' 이 관계는 비대칭적인 것이며 역전되어서는 안 된다. 여자 한 명을 지배하에 두는 것은 '남성됨'의 필수 조건이며 그렇기 때문에 여자 관리에 실패하는 것은 남자의 오점이 된다. '마누라 교육 하나 제대로 시키지 못하는 게 무슨 남자냐'라며 마누라에게 '기죽어 사는' 남자는 경멸당한다. 아내가 바람이 나면 남자는 소유물 관리에 실패했을 뿐 아니라 기르던 개에 손을 물리는 꼴이 되어 '남자의 체면'을 구긴다. 아내의 배신 행위보다도 동성 집단에서의 '명예'가 걸려 있기 때문에 남편은 간통한 남자를 반드시 처벌해야 한다.

그런데 미셸 푸코Foucault 1976=1986는 호모포비아의 원인을 '삽입하는 이penetrater'와 '삽입당하는 이penetrated' 사이의 성행위의 비

---

8 유무대립이란 대립하는 항의 한 쪽에만 특징mark이 있고, 다른 항은 오직 그 특징의 부재에 의해 정의되는 이항대립을 말한다. '불량 소년'과 보통 소년, '비행'과 비행이지 않은 행위 같은 이항대립이 이에 해당한다. man/woman(인간=남성/(자궁을 가진) 인간=여성)의 대립도 그 예이다.

대칭성에서 찾았다. 페니스의 유무라는 해부학적인 차이를 근거로
하는 즉물적 비대칭성을 가리키는 것이 아니다. 능동과 수동의 관
계, 즉 성적 주체가 되는가 성적 객체가 되는가라는 비대칭성 속에
서 '여성의 위치를 점하는 것'에 대한 낙인(남성 입장에서의)을 가리
키는 것이다. 이것을 '여성화'라고 부른다.

따라서 동성애자 남성은 '여성화된 남성'의 기호가 된다. 또한 동
성애자 남성이 호모소셜한 집단에 섞여 있다는 것은 성적 욕망에
의해 대상화될 위험, 즉 '여성화'될 위험을 언제나 내포하게 된다는
것을 뜻한다. 남자가 '남성됨'으로부터 전락할 위험은 반드시 배제
되어야 한다.

그렇기 때문에 남성 집단 내에서 호모포비아는 엄격한 룰이 된
다. 세지윅이 지적하고 키스 빈센트 등이 강조하듯이,ヴィンセント 외
1997 남성에 대한 에로스적 욕망은 모든 남성에게 잠재해 있기 때
문에 이 배제는 더욱 철저하고 자기검열적인 것이 된다. 호모소셜
한 집단이란 동시에 호모 에로틱한 집단이기도 하다는 사실은 많은
논자들에 의해 지적되어 왔다. 남성 간 관계를 나타내는 표현에 성
애의 용어가 얼마나 많이 사용되곤 했는가! '남심에 남자가 홀린다'
는 노래 가사처럼.《하가쿠레》[9]에도 나오듯이 원래 '연애'란 군주에
대한 연모의 정을 가리키는 말이었다.

---

9 에도 시대 중기(1700년경), 야마모토 조초라는 사무라이가 무사의 덕목에 관해 논
한 책.—옮긴이

남성이 여성화되는 위험을 저지르지 않으면서 동성애 행위를 실천하는 유일한 방법이 바로 '소년애'다. 이 경우 삽입하는 이와 삽입당하는 이 사이의 비대칭성은 연장자와 연소자 사이에 고정된다. 이것이 역전되는 일은 없다. 즉, 소년은 항상 연장자의 욕망의 객체가 되며, 반대로 소년이 연장자에게 정을 품어 연장자가 욕망의 객체로 전락하는 일은 일어나지 않는다.

　고대 그리스에서는 소년애 중에서도 가장 상위에 위치하는 것이 자유민 소년과의 성애였으며 하위에 속하는 것이 노예 소년과의 성애였다. 노예와의 소년애에는 강제성이 수반되나 자유민 소년과의 성애에는 자유의지가 개재된다고 간주되었기 때문이다.

　고전적 포르노에 항문 성교가 (수동적인 자의 입장에서) 쾌락이 된다는 사실을 증언하는 표상이 현저하게 적다는 사실을 생각하면, 소년들은 쾌락이 아니라 존경과 애정에서 연장자에게 자신의 신체를 자발적으로 바쳤다는 것이 된다. 때문에 곧 자유로운 시민이 될 소년으로부터 받는 성애에 높은 가치가 부여되는 것이다.

　이 책을 읽는 독자 가운데는 푸코가 소개하는 고대 그리스의 소년애 이상理想이 아동 성학대자의 판타지와 대단히 닮아 있다는 사실을 눈치채는 이가 있을 것이다.

　'남성됨'이라고 하는 스스로의 성적 주체성을 침범당할 위험을 조금도 느끼지 않으면서 타자를 성적으로 제압하는 것. 그것을 위해 가장 벽이 낮은, 무력하고 저항하지 않는 상대를 고르는 것. 또한 상대가 그것을 바라고 있다고 믿으려 하는 것. 그 피해자가 여아인가 남아인가조차 중요한 차이가 되지 않는다. 그것이 바로 아동 성학대자다.

그렇다면 그들 대다수가 소심하면서 취약한 '남성됨' 아이덴티티의 소유자라는 사실의 이유가 분명해진다. 그들은 아동 성학대를 통해 여성 혐오와 호모포비아—같은 사실에 대한 동전의 양면이다—를 실천하고 있는 것이다.

제6장

황실과
여성 혐오

남아 탄생

2006년 9월 6일, 일본에 특별한 아이가 태어났다. 출생 신고도 하지 않고 호적도 가지지 않는 이 아이는 '일본인' 인구 통계에는 포함되지 않으리라. 출산은 정해진 스케줄에 따라 순조롭게 진행되었으나 신문은 태어나면서부터 '○○님'이라는 경칭이 붙는 이 아이의 탄생을 호외로 보도했다. '전치태반[1]으로 위험한 상태'였던 산모의 제왕절개 수술을 앞둔 의료진의 모습에서는 무슨 일이 있어도 모자의 안전을 확보해야만 한다는 배수진의 결의마저 느껴졌다. 현재의 황실전범皇室典範에 따라 황위 계승 제3위에 해당하는 아이(아키시노노미야 히사히토신노秋篠宮悠仁親王)의 탄생이었다. 이 아이는 앞으로 일거수일투족을 감시당하며 프라이버시가 없는 일생을 보내게 될 것이다.

'남아 탄생'—모든 미디어가 그렇게 보도했고 딱히 꼬집어 말할 수 없는 여성 혐오가 일본 열도를 가로질렀다. "축하드립니다!" 온

---

1 태반이 정상적인 위치보다 아래에 자리 잡아 자궁 속 빈 곳을 막은 상태.—옮긴이

얼굴에 기쁨의 감정을 담아 축하 메시지를 전하는 정치가와 시민들은 만약 이 아이가 여아였다면 대체 어떤 반응을 보였을까?

태어나면서 성별에 따라 아이의 가치가 달라진다—태어나자마자 신생아의 다리 사이를 살펴보고 '고추'가 달려 있으면 "해냈구나!" 하고 기뻐하며, 달려 있지 않으면 실망하는 것은 일본 사회의 오랜 관습이었다. 일본에는 '막내 장남'이라 불리는 남자 아이들이 많다. 아키시노노미야 후미히토신노秋篠宮文仁親王를 아버지로 두는 이 아이도—앞으로 아이가 태어나지 않는다면— '막내 장남'일 것이다.[2] 막내 장남이 생기는 이유는 아들을 보기 위해 줄줄이 딸만 낳던 커플이 드디어 원하던 아들을 얻게 되면 즉시 출산을 그만두기 때문인데, 현대의 저출산 경향은 이 '막내 장남'까지도 격감시키고 있다. 경제적인 이유 때문에 셋째, 넷째 이후의 '한 번 더'가 힘들어지게 된 것이다.[3]

태어남과 동시에 성별에 따라 인간의 가치가 달라진다. 이것처럼 알기 쉬운 여성 혐오도 없다. 각종 지면 매체가 게재한 황족 가계도

---

2 2019년 아키히토 천황이 퇴위하고 즉위한 현 나루히토 천황의 동생 아키시노노미야 후미히토신노 부부에게는 두 딸(1991년생, 1994년생)만이 있었다. 나루히토 천황 역시 한 차례의 유산, 황태자비의 심신 쇠약 등 많은 우여곡절 끝에 2001년, 임신과 출산에 성공했으나 태어난 아이는 딸이었다. 상황의 둘째 아들이 태어난 이래(1965년) 약 40년간 황실에는 남아 출생이 없었다.—옮긴이

3 아키시노노미야 가계에 아이가 하나 늘어남으로써 연간 305만 엔의 황족비가 증액되었다고 한다. 저출산 문제를 해결하고 싶으면 모든 가정에 그 정도 수준의 금전적 지원을 해주면 좋을 것이다.

에는 황위계승권을 가진 남성만이 별도로 표시되어 있고 여성 황족은 남계 혈통이 통과하는 매체(자궁은 대여물)로 간주되어 있다. 씨앗만 귀종貴種이라면 그릇은 그 출신을 따지지 않는다는 것일까. 실제로 다이쇼 천황의 어머니는 메이지 천황의 측실이었으나 그녀의 이름은 가계도에조차 실리지 않는다.[4] 21세기에 헤이안 시대[5]를 연상시키는 족보를 보고 있자면 현기증이 날 정도다. 그렇다고 천황제에 남녀공동참획[6]을 요구하는 건 결코 아니다. 9월 6일에 태어난 이 특별한 아이를 보고 '여자애가 아니라 다행'이라고 조금이라도 생각한 남자, 여자 모두 여성 혐오를 가지고 있다. 여성 혐오를 적나라하게 제도화시킨 가족 형태가 바로 '황족'이라는 시스템이기 때문이다.

아키시노노미야의 형과 형수, 즉 황태자 부부는 어쩌면 자신의 아이가 '딸이라 다행'이라고 안심하고 있을지도 모르겠다. 여론과 미디어의 관심이 동생 가족에게 향하게 되고, 딸이 '황위 계승자'가 될지도 모른다는 압력으로부터도 벗어나고, 불임 치료로부터도 해

---

4 근대 이후의 천황과 그 재임 시기는, 메이지 천황 1867~1912, 다이쇼 천황 1912~1926, 쇼와 천황 1926~1989, 아키히토 천황 1989~2019, 나루히토 천황 2019~현재.—옮긴이

5 794~1185년. 간무 덴노가 헤이안쿄(지금의 교토)로 천도한 후 미나미모토노 요리모토가 가마쿠라 막부를 개설한 때까지의 일본 정권.—옮긴이

6 남녀평등사회 실현을 목적으로 1999년에 공포·시행된 '남녀공동참획男女共同参画 사회기본법'을 가리킨다. 이 기본법의 제정을 계기로 내각부에 전담 국이 신설되고 예산이 배정되었으며 지자체 수준의 전담 부서 설치와 캠페인 활동, 학교 교과목의 '가정', '기술' 과목 통폐합 등이 이루어지기도 하였다.—옮긴이

방되어 좀 더 자유롭고 여유롭게 딸을 키울 수 있으리라는 기대를 하고 있을지도 모르겠다. 죽음 말고는 퇴위의 자유가 없으며 황적皇籍을 이탈하는 것도 허용되지 않는 황태자(와 그 아내)에게 조카의 출생은 환영할 만한 일인지 모른다. 그러나 거기에는 형제 간 세력 관계의 역전이라는 대가가 뒤따르게 된다. 아이의 성별이 달라지는 것만으로 부모 세대 가족의 우열 순위가 달라진다. 헤이안 시대도 아니고… 다시 한 번 말문이 막힌다.

이렇게 여성 혐오를 기반으로 조직된 사회를 가부장제 사회라고 부른다. 가부장제 사회의 일반적 특징 중 하나가 바로 남아선호다. 태어날 때 선호되는 것뿐만 아니라 태아 단계에서 선별하는 경우도 있다. 조금 더 영리한 수법으로는 수정할 때부터 선별하여 수정하는 방법이 있다. 생식 기술 중에 남녀를 구분해 낳는 건 간단한 축에 속한다. X유전자와 Y유전자를 가지는 정자를 원심분리기에서 선별하기만 하면 된다. 이렇게 명백한 남아선호가 통계로 나타나는 것이 출생 성비 데이터다. 선진국의 자연 출생 성비는 남아 대 여아 비율이 105 대 100이라고 하는데, 1인 자녀 정책이 정착된 중국에서는 2009년 119 대 100으로 현저하게 남아에 편중되어 있다. 역학적으로 보았을 때 이 수치의 배경에는 일련의 인위적 조작이 있으리라고 추정할 수 있는데, 그럴 만한 근거가 있다. 중국에서 여아는 정자 단계에서 선별되고 태아 단계에서 말살되며 신생아 단계에서 환영받지 못하는 존재이기 때문이다.

동아시아 유교권 삼국인 일본, 한국, 중국 가운데 일본만이 남아

선호 측면에서 예외적인 움직임을 보이고 있다. 이들 나라 모두에서 저출산화가 진행되고 있지만 '만약 일생 동안 오직 한 명의 아이만 낳을 수 있다면 아들과 딸 어느 쪽을 선택하겠는가'라는 질문을 여러 해 동안 조사한 데이터에 따르면, 한국과 중국에서는 아직까지 아들을 선호하는 비율이 압도적으로 높지만 일본에서는 80년대 초반을 기준으로 딸의 선호도가 아들을 앞질렀다. 그러나 이 결과만을 보고 일본이 남녀평등도가 높은 나라라고 결론을 내리는 것은 성급하다. 육아에 대한 불안 증대와 남자아이에게 들어가는 교육비 부담, 그리고 고령화 사회에 대한 불안과 나이 들었을 때 자신을 돌보아줄 사람으로서 (며느리보다) 딸에 대한 기대가 높아진 점, 생산재로서의 아이에서 소비재로서의 아이로 변화한 점 등, '아들보다 딸 키우기가 편한' 시대적 흐름이 반영되어 있다고 보아야 할 것이다. 아이가 더 이상 육아 투자의 회수를 기대할 수 없는 '소비재'가 되어 '딸을 키우는 것이 더 즐겁다'고 생각하는 부모가 늘어났다면 이것은 육아에 대한 부담이 얼마나 큰 것인지를 반증하는 것이 될 테다. 반대로 아이가 생산재(미래에 회수할 것을 기대하고 지금 투자하여 이익을 얻는 수단)인 사회에서는 아직까지도 주저 없는 남아선호가 횡행하고 있다. 그리고 황실에서 남아는 분명한 생산재이다.

황실은 언제부터 여성 혐오적이 되었는가

황실은 언제부터 여성 혐오적이 되었는가? 이렇게 되묻는 이유는 황실의 역사가 언제나 여성 혐오적이었다고는 할 수 없기 때문이다. 이때 여성 혐오의 정의를 간략하게 '남자가 여자로 태어나지 않았다는 사실에 안도하고 여자가 여자로 태어났다는 사실을 저주하는 것'이라 하자. 고대사에서 히미코[7]가 스스로 여성으로 태어났다는 사실을 저주했으리라고는 생각하기 힘들고, 헤이안 시대에도 셋칸가의 후지와라 일족에서 여아의 탄생은 '경사'로 환영받았을 것이다. 천황의 후실로 보낼 수 있는 딸은 권력의 지름길이 되므로 생산재이기 때문이다.

나는 황실이라는 명칭을 사용하고 '천황제'라는 용어는 피해왔다. 다이쇼 시대(1912~1926) 말기, 당시의 공산주의자에 의해 타도해야 할 근대 일본 지배 체제로서 이름 붙여진 '천황제'는 어디까지나 근대 고유의 역사 개념이다. 이것을 '고대의 천황제', '근세의 천황제'와 같이 통사적統史的 용법으로 사용하는 것은 후에 그 제도에 역사적 일관성을 부여하고자 하는 욕망의 산물에 지나지 않는다. '만세일계萬世一系'는 픽션에 불과함에도 '만들어진 전통'은 그 기원을 손쉽게 망각하고 원래부터 전통이었던 양 설쳐댄다. 역사적으로 말하자면 1889년에 황실전범이 성립됐을 때 근대 '천황제'의 여

---

7 170~248. 중국의 《사기史記》에 기록되어 있는 왜국의 여왕. 고려시대의 《삼국사기》에도 그 기록이 남아 있다.—옮긴이

성 혐오가 확립되었다. 이 '황실 개혁'의 최대 초점은 남아에게 계승권을 한정한 것이었다(에도 시대까지는 여제가 존재했다). 현대의 여제비용인론女帝非容認論은 당시 황실개혁파의 논리였으며 그들이 스스로를 '전통파'라고 주장하는 것은 가소롭기 그지없는 일이다. 게다가 이 황실 개혁은 무가武家의 계승 규칙에 황실을 끼워맞춘 것이다. 장녀 상속(데릴사위) 같은 여계 계승, 양자 결연, 여성 호주제 등 근세 시대까지 서민층에서 행해졌던 관행은 메이지의 남계 중시 민법과 호적법을 거치며 제거되었다.

신화논리학

《고사기古事記》, 《일본서기日本書紀》는 야마토 국[8]의 건국신화이다. 건국신화가 이따금 길고 긴 계보지와 같은 형태(즉, 누가 누구와 결혼하고 어떤 아이가 태어났는가)를 취하고 있는 것은 건국신화가 누가 이 나라의 통치자인가, 통치자에 적합한가에 관한 이야기이기 때문이다. 황실이라고 하는 패밀리는 이 계보지 속에 등장한다.

내가 아직 구조주의자였던 때(웃음), 에드먼드 리치가 쓴 「에덴동산의 레비스트로스」라는 논문을 참고로 「다카마가하라의 레비스트로스」라는 제목의 영어 논문을 쓴 적이 있다(후에 「고사기·일본서기의 신화논리학」上野 1985이라는 제목을 붙여 일본어 논문으로 번역). 리치

---

8 현재의 나라 지역에 건국되었다고 전해지는 일본의 고대국가. ─옮긴이

는 레비스트로스가 손대지 않은 성서 연구에 착수, '구약 성서의 계보지를 구조주의 방식으로 풀어본다면 어떻게 될까?'라는 응용문제를 풀었는데, 나도 같은 방식으로 '《고사기》,《일본서기》속의 혼인 관계를 구조주의 혼인 규칙으로 풀어본다면?'이라는 질문을 던져보았다. 그 결과 매우 훌륭하고 명쾌한 패턴이 추출되었다. 그림 1은 각대의 천황과 그 혼인 패턴을 나타낸 것이다.

　황실이라는 패밀리의 기원은 천손강림신화天孫降臨神話로부터 시작된다.《고사기》,《일본서기》에서는 하츠쿠니시라스스메라미코토가 진무神武 천황으로 되어 있으나 그 이전에 다카마가하라高天原에서 쫓겨난 스사노오노미코토의 이즈모 강림 이야기도 나온다. 진무 천황은 스사노오의 카피 버전인데, 더 분명하게 말하자면 스사노오가 진무의 카피, 즉 소급적 원형으로서 사후적으로 만들어진 것이라 추정된다. 역사적으로 그 실재가 확인되는 것은 스진崇神 천황부터이다. 그 이전의 진무 천황부터 가이카開化 천황까지의 9대 천황들은 스진 천황 이후의 계보지를 그대로 '복사·붙여넣기'한 것이라는 의심을 받고 있다. 진무 천황 이후 스진 천황이 다시금 하츠쿠니시라스스메라미코토로서 등장하기 때문이다.《고사기》,《일본서기》의 제작자들이 이 아홉 세대를 추가한 것은 역사의 깊이를 깊게 하고자 하는 눈물겨운 노력의 성과라 여겨지고 있다. 그 덕에 일본사의 기원은 진무 천황이 즉위한 기원전 660년까지 거슬러 올라가(물론 픽션이다), 1940년에는 '일본 탄생 2600년' 기념행사라는 아무 의미도 없는 축하 행사가 열리기도 하였다. '그리스도 탄생부터 셈하

그림 1 《고사기》, 《일본서기》의 혼인 유형

'천황녀'는 천황의 딸을 의미

시기	대	천황녀	황족녀	호족녀	기타	여제
제1기 진무~가이카	9대	0	2	7	0	0
제2기 스진~인교	10대	0	6	1	3	0
제3기 안코~지토	20대	11	3	0	3	3
제4기 몬무~간무	8대	1	0	2	2	3

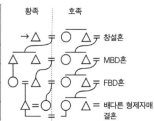

여 몇 년이라는 식의 서력보다 진무 천황 즉위부터 셈하는 황기皇紀가 더 오래된 것이다'라는 황국 일본의 하찮은 프라이드가 걸려 있기 때문이다.

강림한 천손은 혼인이 필요했다. 그렇지 않으면 족보가 시작되지 않기 때문이다. 이런 결혼을 창설혼創設婚이라고 한다. 창설혼은 타지인과 내지인 여인(내지인 호족豪族의 딸)의 결혼이라는 형식을 취한다. 야마토의 건국신화는 많은 점에서 오세아니아 일대에 분포하는 '외래왕外來王' 설화와 공통점을 가지고 있다. 스메라미코토スメラ ミコト, 天皇는 오키미オホキミ, 大王, 즉 왕 중의 왕, 족장들의 우두머리인 '두령頭領'을 가리킨다. 수장제에서 왕권으로 전환하기 위해서는 군웅할거하는 호족들을 통합할 수 있는 인물 중의 인물, 왕 중의 왕, 오키미가 등장할 필요가 있었다. 그리고 이 대왕이 어째서 다른 수장들보다 탁월하며 통치자가 될 자격이 있는가, 왜 되어야만 하는가에 관해 그 정통성을 뒷받침할 필요도 생겨난다.

창세신화는 이야기한다. 어느 날 통치자가 등장했다. 천상에서 혹은 바다 저 건너에서. 통치자는 타지인이어야만 했다. 통치의 정통성은 의심받아서는 안 되므로 정통성의 근거는 내부에 존재해서는 안 되기 때문이다. 오소리티authority(정통성)에는 오소라이저 authorizer(정통성을 부여하는 자)가 필요하다. 통치자의 오소리티는 신이나 영靈과 같은 외부로부터 부여되어야만 하며(바로 그것이 왕권신수설이다) 때문에 통치자는 피통치자와 같은 집단에 소속되어서는 안 된다. 이에 반해 통치자가 피통치자로부터 정통성을 부여받는 시스템인 민주주의는 언제나 '내가 어째서 너의 말을 들어야 하지?'와 같은 정통성 문제에 직면하게 된다. 천황은 '외부인'이었다.《고사기》,《일본서기》신화에 그렇게 적혀 있기 때문이다. 이것은 논리 구조의 문제이며 천황이 조선반도로부터 건너왔는지 어떤지와 같은 역사적 사실의 문제가 아니다. 내가 이야기 구조 분석의 결과를 바탕으로 「외래왕」上野 1984이라는 논문을 썼을 때, 천황주의자로부터 항의를 받지 않을까 걱정했는데 기우로 끝났다.

창설혼은 스스로를 모방한다. 창설혼을 통해 태어난 아들은 어머니의 형제의 딸과 결혼한다. 이러한 형태의 결혼이 바로 레비스트로스가 《친족의 기본 구조》Levi-Strauss 1949=1977에서 논한 MBDMother's Brother's Daughter혼이다. 대왕은 일부다처제를 행하며 지역 호족의 딸들을 차례차례 아내로 맞이한다. 물론 대왕의 패권 확대를 위한 것이다. 호족 입장에서 딸은 대왕 일족과 정치적인 동맹을 맺을 수 있는 자원이 된다. 전쟁을 치를 것인가, 혼인을 맺을 것인가. 고대 부족 사회의 관계에는 이 두 가지 선택밖에 존재하지

않았다.[9]

이러한 결혼은 계층적으로는 상승혼(여성이 자신보다 신분이 높은 남성과 결혼하는 것)의 형태를 띤다. 상승혼에서는 아내의 출신 계층 열위와 젠더 열위가 이중으로 더해진다. '아냇감은 부뚜막 잿더미 속에서 찾아라'라는 속담은 이러한 계층상승혼을 반영한 것이다. '신데렐라'라는 말은 재를 뒤집어 쓴 공주, 즉 부뚜막 앞에 앉아 재투성이가 된 여자를 뜻하는 말이 아니었던가. 하녀와 결혼하면 평생 부리면서 사는 주인님이 될 수 있다.

그런데 대왕 패밀리에는 딸들도 태어난다. 상승혼 사회에서 최고위 일족의 딸은 동족의 남성과 결혼하는 것 이외에 선택의 여지가 없다. MBD혼의 다음 단계는 FBD Farther's Brother's Daughter 혼이다. 즉, 일족 내에서 이루어지는 동족혼이다. 황족의 딸들은 황족의 아들들과 결혼한다. 일부다처제에서 대왕은 황족의 딸(FBD)과도 호족의 딸(MBD)과도 결혼하지만 왕비의 지위에는 출신 계층에 따라 격차가 있어서 오직 황족의 딸만 황후에 오를 수 있다. 태어난 아이의 지위는 어머니의 지위에 따라 정해지므로 다음 대 천황으로는 황후의 자궁에서 태어난 아이가 우선된다. 사실 제1기와 제2기의 천황은 모두 황후의 자궁에서 태어난 이들이다. 제3기에 들어서도 20명의 천황 가운데 7명이 황후에게서 태어난 이들이었다.

제3기에는 황녀, 즉 천황의 딸이 황후가 되는 사례가 늘어난다.

9 오세아니아 일대 부족에서는 현재에도 '적과 결혼한다'는 표현을 사용하곤 한다.

천황 자신도 전 천황의 아들이므로 근친혼이 된다. 근친혼이라니 당치도 않다! 하고 걱정할 필요는 없다. 근친혼이라 해도 배다른 형제자매 간 결혼이 되기 때문이다. 부계제란 참으로 편리한 제도인 것이다. 같은 아버지를 두었다 하더라도 어머니가 다르기만 하면 배다른 형제는 다른 부족에 속한다. 이렇게 절반의 형제자매 간 결혼은 'OK'가 되고 황족 간 결혼의 경우 여성의 신분이 높기 때문에 아이의 지위도 높아진다. 대왕의 정통 후계자의 경우 황녀 자궁에서 태어나는 아이가 우선순위가 높아지는 경향이 있다. 천황의 딸은 동족의 남성과 결혼하든가 그렇지 않으면 비혼 상태에 머문다. 신처神妻가 되기 위함이다. 인간과 결혼하기에는 너무나 존귀하기 때문에 신의 아내가 되는 것밖에 없다는 구실인데, 실제로는 체면을 유지한 채 이세伊勢 지방으로 추방당하는 것이다. 이것이 사이구斎宮 제도이다. 이렇게 동족의 여자를 통해 신과 맹약을 맺음으로써 스메라미코토의 외부성이 보증된다.

고대에는 스이코推古, 지토持統, 고교쿠皇極 등 총 8명의 여제가 있었다. 고대의 여제는 대부분 천황의 딸이었다. 이는 천황 권력이 더 이상 황족과의 혼인 맹약에 의존하지 않는 시대가 되었음을 의미한다. 부계제는 부계 출신 여성의 지위를 높인다. 남계 계승의 정통성을 뒷받침하기 위해 여제의 존재를 예외로서 설명할 필요성에 부딪힌 역사학자들은 2차 대전 이전 시기에 '이음 천황설'을 주창하기도 했는데, 이는 당치도 않은 것이다. 여제들의 권력은 단순한 '이음매' 역할로는 설명할 수 없을 정도로 강대한 것이었기 때문이다. 높은

지도력을 발휘해 본격적인 율령 국가 체제를 확립한 것은 지토 천황이었으며 고교쿠 천황은 중조重祚하여 사이메이齊明 천황이 되었다.

사이구 제도의 성립은 천황 권력이 초월 왕권으로 비약하는 계기가 되었다. 이 아이디어는 고대사학자 구라쓰카 아키코에게서 얻었다. 그녀는 사이구 제도의 확립이 천황의 초월 왕권 성립의 계기가 되었고 천황가계에서 여성의 지위 추락이 시작되는 계기가 되었음을 훌륭하게 논증하였다.倉塚 1979 그리고 이 시기에 천황 지배의 정통성 부여를 위해 만들어진 창세신화가 바로《고사기》,《일본서기》였다고 그녀는 주장한다.

사후적으로 평가한다면 7세기 황실이 기획한《고사기》,《일본서기》프로젝트는 실패로 끝났다. 초월 왕권을 수립하고자 한 황족 일족의 목적은 달성되지 못하였고 이후 오랜 세월에 걸쳐 후지와라 셋킨가의 외척에게 조종당해 괴뢰정권화하였기 때문이다. 섭정을 행하며 간파쿠, 쇼군의 임명권을 가진 실권파 세력 입장에서 보면 '정통성은 언제나 외부로부터 오는 것', 즉 권위의 원천으로서의 천황을 그대로 '외부'에 추방해놓는 것이 편리했을 것이다. 이후 오랫동안 계속되는 '천황의 문화적 이용'의 시초이다.

《고사기》,《일본서기》에는 또 한 가지의 '수수께끼'가 있다. 부계 씨족인 천황 일족의 기원을 설명하는 창세신화에 아마테라스오미카미라는 여성 시조신이 존재하는 이유는 무엇일까? 나는 이것을 '아마테라스의 수수께끼'라고 이름 지었다. 아프리카의 부계 사회 신화에서도 볼 수 있듯이 부계 씨족의 시조에는 여성이 많다. 일부다처제를 바탕으로 하는 부계 씨족의 경우 아버지의 사후에 모계 단위로 분해되어가는 아이러니한 경향이 있다. 아버지의 사후까지 부계 원리가 힘을 미치지 못하는 것이다.

《고사기》,《일본서기》신화에서는 외래왕의 창설혼(스사노오와 쿠시나다히메의 결혼)이 있기 전에 아마테라스와 스사노오의 '우케히(서약을 교환하여 혼인하는 것)'가 있다. 상승혼의 극한에는 최상위 형제자매 간의 근친혼이 있다. 이 형제자매혼은 모든 혼인 가운데 가장 가치가 높은 혼인으로서 성스러운 것으로 구별되어 왕족에게만 허용된다. 결코 신분이 높은 개인에게 터부를 침범할 특권이 있기 때문이 아니다. 상승혼이라는 혼인 규칙의 논리적 귀결이 그러하기 때문이다. 실제로 7세기 야마토와 매우 닮은 대왕 시스템을 가지고 있던 하와이에서는 대왕에게만 자매와의 근친혼을 행하는 특권이 허락되었으며 이것을 피오pio 혼으로 신성시하였다(그림 2).

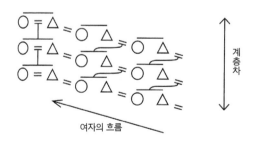

그림 2 상승혼과 형제자매혼

야마토 창세신화에 여성 시조신이 등장하는 것은 왜일까?

이것 역시 논리 게임으로 풀어보면, 왕권의 정통성에는 '외부'가 필요하며 그 외부를 표상하는 것이 여성이기 때문이다. 어차피 황실 여성은 천상(다카마가하라) 또는 타지(이세)와 같은 외부로 추방될 필요가 있다. 구라쓰카는 이에 대해 '아마테라스의 다카마가하라 승천과 왕비 신분의 전락은 같은 날 일어난다'倉塚 1979: 283고 갈파한다. 사이구처럼 평생을 독신으로 살든가 아니면 황녀가 결혼하는 경우에는 황적을 이탈하여, 즉 신적臣籍이 되어 결혼하지 않으면 안 된다. 이 비대칭적인 젠더 규칙은 현재에도 황실전범을 관통하고 있다.

황족과 인권

황족 여성은 일반인과 결혼하면 황적을 이탈하지만 황족 남성은 그렇지 않다. 때문에 황태자의 동생처럼 '방 3개짜리 단독 주택' 출신의 일반인 여성과 결혼해도 황적을 박탈당하는 일은 없다. 오랫동안 일본의 국적법은 일본 남성이 외국 여성과 결혼하는 경우 아이에게 일본 국적을 인정했으나, 일본 여성이 외국 남성과 결혼하면 아이의 일본 국적을 인정하지 않았다. 이러한 차별적 법률은 1985년이 되어서야 겨우 시정되었으나 황실전범은 여전히 변화하지 않고 있다. 이 법률이 여성 차별을 금지하는 국제 조약 위반이며 남녀평등을 제창하는 일본국 헌법 위반이라는 사실이 분명함에도 이것을 문제 삼는 이는 거의 없다. 법으로 황족의 인권을 지키려 하는 이들은 존재하지 않는 것 같다.

일본이라는 나라는 이렇게 황족 여성, 그리고 황족 남성 모두를 희생시키면서 성립하고 있다. 어쩌면 천황주의자들은 천황제를 지키기 위해 '폐하'라 할지라도 '희생'을 감내해야만 한다고 생각하는 것인지도 모르겠다. 그렇기 때문에 '폐하'가 '멋대로 행동'하는 것도 용서할 수 없다고 생각하는지 모른다. 천황주의자들은 자신들이 실질적으로는 '황실'이라는 이름의 간판을 짊어진 패밀리에 속한 사람들의 인권을 유린하고 있음을 자각하고 있을까? 그리고 황실을 '로열패밀리'라 부르며 가족의 모델로 삼고 있는 한, 일본 사회는 황실 깊숙이 박혀있는 여성 혐오로부터 결코 자유롭지 못할 것이다.

제7장

춘화와
여성 혐오

폭력·권력·재력

'여자는 관계를 추구하고 남자는 소유를 추구한다'고 오구라 지카코는 갈파한다.

후에 사이토 다마키는 《관계하는 여자, 소유하는 남자》斎藤(環) 2009라는 제목의 책을 냈고 기리노 나쓰오 역시 그의 영향을 받아 《IN》桐野 2009에서 같은 내용을 적고 있다. 출처를 찾을 수는 없지만 내 기억이 맞다면, 오구라의 지적이 시기적으로 더 이르다. 오구라와 사이토는 각기 독립적으로 이 표현을 찾아낸 것이겠지만 '사랑'이라는 이름으로 논해지는 남녀관계의 근본적인 젠더 비대칭성을 이처럼 간결하고 탁월하게 표현한 문장을 나는 지금껏 본 적이 없다.

가정 폭력을 휘두르는 남자, 치정에 의한 살인 모두 남성의 궁극적 여성 지배 욕구에서 나오는 것임을 생각하면 쉽게 이해할 수 있는 이야기이다. 여자가 살해당할 가능성이 가장 높은 상대는 면식 없는 타인이 아니라 남편 또는 애인이다. 미국에는 '배우자란 나를 죽일 확률이 가장 높은 타인'이라는 웃지 못할 농담까지 있을 정도다. 가정 폭력에 의한 살인이 일어날 가능성이 가장 높은 경우는 재결합을 요구하는 남자에게서 아내나 애인이 도망치려 할 때다. 재결합을 요구했을 때 그것이 이루어지지 않을 경우 남자는 말 그대로 '피가 거꾸로' 솟는다. 그리고 그녀를 다른 누구에게도 넘겨주지 않기 위해, 죽인다. 살인은 궁극의 소유이기 때문이다.

여자의 질투는 남자를 빼앗은 다른 여자에게로 향하지만 남자의 질투는 자신을 배신한 여자에게로 향한다. 그것은 소유권의 침해, 한 명의 여자가 자신에게 소속됨으로써 유지되던 자신의 자아가 붕괴될지 모른다는 위험을 뜻하기 때문이다. 여자에게 질투란 다른 여자를 라이벌로 하는 남자를 둘러싼 경쟁의 게임이지만, 남자에게는 자신의 프라이드와 아이덴티티를 건 게임이 된다.[1]

그러나 폭력으로 여자를 소유하려는 것은 가장 낮은 수준의 방책이다.

남자가 가지는 자원 가운데 가장 원시적인 것부터 차례로 늘어놓으면, 폭력, 권력, 재력 순일 것이다. 권력과 재력은 지위와 경제력으로 바꿔 부를 수 있다. 하렘[2]을 유지하는 동물의 세계에서는 수컷의 신체적 폭력이 외부의 적으로부터 암컷을 보호한다. 착각하지 말아야 할 것은, 이 폭력이 주로 향하는 '외부의 적'이란 동종의 다

---

[1] 물론 여자 중에도 질투를 프라이드와 아이덴티티의 게임이라고 생각하는 사람이 있다. 그런 경우 공격의 대상은 (남성의 경우와 마찬가지로) 자신의 프라이드를 상처 입힌 상대가 될 것이다.

[2] harem. 한 마리의 수컷과 여러 마리의 암컷으로 구성된 번식 집단을 가리키는 용어.—옮긴이

른 수컷이라는 사실이다. 무리의 보스는 하렘을 침범하는 다른 수 컷들을 힘으로 제압하고, 보스의 눈을 속여 다른 수컷에게 접근하 려는 암컷을 폭력으로 위협한다. 암컷들은 수컷이 힘으로 획득한 권력의 지배하에 놓이게 된다.

하지만 폭력으로 획득·유지되는 권력은 신체적 능력의 저하와 함께 박탈당하게 된다. 인간 사회의 권력도 예외가 아니다. 인간 사 회에서는 신체적인 능력에 국한되지 않고 지적·정신적 능력에 의 해 권력을 유지하는 보다 복잡한 장치가 있으나, 그럼에도 권력이 란 지위에 부수하는 것으로서 개인의 속성은 아니다. 그 지위에서 떠난 개인은 '전 대통령', '전 사장'처럼 평범한 일반인으로 돌아오 게 된다. 오히려 이전 지위와의 격차가 크면 클수록 연민의 대상이 되기도 한다.

그에 반해 경제력은 보다 상급 자원이라 할 수 있다. 왜냐하면 폭 력이나 권력에 비하여 경제력은 안정되어 있으며 범용성이 높다. 즉, 돈만 있으면 폭력도 권력도 '살' 수 있기 때문이다. 무력한 노인 이라 할지라도 돈으로 보디가드를 고용할 수 있으며 무능한 사람도 돈으로 지위를 획득할 수 있다. (역사적으로 극히 최근까지 이것은 공공 연한 사실이었다.)

때문에 여성은 남성의 폭력에 복종하고 지위에 몰리며 돈에 따라 온다(호리에몽).[3]

3 33쪽 '호리에 다카후미' 역자주 참조.

쾌락에 의한 지배

그렇다면 힘도 지위도 돈도 없는 남자는 어떻게 하면 좋을까?

제4장에서 아키하바라 무차별 살상 사건의 가해자 K군이 '비인기남' 문제로 고민했다는 것에 관해 논했다. 뒤집어 말하면 학력도, 직업도, 돈도 부족한 남자가 한 방을 노릴 수 있는 자원이 바로 인기다.

만화가 구라타 마유미는 학력도 돈도 없고 세 번의 이혼 경력을 가진 궁극의 '루저'와 재혼한 뒤 "여자들한테 인기가 좋았다는 사실이 이 사람의 자아 기반을 구성하고 있다. 학력도 소득도 '인기'라는 절대적인 자신감 앞에서는 아무 의미가 없다"[4]고 증언한다. K군의 '인기만 있었다면…'이라는 논리를 재확인해주는 증언이다.

혹자는 이 인기 요소를 '매력 자원'이라 부르기도 한다. 매력 자원이란 대체 무엇일까? K군은 인기의 요소를 외모에서 찾았으나 그것이 착각에 지나지 않는다는 사실은 제4장에서 논했다.

폭력, 권력, 재력 모두 호모소셜한 남성 집단 내부의 서열을 결정하는 자원이다. 외모 가치 역시 일견 자연 유래적인 것처럼 보일지 모르나 사실은 사회적인 것이다. 르네 지라르가 '욕망의 삼각형'을 통해 지적하는 바와 같이, 사람은 타자가 욕망하는 것밖에 욕망하지 않는다. 빼어난 외모 역시 타자의 승인에 의해 그 가치가

---

4 '무거운 짐이긴 하지만 짊어질 각오가 되어 있습니다 — 이혼 경력 3회의 루저와 속도위반 결혼'이라는 제목으로 〈AERA〉 2009년 7월 27일호 70쪽에 실린 기사.

발생한다.

남성 집단 내에는 사회적 자원을 둘러싼 패권 게임이 존재하며 여성은 남성 집단 내 서열에 따라 배분되는 재화이자 보수이다. 이러한 남성 사회의 가치를 내면화하고 있는 여자는 스스로 남성의 서열에 적응한다. 서열에 따른 재화 분배에서 이득을 얻고자 하기 때문이다. 여성이 '발정'하는 것은 남성 집단 내에서의 남자의 포지션에 대해서지 남자 개인에 대해서가 아니다. '발정의 시나리오' 역시 대단히 문화·사회적인 것이다.上野 1998b

매력적인 용모나 신체를 타고난 남성, 지위가 높은 남성, 지갑이 두꺼운 남성은 물어볼 것도 없이 인기를 끌 것이다. 그러나 '인기를 끌고 있는 것은 당신이 아니라 당신의 외모, 지위, 지갑이 아닌가?' 하고 물었을 때 대부분의 남자들은 어떤 반응을 보일까?

호색한으로 유명한 작가 와타나베 준이치는 이런 질문에 주눅 들지 않는다. 한 에세이에서 그가 '상관없다. 지갑의 두께 역시 남자의 매력 가운데 하나다'라고 쓴 걸 읽은 적이 있다. 이 '둔감력' 역시 그가 가진 매력 중 하나일까?[5]

그러나 이런 남자들의 패권 게임을 모두 없었던 일로 만드는 남자들의 '한 방'이 있다. 모든 사회적 자원의 가치를 능가하며 힘으로도 지위로도 돈으로도 살 수 없는, 수컷에게 있어서 최강의 자원. 그것은 바로 쾌락에 의한 여성의 지배이다.

5 와타나베 준이치는 2007년에 《둔감력鈍感力》이라는 책을 낸 적이 있다.—옮긴이

"그녀는 내 물건에 아주 사족을 못 써. 죽어도 못 헤어지겠대."

여자를 옆에 끼고 이런 말을 한 번 해봤으면 하는 남자들이 많을 것이다. 이런 말을 내뱉는 자신을 보며 돈 많고 지위 높은 남자의 안색이 변하는 걸 보고 싶어 하는 남자들도 많을 것이다.

아무리 사회적으로 무력할지라도 여성을 성적으로 지배함으로써 다른 모든 마이너스 카드를 역전시킬 수 있다는 남자의 신념은 뿌리 깊다. 그 사실은 포르노그래피의 정석에도 잘 나타나 있다.

남근 중심주의

남성의 쾌락의 원천이자 여성에게도 빼놓을 수 없는 쾌락의 근원이라고 남자들이 생각하는 것이 바로 페니스이다. 페니스에 대한 강박 관념을 심리학 이론 수준으로 올려놓은 것이 바로 프로이트이다. 프로이트 이론에서는 페니스의 유무가 인격마저도 결정한다.

라캉은 프로이트 이론의 해부학적 페니스 지배를 팔루스phallus라는 라틴어로 바꿔 부르며 언어의 상징 지배 수준으로 보편화했다. 일반적으로 '남근지배'라고 번역할 수밖에 없는 'phallocentrism'이나 'phallocracy' 같은 라캉파 심리학 용어가 등장했을 때, 한 심포지엄에서 'phallocracy 비판'을 한 페미니스트를 보고 나이 지긋한 학자 한 분이 대단히 진지한 표정으로 이렇게 대답한 적이 있다.

"적어도 나는 아내를 남근으로 지배하지 않습니다."

오해라고 하기에도 우스운, 웃지 못할 에피소드이다.

차라리 이렇게 대답했다면 어땠을까? '나는 지위도, 능력도, 경제력도 아닌, 남근으로 아내를 지배하고 있습니다. 그리고 아내는 그게 좋아 나를 떠나지 못하는 것 같습니다.' 그랬다면 아마 남성 청중 사이에서 실소와 동시에 선망의 한숨이 들려왔을 것이다.

폭력에 의한 지배도, 권력에 의한 지배도, 경제력에 의한 지배도 아닌 성에 의한 지배. 게다가 지배를 받는 쪽의 자발적인 복종을 이끌어내는 지배. 즉 공포에 의한 지배가 아니라 쾌락에 의한 지배야말로 궁극적 지배라 할 수 있을 것이다. 권력론에 따르면 자발적인 종속은 지배의 비용을 줄이고 지배를 안정화시키는 효과를 가지고 있다.

포르노그래피의 정석에는 이러한 '쾌락에 의한 지배'가 들어가 있다. 그 이유는 포르노그래피가 포르노 소비자인 남성에게서 모든 사회적인 속성을 제거한 뒤 다시금 남성성을 회복시키는 의식이기 때문이다. 이때 남근은 쾌락의 원천으로 부동의 위치를 차지한다.

춘화 연구를 시작하게 된 계기

내가 춘화 연구를 시작하게 된 것은 지금으로부터 30년 전으로 거슬러 올라간다.

미셸 푸코의 《성의 역사》Foucault 1976=1986 영어판이 출판된 후 일본어 번역판(1986)이 출판되기까지는 약간의 시간이 걸렸다. 나는 영어판을 집어삼키듯 읽으며 정신이 번쩍 드는 경험을 했다.

그랬구나! 섹슈얼리티는 '자연적인 것'도 '본능적인 것'도 아니고 문화와 역사의 산물이었던 것이구나… 역시 그랬구나! 나는 용기와 힘을 얻어 일본의 섹슈얼리티 연구에 착수하였다.

그런데 푸코는 아르스 에로티카ars erotica(성애의 기술)와 스키엔티아 섹수알리스scientia sexualis(성의 과학)를 구별한다. 근대 이후의 섹슈얼리티란 성에 관한 과학적 지식을 의미한다. 그것은 정상과 이상을 정의하고 표준과 일탈을 해부하는 지식이다. 성을 과학의 차원으로 끌어 올린 것은 프로이트지만 동시에 그는 동성애를 '병리화'하고 페니스의 유무라는 해부학적 우연을 '숙명'으로 변환시킨 장본인이다. 페미니스트는 이 '해부학적 숙명'과 싸우지 않으면 안 되었다.

지식의 편성이 달라짐으로 인해 근세 이전의 '에로스'는 근대 이후의 '섹슈얼리티'로 대체되었다. 따라서 섹슈얼리티는 근대 이전으로는 거슬러 올라가지 않는다. 이것이 푸코의 '섹슈얼리티의 역사'의 핵심 가운데 하나이다.

때문에 '섹슈얼리티의 근대'라고 하는 것은 존재하나 '근대의 섹슈얼리티'는 존재하지 않는다. 근대의 섹슈얼리티라는 용어는 '중세의 섹슈얼리티'나 '고대의 섹슈얼리티'라고 하는 존재하지도 않는 관념을 즉각적으로 불러일으키기 때문이다. '성에 관한 (근대 과학적인) 지식'이 존재하지 않는 곳에서는 정상도 이상도 없으며 이성애도 동성애도 없다. 실제로 고대 그리스의 '아프로디지아(아프로

디테(로마 신화에서는 비너스)적 영위라는 뜻)' 성애 범주에는 소년애가 있었지만 일탈 행위로 간주되지는 않았다―푸코는 이런 식으로 역사의 계보학을 거슬러 올라간다.上野 1996

　이렇게 생각하면 근대의 성을 둘러싼 세간의 '상식', 즉 부부 간 성애가 다른 종류의 성애보다 더 우월한 것이라든가 이성 간 성기 성교가 정상적인 성애이며 다른 것은 모두 일탈이라고 하는 등의 명제가 그리 오랜 역사를 가진 것이 아니라는 사실을 알 수 있다. 특히 서구에 비해 근대화가 늦었던 일본에서는 성애를 둘러싼 '상식'의 변화 속도가 현저하게 빨랐을 것이란 사실을 상상하기 어렵지 않다. 일본에 있어서 '섹슈얼리티의 근대'는 결코 메이지 이전 시대로 거슬러 올라가지 않는다. 그렇다면 '섹슈얼리티의 근대'에 오염되기 전 일본의 '아르스 에로티카'란 어떠한 것이었을까?

　나는 이런 문제의식으로 춘화 연구를 시작하였다. 일반적으로 성애에 관한 역사 사료의 특성상 남아 있는 것들이 거의 없고 있다 하더라도 손에 넣기가 쉽지 않은데 비해, 일본에는 춘화, 춘본春本의 형태로 그림과 문헌 자료가 풍부하게 남아 있다는 사실도 이유 중 하나였다.

　일본의 춘화는 외국의 포르노그래피와 비교해 커다란 특징이 몇 가지 있다. 한 가지는 남녀의 성기 사이즈가 극단적으로 과장되어 있으며 극사실주의적으로 그려져 있다는 점, 다른 하나는 성기에 비하여 다른 신체 부분이 간략화·양식화되어 있음에도 희열을 느끼는 남녀의 표정은 명시적으로 그려져 있다는 사실이다.

특히 곡예를 하는 듯한 체위를 구사하고 있음에도 얼굴은 무표정인 다른 아시아권 나라의 포르노그래피와 비교해보면 그 차이는 더욱 두드러진다.

춘화의 특징은 남녀의 '화합', 특히 여성의 쾌락을 표현하고 있다는 점이다. 물론 표정을 '현실의 모방 혹은 반영'이라고 단순히 가정할 수는 없다. 남성의, 남성에 의한, 남성을 위한 성적 소비재인 에도 시대의 춘화는 '이렇게 하면 여자가 기뻐한다'는 남성의 판타지가 투영된 것으로 봐야 한다.

에도 중기의 풍속화(=우키요에) 판화 작가, 스즈키 하루노부(1725~1770)의 춘화 속 남녀는 무표정이다. 개중에는 공부하러 온 처자의 처녀성을 빼앗는 스승을 그린 작품도 있으나 그림에 나타나는 순진한 처녀의 표정에는 싫어하는 내색이 드러나 있지 않다.

우키요에 춘화의 최고봉이라고 할 수 있는 도리이 기요나가(1752~1815)의 작품 〈소데노 마키〉에는 남녀 화합의 그림이 반복해 그려져 있다. 풍만한 육체의 남녀가 서로 뒤엉켜 두 눈을 가늘게 뜨고 절정을 즐기고 있음이 표정에 드러난다.

에도 시대의 춘화에는 기생과 손님뿐 아니라 마을 처녀와 애인, 부녀자와 외간 남자, 과부와 애인, 중년의 부부가 때와 장소를 가리지 않고 마음 내키는 대로 자유분방한 체위로 얽혀 교미하고 즐기는 표정이 그려져 있다.

에도 후기가 되면서 이러한 구도에 변화가 생긴다. 게이사이 에이센(1797~1848)을 필두로 '니시키에'라고 불리는 화려한 색채를 사용한 풍속 판화가 등장하게 된 이후, 강간이나 여성을 포박하는 그림이 나타나기 시작하고 여성의 얼굴은 일그러지고 고통에 겨운 표정을 띠게 된다. 이후 막부 말기와 메이지 시대에 걸쳐 이토 세이우(1882~1961)의 작품처럼 가학적인 그림이 등장한다. 우키요에 춘화의 역사를 보면, 근대로 다가갈수록 도착적인 에로스가 늘어나고 여성 지배가 '쾌락에 의한 지배'에서 '공포에 의한 지배'로 변화하는 것처럼 보인다. 그만큼 문화적인 세련도가 낮아지고 있다고 해석해도 좋을 것이다. 이런 변화를 통해서도 근대의 섹슈얼리티가 근세의 에로스에 비해 야만적이라는 사실을 알 수 있다.

이 변화를 에도 시대에는 여성이 성적으로 해방되어 있었으나 시대가 흐름에 따라 점차 남성 지배가 강해지게 되었다고 안이하게 해석해서는 안 되는 것이다.

춘화에서 '화합'이란 약속된 연출이다. 포르노그래피의 정석 가운데 두 가지를 들자면 첫째, 여자는 언제나 성적으로 준비되어 있으며 굳이 노력을 기울이지 않아도 그 자리에서 응해줄 태세를 갖추고 있을 것. 둘째, 유혹하는 건 여자 쪽이므로 그 결과에 남자는 책임을 지지 않아도 될 것이다. 쾌락을 추구한 건 여자였고 얻고자 하는 바를 얻었으니 여자는 자발적 종속을 통해 보수를 얻고 있는 것이다. 대단히 편리한 설정이다.

'화합'이 약속된 연출인 것처럼 쾌락의 표정도 약속된 연출이다. 표상에 그려진 것을 그대로 사실이라 믿을 수는 없다. 쾌락의 표정에서 읽을 수 있는 것은 '성행위를 통해 여성이 쾌락을 얻는다고 남자들이 믿고 싶어 한다는 사실'이다.

하지만 또 한 가지, 일본의 춘화에는 여성의 쾌락을 표상하는 세계적으로도 드문 아이콘이 존재한다. 바빈스키 반사라고 하는, 성적 절정을 맞이하였을 때 보이는 발가락과 손가락을 굴절시키는 신체반응이다. 춘화 속에는 직접 모델을 보고 그린 것이 아닐까 하는 생각이 들 정도로 극사실주의가 드러나기도 하는데, 바빈스키 반사도 이를 보여주는 요소 중 하나다. 스스로의 쾌락에 빠져 있기만 해서는 결코 관찰할 수 없는 여성의 신체 반응에 대한 냉정한 시선이 춘화에 담겨 있는 것이다. 유곽에 들른 손님을 상대하는 유녀의 반응에도 바빈스키 반사가 표현되어 있다.

그러나 남성의 성적 지배의 최종 목표가 여성의 쾌락이라니, 역설적이지 않은가?

"우리들 남자란 결국 여성의 쾌락을 위해 땀 흘려 봉사하는 존재에 불과하다"고 말씀하시는 남자들이 있다.

그러나 '봉사'란 말에는 '역설적인 지배'가 함의되어 있다. 여성의 쾌락을 완전히 남근의 통제 아래 두어 여자 스스로 종속되도록 하는 것. 그리고 여자를 미지의 세계로 이끄는 것.

그 신묘함이 가장 잘 드러나 있는 것이 나가이 가후의 작품이라 여겨지는 쇼와 시대 포르노그래피의 걸작 《두 평짜리 방의 장지》永井 1972이다.

에도 시대 통속 오락 소설의 전통을 농후하게 이어받고 있는 이 작품은 게이샤를 상대로 섹스하는 도중 그녀를 실신할 정도로 강렬한 쾌락의 영역으로 이끌면서 동시에 그것을 냉철한 시선으로 관찰하는 '남자의 눈'이 그려져 있다. '관찰하는 남성'과 '관찰당하는 여성'의 시선의 비대칭성, 쾌락을 지배하는 남성과 쾌락에 지배당하는 여성의 비대칭성이 훌륭하게 도식화되어 있다는 점에서도 이 작품은 포르노의 고전이라 할 수 있다. 성의 프로인 게이샤를 돈으로 사면서 돈으로는 살 수 없는 쾌락을 그녀의 의사에 거슬러 맛보게 한다―이것이 남성의, 아니 남근의 최종적인 승리가 아니고 무엇이겠는가?

오해를 피하기 위해 확실히 말해두지만, 이 '남근의 승리'는 티끌만큼도 현실을 반영하고 있지 않다. 이 표상이 무엇보다 분명하게 말하고 있는 것은 이것을 '남근의 승리'로 생각하고자 하는 남성의 성환상, 아니 망상에 지나지 않는다.

에도 시대의 유곽에는 '통'과 '초짜'에 관한 미학이 있었다. 유녀는 연애 상대가 되지만 일반 여성(비직업 여성)은 그렇지 못하다. 일반 여성은 결혼과 출산의 상대이지 성애와 쾌락의 상대가 아니기 때문이다. 그리고 유녀의 '진심'이란 거짓의 다른 말에 지나지 않는다. 이걸 곧이곧대로 믿어버리는 이를 '초짜'라고 한다.

그러나 초짜일 동안에는 사랑의 줄다리기와 성의 쾌락에 성실하게 전념할 수 있다. '통'이 되어버리면 모든 유흥은 허구의 세계로 변해버린다. 그 의례에 정통한 자를 '통인'이라 부르고 현실과 허구를 구분 못하는 자를 '초짜'라 하지만, 통인은 초짜보다 즐거움의 정도가 약하다.

간세이 시대(1789~1800), 구보 슌만은《고금회입 요시와라 대전》을 썼는데, '즐기는 것도 풋내기 시절. 통이 되어버리면 수세미 뿌리'라며 통달한 모습을 보인다. 이 세계를 '색도色道' 수준으로까지 끌어올린 것이《색도대경》藤本 1678, 1976을 쓴 후지모토 기잔이며 통속 소설로 표현한 것이 산토 교덴이다.

그러나 입이 내뱉는 거짓을 육체는 내뱉지 않는다. 후지모토 기잔은 유녀가 섹스 도중 '피부에 감흥이 드러나 촉촉하게 젖어가는' 모습을 극상의 것으로 묘사한다. 성의 프로로서 유녀는 손님과의 관계에 일일이 '신경 쓰지(오르가즘에 도달하지)' 않는다. 손님의 쾌락을 자기 통제하에 두는 것이 프로다. 포주 할멈이 향 한 대 피워놓을 시간(약 20분)에 일을 처리하고 다음 손님을 받아야 하는 유녀가 손님에게 일일이 '신경 쓸' 여유는 없으며, 만약 그랬다가는 유녀의 몸이 남아나지 않을 것이다.

통인은 그런 유녀를 전세 내어 섹스 없이 하룻밤을 지내거나 때로는 유녀의 신세타령을 들어주기도 한다. 그러나 그것 역시 유곽의 정해진 시나리오에 불과하다. 유녀의 과거를 들추어내어 스스로 통인임을 뽐내려는 손님에게는 그에 맞는 각종 '불행 이야기'가 준비되어 있는 것이다.

그렇다면 쾌락은? 통인은 돈으로 살 수 없는 쾌락을 둘러싸고 돈으로 산 유녀와 게임을 시작한다. 세상 물정 모르는 처녀를 미치게 만드는 것이 아니다. 쾌락을 스스로 조절하며 경우에 따라서는 쾌락을 거절할 수도 있는 성의 프로를 쾌락의 심연으로 빠뜨리고자 하는 것이다.

통인은 그 게임의 플레이어가 되어 게임 판을 냉정하게 컨트롤하고자 한다. 유녀가 금전을 떠나 그 게임에 몰입하게 되면 손님은 정인情人이 된다. 그 순간 통인은 초짜로 전락한다. 진짜 통인은 그 길을 거부한다. 어디까지나 손님으로서 여자의 절정을 끝까지 지켜본후 깨끗하게 돈을 지불하고 떠난다. 너와 나의 관계는 시나리오에 따른 허구에 지나지 않아, 라는 말을 남긴 채. 쾌락에 져버려 선을 넘어버린 유녀는 입술을 깨물고 분을 삭이는 수밖에 없다. 이 게임에서는 쾌락에 지배당하는 쪽이 패자가 된다.

앞서 말한 《고금회입 요시와라 대전》은 '금전을 사용하지 아니하고, 아낙을 자유롭게 하는 이를 색남色男이라 한다'고 적고 있다. 그러나 바로 다음 구절에서 '이들은 매우 미천한 하층민으로서 논하기에 적당치 않음'이라고도 적고 있다. 손님이 유녀의 정부情夫가 되어버리는 순간 게임은 끝이 난다. 때문에 '적당히 머무는 것을 알고 멈추는 이를 통이라 멋이라 할지어다'라고 하는 것이다.

남근 페티시즘

쾌락의 원천은 남근이다. 에도 시대의 춘화에 드러난 남근 페티시즘은 놀랄 만큼 강렬하다. 이성애뿐만이 아니다. 에도 초기에는 어린 소년을 대상으로 한 동성애, 아니 '소년애'의 구도가 눈에 띄는데 이 경우에도 남근은 중심적인 위치를 차지한다. 국화꽃(항문)을

146

침범당하는 소년은 눈을 가늘게 뜨며 '화합'의 표정을 짓는다. 항문 성기 삽입에 익숙한 사람도 때때로 고통을 느낀다고 하므로 소년애가 '화합'의 표정으로 그려져 있다는 것은 '화합'이 연극임을 반증하는 증거일 것이다. 포르노의 정석대로, 범해지는 상대가 관계를 환영하고 있다는 조건은 필수이기 때문이다.

참고로 포르노그래피 텍스트 중에 여성의 쾌락 이외에 소년의 신체적인 쾌락에 관해 묘사한 텍스트는 내 식견이 부족해서인지는 몰라도 아직 본 적이 없다. 성기 삽입을 받아들이는 소년의 정신 세계나 인연의 깊이 등은 묘사되기도 한다. 그러나 소년은 연장자이며 존경의 대상인 동성 상대에게 마치 하늘에 바치는 제물처럼 자신의 성적 신체를 바치고 있는 듯 보인다.

푸코가 고대 그리스의 소년애에 관해 지적하듯이, 그것이 이성이든 동성이든 성기 삽입을 수반하는 교미 행위는 근본적으로 비대칭적인 것이다. '삽입하는 자'와 '삽입당하는 자' 간의 비대칭성 아래에서 삽입하는 자는 남근의 주인, 삽입당하는 자는 상징적으로 거세된 이, 즉 여성화된 자를 뜻한다.

쾌락은 삽입하는 자에게는 존재하나 삽입당하는 자에게는 존재하지 않는다. 마치 그것을 알고 있었던 양 그리스에서는 가장 이상화된 성애를 자유민 소년이 자발적으로 연장자에게 몸을 맡기는 행위로 정의했다. 이 세상에서 가장 아름다운 존재, 남자가 되기 바로 직전의 '가장 빛나는 시기의 꽃'인 소년이 사랑과 존경의 마음을 담아 스스로 신체를 내다 바친다—남자에게 이보다 더 자기만족을 가져다주는 것이 있을까.

자유민 소년과의 사랑이 품위 있는 것이라면 그보다 '천한' 사랑은 노예 소년과의 성애, 더욱 가치가 낮은 것은 여성과의 이성애였다. 전자는 권력과 강제에 의해 상대를 복종시키는 단순한 지배, 후자는 어리석고 비천하며 '시민'으로서의 자격조차 가지지 못하는, 남자와는 다른 생물을 가축과 같은 식으로 복종시키는 행위에 지나지 않기 때문이다. 참고로 라틴어로 패밀리아familia는 처자와 노예, 가축을 총칭하는 집합 명사였다. 이 사실을 통해서도 고전적 성애에는 호모소셜한 사회의 필수 요소인 여성 혐오가 깊이 각인되어 있음을 알 수 있다.

남근이 쾌락의 중심에 위치한다는 것은 춘화에서 여성 간 동성애를 그리는 스타일에서도 알 수 있다. 반복해서 말하지만 여기서도 주의해야 할 점은 남근이 '남성의 환상 속'에서 쾌락의 중심에 위치한다는 사실이다. 춘화에는 여성의 마스터베이션과 레즈비언적 행위를 그리고 있는 작품도 있다. 젊은 처자와 하녀들이 주인 혹은 다른 남녀가 섹스하는 장면을 훔쳐보면서 자신의 성기를 만지작거리는 구도 속에는 이성애에 의해 촉발된 여성의 욕망이 그려져 있다. 그러나 여기에는 마스터베이션이 '정상'적인 성교의 불만족스러운 대체물이라는 점, 성욕의 최종 목표가 파트너와의 성교라는 점이 암시되어 있다. 여성의 마스터베이션 장면이 포르노 소비자로서의 남성에게 성적 자극을 주는 이유는 남근이 부재하는 곳에 자신의 남근을 상징적으로 대입할 수가 있기 때문이다.

같은 방식으로, 여성 동성애 구도에서는 하녀로 보이는 여자들끼리 남근 모양의 자위 기구를 사용하여 상대방의 국소를 찌른다. 남근이 양쪽 방향으로 나 있는 '다가이가타'라 불리는 이인용 자위 기구를 사용하는 구도도 있다.

이 표상이 부각하고 있는 것 역시 남근의 부재이다. 눈물겨운 모형을 사용하면서까지 남근을 재현하여 욕망을 추구하는 여자들의 어리석은 자태가 남자들의 욕망을 자극하는 것이다.

여기에 존재하는 것은 '남근은 여성을 쾌락으로 이끄는 장치'이며 '여성은 남근으로부터 쾌락을 얻어야 하며 남근 이외로부터 쾌락을 얻어서는 안 된다'고 믿고 싶은 남성의 망상이다. 이처럼 남근중심주의가 포르노의 정석이라면, 춘화의 표상에는 물질적인 의미로서가 아닌 상징적인 의미로서의 '남근지배(펠로크라시)'가 자리하고 있다고 정식화할 수 있을 것이다. 여기에 존재하는 것은 신체 일부로서의 페니스가 아니라 남성 성환상의 핵심을 차지하는 상징으로서 팔루스phallus가 있기 때문이다.

이것은 현실의 해부학적 남근에 대한 애정이라기보다는 거의 페티시즘의 영역에 도달한 상징적 남근숭배에 가깝다. 이렇게 해석함으로써 비로소 ED(발기 장애)에 대한 남성의 공포나 비아그라의 사용이 경구피임약에 비해 획기적인 스피드로 인가된 '수수께끼'가 풀리게 된다. 그러나 여성은 이러한 남근숭배를 티끌만큼도 공유하고 있지 않다. 이 속박으로부터 해방되지 못하고 있는 것은 오로지 남성이다.

남자가 필요 없는 쾌락?

그러나 마지막에 일대 반전이 준비되어 있다.

바로 춘화 작가들이 여성의 쾌락에 관해 잘 알고 있었다는 사실에는 의심의 여지가 없다는 것이다. 그것을 시사하는 충격적인 표상이 있다. 유명한 〈문어와 해녀〉 그림이다. 전라의 여성이 황홀한 표정을 짓고 누워 있으며 그녀의 사타구니를 문어의 형태를 한 괴물이 핥고 있는 구도이다. 이 조합이 당시 유행했던 구성이었으며 춘화 판타지의 정석 중 하나였다는 사실은 같은 구도를 가쓰시카 호쿠사이(1760~1849) 이외에도 같은 세대 우키요에 화가들이 조금씩 변화를 주어 차용했다는 사실에서 알 수 있다.

춘화의 소비자는 누구인가? 춘화는 누구에게 성적으로 흥분을 가져다주는가? 이렇게 묻는다면 춘화가 '남성의, 남성에 의한, 남성을 위한' 성적 소비재임에는 틀림없지만 개중에는 여성을 소비자로 한 춘화가 존재한다는 점을 인정하지 않을 수 없다.

우먼 리브women's liberation가 등장했을 때 남근지배에서 탈피하려는 일환으로 '버자이너 오르가즘인가, 클리토리스 오르가즘인가'에 관한 논쟁이 있었는데, 그 결론은 이미 오래전에 내려져 있었다.

프로이트 이론에 따르면 버자이너 오르가즘에 도달하지 못하는 여성은 '발달' 과제에 실패한 미성숙한 존재다. 프로이트는 버자이너로, 즉 남근의 삽입에 의해 비로소 쾌락을 얻어야 한다고 명령한 것이었는데, 우먼 리브는 프로이트에 대항하여 여성의 쾌락에 남근은 불필요하다고 선언했던 것이다. 더 신중하게 말하자면 여성에게 버자이너 오르가즘, 클리토리스 오르가즘은 모두 중요하며 버자이너 오르가즘에 도달하는 것이 유일한 목표는 아니라고 선언했다.

〈문어와 해녀〉 같은 구도를 보고 남성은 무력감에 휩싸일 것인가? 아니면 여성의 마스터베이션을 일방적으로 훔쳐보면서 저도 모르게 마스터베이션에 빠져들게 될 것인가? 어느 쪽이든 여성의 쾌락은 성적 상징 투쟁의 판돈이 된다. 남성 입장에서 말이다.

포르노그래피에서 '시선'의 소유자는 남성이고 그 시선에 의해 소유되는 것이 여성의 쾌락이라는 비대칭성은 끝까지 무너지지 않는다.

'남성은 여성의 쾌락에 봉사하고 있다'는 논리에 불쾌감을 느끼는 것은 그 주객전도를 가장한 레토릭 속에 쾌락에 의한 여성 지배가 은폐되어 있기 때문이다.

"그녀는 내 물건이 좋아서…."

이렇게 말하고 싶은 남성의 기분을 이해 못하는 것도 아니다. 그것이 모든 권력에 의한 지배를 능가하는 궁극의 여성 지배라는 사실을 인정해도 좋다.

그러나 이런 지배라면 한 번쯤 받아도 좋다고 생각하는 여자들도 틀림없이 있을 것이다. 춘화의 펠로크라시에는 여성 혐오가 들어있다. 그러나 앞으로 살펴보게 되겠지만, 춘화의 여성 혐오에 비해 근대 이후의 여성 혐오는 훨씬 더 야만적이고 촌스러운 것이다.

제8장

근대와
여성 혐오

'어머니'라는 문화적 이상

여성 혐오적인 남성이 멸시의 대상으로 삼는 게 불가능한 단 한 명의 여성이 있다. 바로 어머니다.

나를 낳아주고 길러주고 피와 살을 아끼지 않으며 돌봐준 여자. 최초의 강자로 내 앞에 우뚝 섰던, 그러나 더 강자인 남편에게 복종하는 여자. 나를 위해 남편에게서 오는 고통을 인내하고 그 어떤 희생이라도 달갑게 치를 준비가 되어 있으며 무엇이든지 이해하고 받아들여주는 여자. 이런 여자를 어떻게 모멸할 수 있겠는가? 나라는 존재의 무조건적 근거가 되는 이 존재를 말이다. 물론 이런 여자는 현실이 아니라 판타지 속에만 존재하는 것이지만 이러한 '어머니' 범주가 가지는 규범적 힘은 아들, 그리고 어머니 스스로를 강력하게 구속한다.

아직도 이런 종류의 어머니가 남아 있다면 얼굴 한 번 보고 싶다고 생각하는 독자가 있다면 '어머니' 범주의 규범적 힘이 약해졌다는 증거가 될 것이니 더할 나위 없이 만족스러울 것이다. 이런 '어머니'의 문화적 이상은 이제 텍스트에만 존재하게 될지도 모르겠다.

나는 예전에 가부장제를 다음과 같이 간결하게 정의한 적이 있다. '가부장제란 자신의 다리 사이로 낳은 아들로 하여금 자기 자신을 멸시하도록 기르는 시스템을 가리킨다.' 그러나 여성을 멸시하는 것은 가능해도 어머니를 멸시하는 것은 남성에게 어려운 일이다. 그것은 자기의 '근본'을 더럽히는 행위이기 때문이다.

많은 언어권에서 남성에 대한 모욕적 표현으로 '창녀의 아들ᵃ son of a bitch', '사생아bastard'와 같이 그의 어머니를 욕되게 하는 언어가 사용되는 데는 이유가 있다. 2006년 월드컵 축구 결승전에서 알제리 이민자의 후손이자 프랑스 국가 대표 선수인 지단이 이탈리아 대표 선수 마테라치에게 박치기를 해 반칙 퇴장한 사건이 있었다. 후에 밝혀진 바에 따르면 마테라치는 지단의 귀 언저리에 대고 여러 차례 그의 어머니를 모욕하는 말을 내뱉었다고 한다. 어머니의 명예를 더럽히는 행위를 견디지 못하고 반격에 나선 지단의 행동에 많은 남자들이 이해와 동정을 느꼈으리라.

이처럼 어머니를 향한 최대의 모욕이 '창녀'나 '미혼모' 같이 호모소셜한 남성 공동체, 즉 가부장제에 등록되어 있지 않은 여성을 가리키는 용어라는 사실은 상징적이다. 가부장제란 다른 말로 표현하면 여성과 아이의 소속을 정하는 룰을 가리킨다. 남성에게 소속되는, 즉 남성의 지배와 통제에 따르는 여성과 아이에게는 사회에 '지정석'이 부여되지만 그렇지 않은 여성이 낳은 아이는 사회에 등록되지 않는다. 등록된 결혼을 통해 태어난 아이와 그렇지 않은 아이(최근에는 '사생아'나 '비적출'이라는 차별적 용어 대신 '혼외아이'라는 용어가 사용되고 있다) 사이에는 오늘날에도 민법상의 차별이 존재한다.

태어나는 방식이 어떠하든 간에 아이는 아이다. 기묘하게도 현대의 저출산 대책을 보고 있자면 결혼의 장려와 기혼 여성의 출산 장려는 있어도 혼외아이 출산 장려 같은 정책 캠페인은 아무리 눈을 크게 뜨고 찾아보아도 찾아 볼 수가 없다. 일본 정부의 저출산 대책은 그 정도 수준에 불과한가, 진짜 캠페인을 할 마음은 있는가 하는 생각이 들지 않을 수 없다. 즉, 아이가 태어나는 것 자체보다 가부장제를 지키는 것이 아직은 더 중요하다는 의미일 것이다.

앞서 말한 모욕 표현이 남성을 격앙시키는 이유는 성녀와 창녀라는 이중 기준(제3장 참조)을 만들어낸 가부장제의 성차별 의식을 본인이 내면화하고 있기 때문이다. 남성은 그 자신이 호모소셜한 공동성에 소속되고 한 명의 '사나이'로서 자기 여자를 정식으로 소유하기를 바라고 있다. 그 자신이 차별을 행하는 자이기 때문에 차별적 표현은 그를 화나게 하는 것이다.

창녀, 미혼모는 표상 속에서 '품행이 단정치 못하고' '행실이 잡스러운' 여성으로 그려지며 '마녀'나 '악녀'에 빗대어진다. '마녀', '악녀'란 남성의 통제에 따르지 않으며 성적으로 활발한, 요즘 말로 하자면 '성적 자기 결정권을 행사하는 여성'을 가리킨다. 이러한 표현이 성에 차지 않는다면 '성적 신체를 자신의 자유 의지에 따라 사용하는 여성'이라 바꿔 말해도 좋다. 즉 '남자 허락 없이 감히!' 행동하는 여성이다.

실제로 대부분의 '창녀'는 돈을 위해 자기 신체의 성적 사용권을 일시적으로 남성에게 양도할 수밖에 없는 상황에 처한 여성을 가리키며, '미혼모'는 아버지가 될 남자가 도망을 친 혹은 책임 지기를 거부한 상황의 여성, 즉 가부장제의 희생양이 된 여성인 경우가 많다. 피해자에게 원인을 전가하는 것은 가장 전형적인 가해자의 논리이다.

'한심스러운 아들'과 '신경질적인 딸'

누구에게 어떤 식으로 태어나든지 아이는 아이이며, 아이에게 어머니는 그녀가 어떠한 어머니이든 단 하나의 어머니다. 그리고 결혼 제도 내에서든 외에서든, 가부장제로 인해 고통을 겪는 어머니는 아이에게 동정의 대상이 된다.

그러나 아들의 경우 아버지와 같은 젠더에 속해 있는 탓에 가해자 입장에 서 있다는 의식에서 도망칠 수 없다. '억압적인 아버지'의 아들은 말할 것도 없고 '도망친 아버지'의 아들이라면 더욱 피해자이면서 동시에 가해자가 된다. 많은 남성에게 '아버지 죽이기'는 손쉽게 달성할 수 있지만 '어머니 죽이기'는 인생 최대의 과제가 된다는 사실에는 그만한 이유가 있다.

프로이트는 '아들은 어떻게 아버지가 되고 딸은 어떻게 어머니가 되는가'라는 질문, 즉 발달에 관한 이야기를 남겼다. 가부장제 속에서 이 질문은 다음과 같이 바꿔 말할 수 있다. '아들은 어떻게 여성 혐오적인 아버지가 되고, 딸은 어떻게 여성 혐오적인 어머니가 되는가?'

이 물음을 둘러싸고 근대 가족의 아버지와 어머니, 아들과 딸 관계의 메커니즘을 제시한 이가 지금은 고인이 된 문예 평론가 에토 준이다. 그의 이론에 관해서는 다른 지면에서 논한 적이 있는데,上野 1994 일본의 여성 혐오를 논함에 있어 그는 빼놓을 수 없다.

전후 일본을 논한《성숙과 상실 — '어머니'의 붕괴》江藤 1967, 1988 라는 기념비적 저작의 저자 후기에서 그는 이런 동기를 적고 있다.

> 문학에 나타난 일본의 '근대' 문제를 '아버지'와 '자식'의 문제로서
> 다루고자 한 발상은 이미 오래전부터 내 안에 있었다. (…) 그것을
> '어머니'와 '자식'과의 (…) 문제로 다루고자 한 시점이 정해진 것
> 은 1964년 여름, 2년 만에 미국에서 귀국하였을 때였다.江藤 1967,
> 1988: 251

에토의 문장 속에서 '자식'은 아들만을 가리킨다. 나는 에토의 시점에 누락된 딸을 분석에 포함시켜 일본판 근대 가족을 '비참한 아버지', '답답한 어머니', '한심한 아들', '불만스러운 딸'의 관계로 기술한 적이 있다. 그 일부를 다시 실어보자.

> 아들에게 아버지는 어머니가 부끄러워하는 '비참한 아버지'가 되고
> 어머니는 그런 아버지에게 봉사하는 것 외에 살아가는 방법이 없는
> '답답한 어머니'가 된다. 그러나 아들은 언젠가 아버지와 같은 운명
> 을 맞이하게 될 것이라는 사실을 알아채고 아버지를 완전히 혐오하
> 지 못하며 '비참한 아버지'와 동일화함으로써 '한심한 아들'이 된다.

'답답한 어머니'를 궁지로부터 구출해달라는 기대에 답할 수 없기 때문에 아들은 깊은 자책감을 내면화한다. 동시에 아들은 '한심한 아들'로 계속 머무는 것이 어머니의 감춰진 소망, 즉 어머니의 지배권 밖으로 아들이 벗어나지 않길 바라는 마음에 답하는 길도 된다는 것을 어렴풋이 느끼고 있다. (…) 딸은 '비참한 아버지'와 동일화할 필요는 없으나 아들처럼 자력으로 비참함에서 빠져나올 수 있는 능력도 기회도 주어져 있지 않다. 어차피 내 의견 따위는 듣지 않는 남성에게 인생의 조타를 맡긴 채 '답답한 어머니'가 되는 것 말고는 다른 인생이 기다리고 있지 않다는 사실을 깨닫고 체념하기 때문에 딸은 '불만스러운 딸'이 된다. 딸은 아들과 달리 '답답한 어머니'에게 책임감도 동정도 가지지 않기 때문에 이 불쾌감은 더욱 커지게 된다.上野

1994: 199-200

이 이야기가 전제하고 있는 것은, 자기 뜻대로 되지 않는 것에 대해 한탄하며 아이들, 특히 아들에게 '아버지처럼 되어서는 안 된다'고 끊임없이 되뇌는 '답답한 어머니'('한탄하는 어머니'라 해도 좋다)와 그런 어머니를 부조리하게 '지배하는 아버지' 사이의 비대칭적인 젠더 관계이다. 그 안에서 '모자 밀착'이라고 하는 비뚤어진 일본판 오이디푸스 이야기가 성립한다.

이것은 일본의 문화 전통일까?

전통적인 가부장제 아래서 여성의 지위는 아들, 특히 대를 이을 아들에 의해 결정된다. NHK의 대하드라마 〈풍림화산〉에는 전국 시대

무장의 정실과 측실 들이 자신의 아들을 후계자로 등극시키기 위해 온갖 지략을 짜낸다. 아버지가 다케다 신겐에게 살해당하고 그 전리품으로 다케다의 측실이 된 스와 일족의 여성, 유우히메가 임종을 맞이하며 마지막으로 내뱉는 말로 각본가는 다음과 같은 대사를 읊게 한다. "다시 세상에 태어난다면 남자로 태어나고 싶다." 여자가 여자임을 저주하는—너무나도 알기 쉬운 여성 혐오이다.

그렇지만 강력함의 대명사였던 '지배적인 아버지'가 '부끄러운 아버지', '비참한 아버지'로 변하게 된 것은 근대 이후의 일이다. 아들이 아버지를 뛰어넘을 수 있는 사회적 이동이 가능해지고 난 후의 일인 것이다. 이렇게 생각하면 에토의 《성숙과 상실》이 1960년대에 쓰인 글이라는 사실의 사회사적 의미가 두드러진다. 1960년대는 일본의 고도 성장기면서 고등교육의 고도 대중화 시기이기도 했다. 이 시대에 베이비붐 세대는 물밀듯이 고등학교·대학교에 진학했는데, 되돌아보면 자식 세대가 부모 세대보다 생활 수준과 교육 수준이 극적으로 높아진 것(집단으로서 부모 세대보다 자식 세대가 더 '출세'한 것)은 시대와 세대의 효과에 의한 것이지 결코 개인의 노력이나 능력에 의한 것이 아니었다.

한편 여성은 교육이 아니라 결혼에 의해 계층 상승의 기회를 얻게 되는데 '아내'로서 그 기회를 놓친 경우에는 '어머니'가 되어 아들이 아버지를 뛰어넘어 주길 바라게 된다. "아버지는 저래도 너만큼은 꼭…." 이렇게 노래를 불러대는 어머니 밑에서 자란 아들은 아무리 보답하고 보답해도 다 갚지 못할 부채를 떠안게 되는 것이다.

'자책하는 딸'의 등장

이 변화에는 사회사적으로 세대와 젠더 효과가 영향을 미치고 있다. 세대 효과 측면을 보자면, 성장기에서 정체기(성숙기라 하는 이도 있다)로 들어선 일본은 베이비붐 세대의 다음 세대가 부모의 경제적 달성과 교육 수준을 넘어서기 힘든 사회가 되었다. 고등 교육 진학률은 포화 상태에 달해 학력 인플레이션마저 일어나고 있는데, 자식이 부모 세대를 앞서나가는 것이 당연시되었던 시대는 이제 끝이 난 것이다.

젠더 효과 역시 빼놓을 수 없다. 결혼 말고도 사회적 달성을 성취할 수 있는 길이 여성에게 열리게 됨으로써 딸 또한 어머니의 기대로부터 도망치는 것이 힘들어졌다. 딸은 '여자 얼굴을 한 아들'이 되었고 아들과 딸에 대한 기대 차이는 축소되었다. 나는 이것을 저출산 효과로 보고 있다. 사정이 어찌 되었든 젠더 차이가 축소되었으니 기뻐해야 하는 것일까?

그러나 딸에 대한 어머니의 기대는 아들에 대한 기대와는 달리 양의성을 가지고 있다. 어머니는 딸에게 '아들로서 성공하라'와 '딸(=여자)로서 성공하라'라는 메시지를 동시에 보낸다. 두 메시지 모두 '제발 나처럼은 되지 말아 달라'는 자기 희생의 메시지이지만 그 속에는 '나를 이렇게 만든 것은 바로 너야'라는 질책의 메시지가 숨겨져 있다.

이러한 양의적 메시지를 받은 딸은 가랑이가 찢어질 상황에 처하게 된다. '불만스러운 딸'이 고도 성장기의 산물이었다면, 그녀들이 역사 속으로 퇴장하면서 대신 등장한 것이 어머니의 화신이 되어 그 부채에 신음하는 '자책하는 딸'이다. '한심한 아들'처럼 딸 역시 어머니의 행복을 책임질 수 있는 능력과 책임져야 할 입장을 부여받게 된 것이다. 그러나 아들과 달리 딸은 동일화의 대상이 어머니인 탓에 어머니의 만족스럽지 못한 인생을 대리 수행해야 한다는 책무로부터 결코 벗어나지 못한다. 노부타 사요코의 《어머니의 존재가 너무 무겁다 ― 어느 묘지기 딸의 한탄》信田 2008은 그 현실을 풍부한 사례와 함께 낱낱이 그려내고 있는 책이다. 이 '자책하는 딸'에서 한 걸음만 더 나가면 '자해하는 딸'로 이어지게 된다.

근대가 낳은 여성의 여성 혐오

《성숙과 상실》에서 에토는 고지마 노부오의 소설 《포옹 가족》小島 1988을 소재로 '음울한 신탁神託'을 논한다. 주인공의 아내 도키코에게 '스스로가 '어머니'이면서 동시에 '여성'이라는 사실은 혐오의 대상이 된다.'

에토는 여성이라는 사실에 대해 느끼는 자기혐오를 '근대'가 일본 여성에게 심어놓은 가장 뿌리 깊은 감정이라고 표현한다.

'어떤 의미에서 여성이라는 사실을 혐오하는 감정은 모든 근대 산업 사회를 살아가는 여성의 보편적인 감정이라고도 할 수 있다.'江藤 1967, 1988: 61

나는 여성 혐오의 역사성을 이렇게 분명하게 나타낸 표현을 본 적이 없다. 여성 혐오에 역사가 존재한다는 것은, 그 시작이 있는 것처럼 언젠가는 유효 기한이 끝나는 시기가 찾아온다는 것을 의미한다.

에토의 글에서 도키코가 여성 혐오를 내면화하고 있다는 사실에 대한 근거로 홀로 미국에 유학한 후 현재는 대학에서 교편을 잡고 있는 남편에 대한 '경쟁심'을 들고 있는 것은 흥미롭다. 전후의 남녀 공학 교육 시스템에서 성적에 따른 경쟁은 있어도 원리상 젠더에 따른 차별은 없으므로 남편을 보며 "학생 때는 내가 성적이 더 좋았다"고 말하는 아내는 얼마든지 있을 수 있다. 때문에 남편이 성공하면 할수록 아내의 상대적 박탈감은 커진다.

여성 혐오는 비교에 의해 강화된다. 비교한다는 것은 '비교 가능함'을 의미하며, 또 비교가 가능하려면 양측이 비교 가능한 공약수를 가지고 있어야 한다. 젠더나 신분의 차이가 바꿀 수 없는 운명으로 받아들여지는 곳에서는 '구별'은 있어도 '차별'은 없다. 같은 인간으로서 공약될 수 있는 분모가 생김으로써 비로소 차별을 부당하게 여기는 마음이 생겨나게 된다. 성차별 자체는 훨씬 전부터 존재해왔으나 근대는 비교에 의해 역설적으로 성차별을 강화하였다.

따라서 성차별을 고발하는 페미니즘은 근대의 직접적 효과에 의해 탄생한 것이 된다. 때문에 여성학의 개척자였던 고故 고마샤쿠 기미는 "'구별'이 '차별'로 승격되었다"고 이 변화를 환영했던 것이며 그것을 탐탁지 않게 여기는 이들은 끈질기게 '차별'을 '구별'로 끌어내리려 하는 것이다.

자기혐오로서의 여성 혐오

남성의 여성 혐오는 타자에 대한 차별인 동시에 모멸이다. 남성은 여성이 될 걱정이 없기 때문에 안심하고 여성을 타자화하고 차별하는 것이 가능하다. 그러나 여성에게 여성 혐오는 자기 자신에 대한 혐오가 된다. 자기혐오 속에서 살아가는 것은 모든 사람에게 고통스러운 것이다.

사회적 약자는 그 종류를 막론하고 모두 비슷한 '범주 폭력'을 당하고 있다. 범주는 지배적인 집단social majority/dominant group에 의해 만들어지는 것이기 때문이다. 이 메커니즘을 매우 빼어난 문장 솜씨로 표현한 글을 인용해보자. 1966년에 스즈키 미치히코가 고마쓰가와 사건의 범인 이진우에 관해 쓴 '악의 선택'이라는 문장 가운데 일부이다.

> 소년이 "나는 조선인이다"라고 절망적인 한마디를 내뱉었을 때, 이 '조선인'이란 말은 정확히 무엇을 의미하는 것일까? 말이란 그 자체로 역사와 가치를 지니는 것으로 멸시의 의미를 지닌 '조선인'이라는 단어는 그저 인종적 사실을 나타내는 의미로 이해되는 것을 단호히 거부한다. 우리는 '나는 일본인이다'와 같은 사실 확인적 의미로 '나는 조선인이다'라는 말을 일본어로 말할 수 없다. 일본어밖에 말할 수 없는 소년은 일본인에 의해 일본어 속에서 만들어진 이 '조선인'이라고 하는 말이 의미하는 바를 어쩔 수 없이 내면화할 수밖에 없다.鈴木(道) 2007: 82에 재수록

프랑스 문학자이면서 마르셀 프루스트 연구로 유명한 스즈키가 어째서 이진우에 관해 논하고 있는 것일까? 이 수수께끼의 해답은 그가 이진우를 '일본의 주네'로 불렀다는 사실로부터 유추할 수 있다. 장 주네—도둑이자 시인이며 동성애자—는 사르트르에게 《성 주네》サルトル 1966라는 대작을 쓰게 한 일탈자다. 소년 시절 주네는 어느 날 조그마한 절도가 발각되어 도둑이라는 딱지를 얻게 된 뒤 이렇게 결심한다.

"모두가 나를 도둑이라고 부른다. 그러니 나는 도둑이 될 것이다."

운명을 선택으로 변화시킬 자유야말로 사르트르를 매혹시킨 '실존적 자유'의 행사였으며 스즈키는 이진우 속에서 같은 것, 즉 운명을 선택으로 바꾼 '악의 선택'을 본 것이다.

여성은 여성으로 태어나는 것이 아니다. 여성이 되는 것이다. 시몬 드 보부아르는 이렇게 적었다. 그렇다면 여성은 어떤 식으로 여성이 되는 것일까? 그것은 여성이라는 '범주'를 받아들이는 것에 의해서, '나는 여성이다'라고 자인하는 것에 의해서다.

그러나 이진우의 '조선인'이 그랬던 것처럼 '여성'이라는 범주도 모멸로 뒤덮여 있다.

사람은 누구나 이미 그곳에 존재하는 언어 세계 속에 뒤늦게 태어난다. 언어는 자신의 것이 아니며 타자에게 속해 있다. '여성'이라는 범주는 나 이전에 존재하며 '너는 여자다'라고 타자에 의해 지명되고, '그래, 나는 여자야'라고 스스로가 스스로를 정의했을 때 여성은 태어난다. 알튀세르가 말하듯, '여자'라는 호명interpellation에 답했을 때 '여자'라는 주체가 태어나는 것이다.

우치다 다쓰루가 《유대 문화론》內田 2006에서 유대인이란 그 범주에 '뒤늦게 등장한' 사람들이라고 표현한 것과 같이 '여성'도 (그리고 '조선인'도) 그 범주에 '뒤늦게 등장'한다는 점에서 다르지 않다. 그 범주를 받아들일 때에는 그 범주가 역사적으로 짊어진 모든 하중을 동시에 떠안지 않으면 안 된다.

그것 이외에 '자유'로운 선택은 없다. 스즈키는 이 역설을 이진우를 예로 들어 훌륭하게 풀어낸 것이다. 같은 이야기를 여성에 대입하여 풀어보면 다음과 같다.

사람은 '여성'이 될 때 '여성'이라는 범주가 짊어진 역사적 여성 혐오의 모든 것을 일단 받아들인다. 범주가 부여하는 지정석에 안주하면 '여성'은 탄생한다. 그러나 페미니스트란 그 '지정석'에 위화감을 느끼는 자, 여성 혐오에 적응하지 않은 자들을 가리킨다. 때문에 여성 혐오로부터 출발하지 않는 페미니스트는 없다. 페미니스트가 된다는 것은 이 여성 혐오와의 갈등을 의미한다. 여성 혐오를 느끼지 않는 여성(그런 여성이 있다면)에게는 페미니스트가 될 필요도 이유도 없다. 때때로 "나는 내가 여자라고 하는 사실에 얽매여본 적이 한 번도 없다"고 큰소리치는 여자들이 있는데 그 말은 '나는 여성 혐오와의 대결을 줄곧 피해왔다'는 의미로 해석하는 것이 적절할 것이다.

'여성'이라는 강제된 범주를 선택으로 바꾸는 것 — 그 안에 해방의 열쇠가 있을 지도 모른다.

제9장

어머니와 딸의
여성 혐오

반면교사 어머니

  딸은 어머니로부터 여성 혐오를 배운다. 어머니는 딸의 '여자 같은 부분'을 증오함으로써 딸에게 자기혐오를 심어주고 딸은 어머니의 불만과 공허를 목격함으로써 어머니에 대한 경멸을 배운다. 어머니에게 초경을 알렸을 때 마치 더러운 것을 보기라도 한 듯 정색하며 '너도 결국 여자가 되는구나'라는 말을 듣고 충격을 받은 딸들이 적지 않을 것이며, '아빠나 남동생이 절대로 눈치채지 못하게 처리해야 한다'는 충고를 듣고 자신의 신체 변화를 기쁨이 아닌, 타인에게 결코 알려서는 안 되는 수치로 이해한 딸들도 많을 것이다. 한편 딸은 자기 인생에서 최초의 절대적 권력자로 등장하는 어머니가 그보다 더 강력한 권력 아래에 들러붙어 농락당하는 것 역시 목격한다.

  어머니의 불만족감은 스스로의 힘으로는 상황을 변화시킬 수 없다는 무력함과 연결되어 있다. 어머니는 자신의 인생을 저주하고 있음에도 비슷한 삶을 딸에게 강제함으로써 딸의 증오를 산다. 딸은 어머니를 '절대 되고 싶지 않은 모델', 즉 반면교사로 삼지만 어머니의 속박으로부터 벗어나기 위해 타인(남성)의 힘을 빌려야만 한다는 사실을 직감하고 무력감에 휩싸인다. 그리고 그 타인이 어머니에게 부조리한 지배를 휘두르고 있는 아버지와 꼭 같은 남자일 수도 있다는 예감에 두려움을 느낀다. 출구가 보이지 않는 쳇바퀴다.

어머니가 치르는 대가

세상은 어머니가 된 여자에게 '축하한다'는 메시지를 건네고 어머니가 되지 않은 여자에게는 '성숙한 여성' 취급을 해주지 않으며, 그럼에도 어머니가 된 여자가 떠안게 되는 부담에 관해서는 조금도 이해하려고 하지 않는다. 여자는 어머니가 되어 기쁨을 얻게 될지 모르나 그것과 맞바꾸어 치러야 할 대가의 크기를 깨닫게 되는 것은 출산 이후의 일이다.

물론 지금까지 적은 내용은 모두 '근대 가족[1] 이야기'라는 조건을 달아야 할 것이다. 아이를 낳아놓기만 하면 누군가가 길러주리라 기대할 수 있었던 전근대 지배 계급 여성이나 굳이 돌보지 않아도 아이가 알아서 자라주는 하층민 여성은 위와 같은 내용을 걱정할

---

1 '근대 가족'이란 역사인구학이 만들어낸 역사적 기술記述 개념으로 ①부부 중심성 ②아이 중심성 ③비친족 배제 등을 특징으로 가지고 있다. 젠더론의 시각에서 보면 이에 더해 ④공사 영역 분리 ⑤영역별 성별 역할 분담을 수반한다. 유럽에서는 18~19세기에 걸쳐 성립되었는데 일본에서는 20세기 초반에 도시부에서 성립하여 전후 고도성장기 때 순식간에 대중화되었다.

필요가 없을 것이다. 게다가 인생의 경로가 거의 불변적이어서 딸 역시 어머니와 같은 인생을 보내게 되는 사회에서는 어머니와 딸이 서로 경쟁하거나 고민할 필요도 없을 것이다. 전근대 여성에게 '고생'은 있어도 '고민'은 없었다고 해도 좋을 것이다.

어머니는 자신이 지불한 대가를 아이가 대신 갚아주기를 소망한다. 아들의 경우 이야기는 간단하다. 출세하여 아버지의 횡포로부터 어머니를 구출하고 어머니에게 충성과 효도를 다할 것. '엄마 말 잘 듣는' 아들이 집안을 물려받게 한 다음 가부장의 어머니, 즉 황태후 지위에 오르는 것이 가부장제 속 어머니의 최종 목표이자 보수가 된다.

딸의 경우는? 시집을 가서 '다른 집 사람'이 될 딸에게 하는 투자는 길바닥에 내버리는 것과 마찬가지다. 딸에게 한 투자는 회수를 기대할 수 없다는 것이 이전 시대까지의 상식이었다. 그러나 요즘 시대의 딸은 어머니의 '평생 소유물'이다. 딸이 시집을 갔다고 해서 친정 부모의 수발 의무가 없어지는 것도 아니고 친정 부모 역시 기왕이면 딸이 수발을 들어주길 바란다. 지난 10년 동안 '노후에 누가 나를 보살펴주었으면 좋겠는가'라는 질문에 며느리보다 딸을 꼽는 사람의 비율이 늘어났으니 딸이 떠맡아야 할 돌봄 역할의 하중은 며느리 못지않게 무거워지고 있다.

현실적으로는 딸에게 기대면서도 겉으로는 그것을 부정하는 골치 아픈 상황도 일어난다. 장남인 남동생 대신 어머니를 모시던 딸에게 "평생 딸 신세만 지는 나도 참 딱하다"고 넋두리를 늘어놓는 어머니가 그렇다. 감사의 말 한마디 없이 "내 팔자도 참…" 하며 신세타령하는 어머니를 돌보는 딸의 비애는 헤아리기 힘들 정도다.

어머니가 딸에게 대리 만족을 요구하기 시작한 것은 여성에게 인생의 선택지가 늘어난 극히 최근의 일이다. 여성의 인생에서 '여자로 태어났으니 어쩔 수 없다'는 변명이 사라지고 여자도 '노력만 하면 이룰 수 있다'는 선택지가 생긴 것이다. 90년대 이후 약 20년 동안 여학생의 4년제 대학 진학률은 급상승하여 전문대학 진학률을 제쳤다. 그것도 의학부나 법학부 같은 실용 학문 전공자가 늘어났다. 의사 국가고시의 경우 합격자의 약 30퍼센트가 여성, 사법고시 합격자도 약 30퍼센트가 여성이다. 나는 이러한 사회적 현상 너머로 2대에 걸친 어머니의 집념을 본다. 딸의 고등교육은 어머니의 지원 없이는 달성할 수 없다. "여자가 무슨 학교냐", "전문대면 충분해" 이렇게 말하는 아버지 뒤편에서 "아버지는 저렇게 말씀하셔도 학비는 엄마가 마련해줄테니까"라며 응원해주는 어머니가 있기 때문에 딸은 대학에 진학할 수 있는 것이다. 그러나 "여자도 직장을 가져야 한다"는 자격 지향은 어머니 세대가 가지고 있는 현실 인식과 동시에 그에 대한 절망이 드러나는 바람이라고 할 수 있다. 딸들이 공학부나 경제학부 같은 전공에 진학하는 경우는 매우 드물다. 조직에 들어가지 않으면 일을 얻을 수 없는 이들 분야에는 여성이 들어갈 자리가 없다는 사실을 이미 (결혼 전 취업 경험을 통해) 잘 알고 있는 어머니들은 딸에게 자격증만 있으면 '개인 플레이'로도 해나갈 수 있는 일자리를 권한다.

저출산이 진행되면서 딸은 '여자 얼굴을 한 아들'이 되었다. 형제가 많아야 하나나 둘밖에 안 되는 상황에서는 외동딸, 혹은 형제가 있어도 자매들만 있는 가정이 적지 않다. 그런 가족에서는 성차별적 교육 방침이 거의 존재하지 않는다. 실제로 아들과 같은 수준의 기대를 받으며 아들과 같은 수준의 교육 투자를 받은 딸들이 많다. 재수생 중 여학생의 비율이 올라간 것도 이 영향에 따른 것이다.

그러나 딸은 아들과 같지 않다. 딸도 아들처럼 어머니의 기대에 답하지 않으면 안 되지만 동시에 딸로서의 기대에도 답하지 않으면 안 된다. 여성의 선택지가 늘어난 시대란 '딸로서' 그리고 '아들로서'의 기대에 모두 답해야 하는 시대, 딸이 짊어져야 할 짐의 무게가 늘어난 시대를 뜻한다. 딸과 아들을 모두 가지고 있는 어머니의 경우, 어머니는 아들에게 더 많은 애정과 투자를 붓는다. 이 경우 딸에게 부여되는 역할은 더 복잡해진다. 딸은 어머니의 기대에 답해 우등생이 되어야 하지만 어머니가 딸보다 아끼고 사랑하는 아들의 지위를 위협하지는 않을 정도로, 즉 자신의 성적이 오빠나 남동생을 웃돌지 않도록 배려해야 하는 것이다. '여자로서 남자 아이들에게 필적할만한 성적을 올리되 결코 오빠를 압도해서는 안 된다' — 오구라 지카코의 《나이트메어》小倉 2007: 50는 이러한 딸의 고통을 그린 책이다.

어머니는 딸의 행복을 기뻐하는가

여성에게는 두 가지 가치가 있다. 스스로 획득한 가치와 타인(즉 남성)에 의해 부여된 가치. 여자들 세계에서는 전자보다 후자의 가치가 더 높은 듯하다. 이를 시사하는 것이 《루저들의 울부짖음》酒井 2003를 쓴 사카이 준코다. 전자의 가치를 여성에게 기대하지 않았던 시대는 지금보다 좀 더 편한 시대였는지도 모른다. 현재의 딸들은 전자와 후자의 가치 모두를 만족시키지 않으면 안 되기 때문이다. 어머니들 역시 딸에게 두 가치를 모두 기대하게 되었다. 갓 결혼한 커리어 우먼 딸에게 "애 낳으면 내가 돌봐줄 테니까 걱정 마라"며 미리부터 '자세를 잡는' 어머니들도 있다.

딸은 이러한 어머니를 감사하게 생각할까?

이런 어머니는 딸에게 '너를 평생 손에 쥐고 놓지 않을 테다'라며 눈을 부릅뜨고 선언하는 것과 같다. 너의 인생은 나의 것이다, 내 꿈의 시나리오대로 사는 것이 나의 분신인 너의 역할이자 운명이다, 라면서 말이다. 노부타 사요코는 《애정이라는 이름의 지배》信田 1998라는 책을 썼는데 제목이 의미하는 바 그대로의 책이다. 딸이 어머니의 기대를 억압으로 받아들이는 것도 무리가 아닌데, 어머니는 그걸 '애정'이니 '자기 희생'이니 하고 밀어붙이니 악질도 이런 악질이 없다.

오랫동안 '스테이지 마마'[2]의 지배를 받으며 지내온 나카야마 지나쓰는 어머니와 정면으로 대립했을 때의 이야기를 에세이에 이렇

---

2 아이를 연예인으로 키우기 위해 아이의 매니저 역할을 자처하며 이곳저곳에 치맛바람을 일으키는 엄마를 냉소적으로 표현한 말.—옮긴이

게 적고 있다. "'다 너를 위해서야'를 반복하는 어머니에게 모든 힘을 짜내 대항했다. 마지막의 마지막까지 가서야 어머니 입에서 '그래, 사실은 나 자신을 위해서였어'라는 대답을 받아냈다." 어머니와 딸의 관계를 넘어 하나의 인격체 대 인격체의 관계로 끌어올린 그녀의 태도에 나는 경의를 표한다. 나는 그 기회를 줄곧 회피해왔으며 정신이 들었을 때 이미 어머니는 나이가 들어 약자가 되어 있었다. 약자가 된 어머니를 몰아붙이는 건 불가능했고 나는 그 기회를 영원히 잃어버렸다.

그런데 어머니는 딸의 행복을 기뻐할까? 어머니는 딸에게 기대를 걸고 있으면서도 정작 자신이 달성하지 못한 일을 딸이 이루었을 때는 기쁨과 함께 복잡한 감정을 느끼게 된다. 성공한 아들과 어머니 사이에는 갈등의 요소가 없으나—성별이란 이러한 때에도 편리한 완충재가 된다—딸의 경우에는 목표를 달성하지 못했던 어머니 자신에 대한 변명이 불가능해진다. 물론 '나 때는 없었던 응원군이 딸에게는 있었다. 바로 나라는 응원군이.' 이렇게 변명할 수는 있다. 그러나 어쨌든 무언가를 달성한 것은 딸이지 어머니가 아니다.

어머니의 야심은 딸이 '스스로 획득한 가치'를 달성하는 것만으로는 만족되지 않는다. '타인(남성)에 의해 부여된 가치'도 얻지 않으면 어머니의 기획은 완성되지 않는다. 어머니는 이미 '어머니'가 된 상태이므로 남성에게 선택되는 가치—설사 그것이 불만족스러운 것일지라도—는 이미 손에 넣은 상태이다. 그래서 어머니는 이러한 가치를 얻지 못한 딸을 평생 동안 반편이 취급하는 것이 가능하다. 딸의 능력이 아무리 뛰어나다 할지라도 말이다. 그런 어머니의 태도는 역설적으로 딸이 아직 자신의 영토 안에 머물고 있음을 재확인하기 위한 것이 되기도 한다. 어머니가 되지 않은 딸, 다른 말로 하면 어머니가 되어 자신과 같은 고통을 짊어지지 않는 딸을 어머니는 결코 한 사람의 어른으로서 인정하지 않는다.

한편 딸이 어머니도 인정할 만큼 훌륭한 신랑감을 골라 결혼한다면 어떠할까? 신부의 어머니가 사위에 반해버리는 상황, 또는 자신이 반해버릴 만한 남자를 사윗감으로 삼고자 하는 어머니는 얼마든지 있으나 그러한 경우에도 그 남자와 결혼하는 것은 딸이지 어머니가 아니다. 딸이 행복하면 행복할수록 어머니는 복잡한 기분을 맛보게 될 것이다. 게다가 딸을 다른 남자에게 빼앗겨버렸다는 상실감도 찾아온다. 이혼해 친정으로 돌아온 딸을 어머니가 은근히 환영할 것이라는 사실을 나는 믿어 의심치 않는다.

어머니의 질투

어머니는 딸을 질투한다. 때문에 딸이 행복해지려 할 때마다 어머니는 그것을 방해한다—이 단순한 명제를 가지고 모녀 관계에 대한 책을 몇 권이나 펴낸 심리학자가 있다. 바로 이와쓰키 겐지^{岩月} 2003다.

물론 모녀 관계는 그렇게 단순한 것이 아니다.

여성학이 등장한 이래 모녀 관계는 줄곧 커다란 주제 가운데 하나였다. 사실 애초의 원인을 따져보면 프로이트 이후의 심리학이 아버지와 아들의 관계에 대해서만 논해왔지 어머니와 딸에 관해서는 등한시해왔기 때문이지만. 그런 탓에 헬레네 도이치나 멜라니 클라인 등 프로이트 학파 여성 심리학자들은 프로이트가 남겨놓은 모녀 관계에 관한 이론을 정립하기 위해 고심에 고심을 거듭했다.

프로이트 이론을 통해 모녀 관계를 풀어낸 탁월한 저작으로 다케무라 가즈코의 《사랑에 관하여— 아이덴티티와 욕망의 정치학》竹村 2002을 들 수 있다. 갓난아기는 성별을 불문하고 어머니와 밀착된 의존관계를 가진다. 거기에 거세 공포라는 쐐기를 박는 것은 아버지의 역할이다. 그러나 원래부터 페니스가 없는 여아를 거세하는 것은 불가능하다. 아니, 태어날 때부터 페니스를 어머니의 자궁에 두고 온 여아는 출생과 동시에 거세당하는 것과 마찬가지다. 여아는 남아와 마찬가지로 어머니를 제1차적인 애착 대상으로 삼지만 아버지와 동일화하여 어머니(와 같은 여성)를 욕망의 대상으로 삼는 것은 불가능하다. 여아는 어머니를 사랑해서는 안 되며 어머니와 같은 성별(즉 자기 자신의 성별)에 속하는 대상을 사랑해서도 안 된다. 이렇게 사랑의 대상 상실은 남아보다 여아에게 더 근원적이며 여아는 상실을 잊어버리기 위해 상실의 대상을 체내화體內化한다. 그것이 멜랑콜리, 즉 우울 상태이다. '멜랑콜리는 사랑하는 대상을 잊기 위한 조작'이기 때문에 '어머니와의 사랑을 금지당해 그것을 망각해야 하는' 딸에게 어머니처럼 되는 것, 즉 여성성이란 그것 자체가 멜랑콜릭한(우울한) 것이다.竹村 2002: 174-6 그러고 보니 여성스러움의 아이템인 얌전함과 조신함 같은 덕목은 얼마나 멜랑콜리와 닮았는가! 다시 말해 자신의 욕망을 자각하는 것, 달성하는 것이 아예 처음부터 저지당한 존재가 여자라는 존재인 것이다. 그렇다면 여자가 된다는 것은 그 얼마나 수지 안 맞는 장사인가!

모녀의 화해

최근 모녀 관계에 대해 쓴 책들이 잇달아 출판되었다. 노부타 사요코의 《어머니의 존재가 너무 무겁다—어느 묘지기 딸의 한탄》信田 2008, 사이토 다마키의 《어머니는 딸의 인생을 지배한다—어째서 '어머니 죽이기'는 어려운가》斎藤（環） 2008, 압권은 사노 요코의 《시즈코상》佐野（洋） 2008이다. 이 장은 이 책들에 자극받은 면이 크다.

라캉 학파의 계승자인 사이토의 모녀 관계론은 프로이트 이론에 익숙한 이라면 이해하기 쉬운 내용이다. 그러나 어머니와 딸의 얽히고설킨 관계를 남성에게 해부당하는 건 어쩐지 석연치 않은 기분이 든다. 이 모녀 관계론은 이해하기 쉬운 만큼 위화감도 크다. 모녀 관계에 비해 부자 관계는 단순하다. 아들은 아버지를 죽이고 그 위치를 차지하기만 하면 되기 때문이다. 아들은 억압자로서의 아버지를 단순히 증오하기만 하면 된다. 그러나 딸의 경우는 그렇지 않다. 사이토는 아들의 경우 부모 자식 관계를 잘라낼 계기가 풍부한 반면 딸은 그렇지 않다고 말한다.

'어머니 혐오로 이어지는 '여성 혐오'를 근대 이후의 산물로 보는 입장도 있는 듯한데[3] 나는 그렇게 생각하지 않습니다. 적어도 프로이트에 따르면 여아의 어머니 혐오는 보다 근원적인 것이기 때문입니다.' 斎藤(環) 2008: 117

사이토의 설명대로 욕망 충족의 절대적 대상인 어머니로부터 분리됨으로써 생겨나는 증오가 어머니 혐오를 불러일으키는 원인이 된다고 한다면 그것은 성별을 불문할 것이다. 그러나 낸시 초도로우가 반론하듯, 이 설명은 어머니가 제1차적인 육아 담당자였다는 역사적 사실을 근거로 하고 있다. 또한 '페니스가 없다는 것'이 '무력함'과 동일한 의미라는 것도 근대 가족의 고유한 상황일 것이다.[4] 최근에는 프로이트 이론을 인류의 보편적 심리학설로 보기보다는 19세기말 빈의 가부장적 가족 시스템에서 성립한 '근대 가족'에 고유한 성별 분화 이론으로 역사화하는 해석이 유력하다. 사이토가 말하는 것처럼 '프로이트의 가설은 젠더가 분화해가는 메커니즘에 관한 명석하고 구조적인 해석이라는 점에서 무시할 수 없는 가치가 있다'는 점은 사실이지만 거기에는 '근대 가족에 있어서의'라는 역사적 조건을 붙일 필요가 있을 것이다.

부제의 '어째서 '어머니 죽이기'는 어려운가'도 일견 시대를 불문

3 여기서 말하는 '입장'이란, 에토 준江藤 1967,1988과 그에 동의하는 우에노 지즈코上野 1994의 입장을 가리키는 것으로 보인다.

4 인류학자 말리노프스키는 모계 사회인 트로브리안드 군도를 조사하다가 그들 사회에 '오이디푸스 콤플렉스'가 존재하지 않는다는 사실을 발견하고 혼란스러워했다. 또한 모자가정이나 데릴사위를 들인 가족에서 자란 아들들에게 아버지에 대한 동일화 기제가 작용하기 힘들다는 사실도 널리 알려져 있다.

하는 질문처럼 보이지만 오늘날의 고유한 현상이다. 이전에는 사회적으로 결혼이 부모 자식 관계를 절단하는 계기를 제공했기 때문이다. 아무리 울고 매달려도 친정 부모는 이미 '다른 집 사람'이 된 딸에게 이래라저래라 간섭할 수 없었고 딸도 '시댁에 뼈를 묻어야' 했다. 신랑과 신부가 서로 세 잔씩 모두 아홉 잔의 술을 주고받는 일본의 전통 혼례식에서 최초의 두 잔은 시댁 부모와 새로이 부모 자식 관계를 맺음을 의미하는 것이고 부부됨을 약속하는 잔은 그다음에 오간다. 여성에게 혼인 의례란 친족 관계를 불가역적으로 다시 계약하는 의식이었던 것이다. 평생에 걸쳐 어머니가 딸의 인생을 지배할 수 있게 된 것은 극히 최근의 일에 지나지 않는다.

일견 시대착오적으로 들리는 노부타 사요코의 책 부제 '어느 묘지기 딸'도 역설적으로 극히 현대적인 현상을 가리킨다. 시집간 딸이 며느리로서 모셔야 하는 것은 시댁의 묘이지 친정의 묘가 아니다. 부모는 딸에게 묘지기를 기대할 수 없는 구조가 가부장제다. 결혼하지 않은 딸은 물론 시집을 가도 친정과 연을 끊을 수 없는 딸 같은 존재가 등장하지 않았다면 '어느 묘지기 딸의 한탄' 같은 제목의 책은 태어나지 않았을 것이다. 그 역사적인 변화에 노부타 자신도 '이런 제목의 책이 출판되다니, 내가 20대 초반이었던 40년 전에는 상상도 하지 못한 일이다'(信田 2008: 86)라며 놀라고 있다.

이 말(묘지기 딸)이 사실적인 공감을 일으키기 위해서는 몇 가지 사회적 조건이 필요하다. 어머니의 수명이 늘어날 것, 고학력화로 딸의 결혼 연령이 높아질 것, 어머니에게 어느 정도 경제적 여유가 있을 것, 딸이 일을 가지고 있을 것, 비정규직 노동자의 숫자가 증가하여 경제적으로 불안정해질 것, 저출산이 진행되어 외동딸이 늘어날 것 등이다.信田 2008: 86

따라서 오늘날의 모녀 관계를 논하는 것은 역사를 불문하고 어느 시대에나 존재하는 모녀 관계를 논하는 것과 같지 않다. 또한 20년 전이나 40년 전의 모녀 관계를 논하는 것과도 다르다. 노부타의 말을 빌리면, 이상의 역사적 조건의 변화로 인해 현대에는 어머니의 의존 대상이 아들에서 딸로 변화하게 되었다. 이것은 딸의 지위가 향상되었다는 증거일까?

"어머니는 진심으로 나를 질투했다." 평생 동안 어머니를 미워한 맏딸, 사노 요코의 말이다. 사노는 그 세대에서는 드물게 대학 교육을 받고 사회에도 진출해 활약했던 여성이다. 다른 어머니들과 마찬가지로 그녀의 어머니도 잘난 딸보다는 허약한 아들을 더 애지중지했다. 그런 오빠가 11살이 되던 해, 돌연 병으로 숨을 거두고 말았다. 그림 솜씨가 뛰어났던 오빠를 대신해 회화 세트를 물려받은 여동생은 부모의 기대를 등에 업고 미대에 진학했고 머지않아 성공한 화가가 된다. 그러나 어머니는 딸의 성공한 모습을 보며 불편한 심기를 감추지 않았다.

"엄마가 고생해서 나를 대학까지 보내준 거 아니었어? 이렇게 엄마가 원하는 일도 하고 있잖아. 근데 왜 그렇게 어두운 표정을 짓는

거야?"佐野(洋) 2008: 62

오빠가 죽었을 때 엄마는 오빠 대신 내가 죽었으면 하고 바랐던 것이 아닐까 하는 의심을 버릴 수 없었던 사노는 끝내 어머니를 좋아할 수 없었고, 어머니를 증오하는 스스로를 줄곧 책망해왔다.

아버지를 미워하는 아들이 스스로를 탓하지는 않을 것이다. 이것이 부자 관계와 모녀 관계의 결정적인 차이가 아닐까. 어머니를 미워하는 것은 용서되지 않는다. 어떤 경우에도. 어머니를 미워하는 것만으로도 딸은 자신의 비인간적인 심성을 부끄러워해야 한다. 어머니는 억압자인 동시에 희생자이기 때문이다. 사노의 책에는 어머니에 대한 증오 이상으로 자신에 대한 책망의 목소리가 들어 있다.

'돈을 주고 어머니를 버린' 노인 시설에서 어머니는 치매 증상을 보이기 시작했다. 그렇게도 기가 세고 괄괄하며 딸을 칭찬한 적이 한 번도 없던 어머니가, '미안하다, 고맙다'는 말 한마디 한 적 없는 어머니가 치매에 걸려 '부처님'이 되어버렸다. 어렸을 적 어머니가 잡은 손을 뿌리친 이래 두 번 다시 잡지 않으리라 맹세했던 손을 사노는 어른이 되고 처음으로 잡았다. 닿고 싶지 않았던 어머니의 살에 몸을 갖다 대며 어머니와 한 이불 속에서 같이 잠을 잤다. 그 어느 것도 어머니의 정신이 멀쩡했을 때는 할 수 없었던 일들이다.

'나는 멀쩡한 상태의 어머니를 단 한 번도 좋아한 적이 없었다'고 그녀는 말한다. 어머니가 어머니이지 않게 되고 나서 그녀는 비로소 어머니와 화해할 수 있었다. 치매에 걸린 어머니의 입에서 '미안하다, 고맙다'는 말이 나왔을 때 '50년 동안 나를 괴롭혔던 자책감으로부터 해방되었다', '지금까지 죽지 않고 살아 있길 잘했다'며 사노는 눈물을 쏟는다. 그녀는 '나는 용서받았다'는 표현은 사용하지만 '나는 어머니를 용서했다'라고는 적지 않는다. 그 정도로 그녀의 자책감은 크기가 컸던 것이리라. 살아 있는 동안에 용서받을 수 있어서 참 다행이다. 이렇게 안심해야 할까? 그렇지 않다. 인생에 '타이밍'이란 존재하지 않는다. 어머니가 '어머니됨'으로부터 내려왔을 때 딸은 비로소 '딸됨'으로부터 해방되는 것이다.

나는 어머니가 죽을 때까지 어머니와 화해하지 못했다. 내가 어머니를 용서하고 어머니에게 용서받기 전에 어머니는 숨을 거두었다. 뒤늦게 후회할 수밖에 없는 것일까? 그러나 죽은 자 또한 성장한다. 딸에게 어머니란 자기 내면의 어머니를 말한다. 그런 어머니와 대화를 반복하는 동안 내 안의 어머니는 천천히 변화해왔다.

어머니의 기대에 답하든지 아니면 그 기대를 저버리든지, 어느 쪽이든 딸은 어머니가 살아 있는 한 어머니의 속박으로부터 도망칠 수 없다. 어머니에게 복종하든 거역하든 어머니는 딸의 인생을 줄곧 지배한다. 어머니는 사후에도 딸의 인생을 지배하려 하고 어머니에 대한 원망은 자책감과 자기혐오로 나타난다. 딸은 어머니를 좋아하지 못하는 자기 자신 역시 좋아하지 못한다. 어머니는 딸의 분신이며 딸은 어머니의 분신이기 때문이다. 딸에게 여성 혐오란 언제나 어머니를 포함한 자신에 대한 자기혐오가 된다. 때문에 처방전은 노부타가 말하는 것처럼 어머니와 딸이 서로 마주보고 '나는 당신과 다르다'고 통고하는 것에서부터 시작하지 않으면 안 된다.

제10장

'아버지의 딸'과
여성 혐오

가부장제 대리인으로서의 어머니

딸에게 여성 혐오를 가르치는 것은 어머니라고 앞 장에서 말했다.

그러나 그 전에 어머니에게 여성 혐오를 심는 것은 그녀의 남편인 아버지다. 어머니는 여성 혐오적 아버지의 대리인으로서 행동한다. 딸은 아버지에게서 시작된 여성 혐오를 가부장제의 대리인인 어머니를 통해 내면화한다. 반복해서 말하지만, 여성 혐오란 남성에게 있어서는 여성 멸시, 여성에게 있어서는 자기혐오의 대명사이다.

신체적 학대, 경제적 학대와 더불어 정신적 학대가 가정 폭력에 포함된 것은 2004년 가정 폭력 방지법 개정 이후의 일이다. 직접적으로 차거나 때리는 등의 폭력적 행위를 하지 않아도 일상적으로 '넌 바보다', '아무것도 할 줄 아는 게 없다', '별 볼 일 없는 것' 같은 모욕적 언어를 퍼붓는 것 자체를 '학대'라고 부른다. 학대를 받은 이는 스스로를 비하하고 무력감에 휩싸이며 자신감과 의욕을 빼앗겨 버린다. 가정 폭력 정의의 확장은 많은 여자에게 몰랐던 사실을 깨닫게 해주었을 것이다. 그랬구나! 나는 결혼하고 지금까지 줄곧 학대를 받아온 것이었구나!

그런 '바보'에다 '별 볼 일 없는' 여자와 왜 결혼했는지 되묻고 싶지만, 남성 입장에서 보면 '바보'에다 '별 볼 일 없는' 여자이기 때문에 그녀를 결혼 상대로 고른 것일 테다. 평생 자기 옆에 두고 조롱하며 자신이 우위에 서 있음을 끊임없이 확인하려는 것이 목적일 테니까. 때문에 남자는 바보 취급할 수 있는 여자를 결코 놓아주지 않는다. 그런 여자를 한 명 확보해놓는 것이 자신의 아이덴티티를 확립하는 조건이 되기 때문이다. 아키하바라 사건 K군의 '인기남' 욕망 역시 그런 여자를 한 명 소유하고 싶다는 욕망이지 않았을까.

나보다 학력이 낮은 여자를 골라 "그러니까 너는 바보야"라고 말하는 것은 단순히 '자기 충족 예언self-fulfiling prophecy'[1]에 지나지 않는다. 부모의 교육 투자가 딸보다 아들에게 집중되는 가부장제 사회에서는 남편의 학력이 아내의 학력보다 평균적으로 우위에 있는데 이것은 물론 본인의 능력이라기보다는 단순한 젠더 효과에 지나지 않는다. 그러나 개별적인 부부 관계에서는 그것이 개인 간 권력 관계로 나타난다. 아내가 '바보 같은 여자'인 이유는 남편이 '바보 같은 여자'를 골랐기 때문이며 애초부터 '똑똑한 여자'(여기서는 단순히 자신과 학력이 같거나 그 이상인 여자를 가리키는 것으로 하자)를 고를 생각이 없었다는 사실을 남편 본인은 잊고 있다.

---

1 예언 그 자체가 사건의 결과에 영향을 미쳐 현실화하는 것에 기여하는 현상. 예를 들어 '은행이 부도날 것이다'라는 소문은 사람들을 은행으로 몰려들게 만들며, 많은 사람이 예금을 인출해간 은행은 결국 예언대로 부도가 나게 된다.—옮긴이

딸은 이런 아버지와 어머니의 관계를 목격하며 자라며, 자기의 미래 역시 어머니와 같은 모습이 될 것이라는 사실에 절망감을 느낀다. 그러나 딸은 어머니에게 없는 특권을 가지고 있다. 첫째, '엄마처럼은 절대로 되지 않을 테다'라며 어머니를 반면교사로 삼음으로써 어머니와 같은 존재가 되는 것을 거부할 가능성이 열려 있는 것이며, 둘째, 아버지와 어머니의 권력 관계 속에 비집고 들어가 아버지를 유혹함으로써 어머니보다 우위에 설 가능성이 있다는 것이다. 아버지라는 강자의 총애를 놓고 벌이는 어머니와의 라이벌 관계에서 승리함으로써 딸은 어머니를 더욱 높은 곳에서 내려다볼 수 있게 된다. '엄마처럼 얼간이 짓은 결코 하지 않아. 아빠 마음을 사로잡는 건 내가 더 잘할 수 있어'라면서 말이다. 교육을 받은 딸은 무학인 어머니를 대신해 '아버지의 지성과 그것을 이해받지 못하는 외로움은 엄마보다 내가 더 잘 이해해줄 수 있다'며 아버지와 동맹 관계를 맺고 어머니를 무시할 수도 있다. 또는 아버지와 좋은 관계를 유지하지 못하는 어머니 대신 '저렇게 자기밖에 모르는 아내를 가진 아버지가 너무 불쌍하다'며 아버지 편에 붙을 수도 있다.

'아버지의 딸'

이렇게 딸은 가부장제 아래에 '아버지의 딸'이 된다.

영문학을 연구하던 시기의 다지마 요코는 '아버지의 딸'에 관해 탁월한 에세이를 쓴 적이 있다.

비극 〈엘렉트라〉[2]는 엘렉트라가 '어머니의 딸'에서 '아버지의 딸'
이 되기 위한 통과의례의 경과 보고서다. 딸의 어머니 죽이기는 딸
이 부권제 사회에 수용되기 위해 아버지의 우위와 유리함을 인정
함으로써 모든 억압과 사회적 불이익(차별)을 묵인할 각오가 있는
지를 시험하는 시험대가 된다. 어머니의 언어를 선택하면 그것은
죽음을 의미하고 아버지의 언어를 선택하면 그곳에는 '거세'가 기
다리고 있다. 양자택일의 기로에 놓였던 엘렉트라는 후자를 선택
한다. (…) 거세당한다는 것은 어머니의 언어, 즉 어머니의 정의와
공평함을 요구하는 항의의 언어를 억압한다는 것을 의미한다. 그
것은 여성의 생명이 남성의 생명보다 더 가볍다는 것을 인정하고
성적 억압을 감수할 것을 뜻한다.田嶋 1986: 6

　　그리스 비극의 주인공 엘렉트라는 종종 오이디푸스의 여성판으
로 언급되곤 한다. 오이디푸스가 사실을 모른 채 아버지를 죽이고
어머니를 범한 것과 같이, 영웅 아가멤논의 딸 엘렉트라는 사촌 아
이기스토스와 짜고 남편을 모살한 뒤 아이기스토스와 재혼한 어머
니 클리타임네스트라를 아버지의 원수로서 죽인다. 엘렉트라는 '어

2 용맹한 장수 아가멤논의 딸 엘렉트라는 동생 오레스테스와 함께, 사촌과 내통하여
아버지를 모살한 어머니 클리타임네스트라를 남편을 죽인 죄목으로 살해한다. 프로
이트 이론에서 오이디푸스가 아들의 '아버지 죽이기와 어머니에 대한 애착'을 나타
내는 상징으로 채용되는 것에 반해, 엘렉트라는 딸의 '어머니 죽이기와 아버지에 대
한 애착'을 나타내는 상징적 기호로 사용된다.

머니의 욕망' 편에 선 것이 아니라 가부장제하에서 '아버지의 정의'를 실천하는 대행자가 된다. 그것은 '어머니의 욕망'이 '아버지의 정의' 아래에 종속되어야 함을 재확인하는 행위이다. 따라서 엘렉트라는 이미 준비된 '거세당한 딸'이었던 것이다.

프로이트 이론에서는 아들과 딸의 이야기가 비대칭적이다. 아들은 어머니에 대한 욕망을 품는 탓에 아버지에게 거세당하는 것에 반해 딸은 처음부터 거세당한 채로 등장한다. 다시 말해 딸이란 '미리 거세된 아들', 더 저속한 말로 표현하면 '고추를 엄마 자궁에 떼어 놓고 온 아이'이기 때문에 이미 거세된 존재를 두 번 거세하는 것은 불가능하며 또한 그럴 필요도 없다.

'유혹하는 이'로서의 딸

그러나 아버지와 딸 관계에는 지배와 종속만 있는 것이 아니다. 오히려 부녀 관계는 서로 다른 두 면이 공존하는 상태에 가깝다. 딸은 자식으로서 절대적 약자이며 또한 아들보다 더 약자이지만 아들이 아버지와 라이벌 관계에 놓이는 것과는 달리 아버지를 '유혹'할 수 있다. 더 정확하게 말하자면 아버지에 의해 '유혹하는 이'로 만들어질 수 있다. 아버지에게 딸은 자신의 분신, 가장 사랑하는 이성이면서 동시에 '금지된 신체'를 가진 존재이기 때문이다. 따라서 딸은 금기를 수반하는 유혹의 대상이 된다.

아버지에게 딸이란 자신에게 소속되어 있음에도 결코 손댈 수 없는 이성이다. 나는 젊었을 적에, 내 또래 남자 친구가 아직 젖먹이인 딸을 안아 올리며 "이 녀석의 처녀성을 빼앗는 놈은 가만두지 않을 테다" 하고 으름장을 놓던 현장을 목격했던 적이 있다. 딸에 대한 소유와 금지의 딜레마를 이렇게 훌륭하게 표현한 말도 없을 것이다.

가능하기만 하다면 평생 딸을 손에서 놓고 싶지 않다. 아무리 오랜 시간을 함께한다 해도 결코 완전히 이해할 수 없는 이형의 타자인 아내보다, 얼마간은 자신의 클론이면서 피그말리온적 애착의 대상[3]이기도 한 내 딸을 나의 최고의 연인으로 삼아 수중에 두고 싶다. 그럴 수만 있다면 그런 딸과 성적으로 연결됨으로써 어둠 속으로 끝없이 가라앉는 블랙홀에 빠져 최고의 행복감을 느끼며 영원히 갇혀 있고 싶다. 그렇게 딸에게 '생애 오직 한 남자'로 남고 싶다. 이런 소망은 가부장제 속 남성의 궁극적 꿈 가운데 하나가 아닐까.

글로 적을 때마다 소름이 돋는 이런 '꿈'이 그저 꿈으로 끝나지 않고 그러한 금기가 간단히 침범당하고 있다는 사실은 자식에 대한 부모의 성적 학대가 근절되지 않고 있다는 것만 보아도 알 수 있다. 일본 문학에는 이 '꿈'이 일종의 문화 이상이 되어 각종 텍스트

---

[3] 피그말리온은 그리스 신화에 등장하는 인물로, 스스로 만든 조각과 사랑에 빠지고 신에게 빌어 그 조각을 인간으로 변화시킨다. 이 이야기로부터 '피그말리온적'이란 말은 자신의 취향에 맞춰 꼭두각시 인형처럼 길러낸 존재와 사랑에 빠지는 것을 가리키게 되었다. 버나드 쇼의 희곡 〈피그말리온〉을 바탕으로 제작된 뮤지컬 〈마이 페어 레이디〉가 유명하다.

에 거리낌 없이 그려져 있다. 《겐지 모노가타리》[4]에 나오는 겐지와 다마카즈라의 관계나 무라사키노우에와의 관계도 그 일례다. 다마카즈라는 겐지의 양녀 신분이라 겐지가 손댈 수 없었지만 그녀가 시집가기 전까지 그녀를 바라보는 겐지의 눈빛에는 성적 함의가 적나라하게 드러나 있다. 무라사키노우에의 경우에는 그녀가 고아라는 사실이 겐지의 성적 접근을 정당화시키는 변명이 되었지만, 요즘 말로 하자면 성적 아동 학대라 해도 좋을 것이다. 롤리타 콤플렉스[5]라고도 하고 피그말리온 콤플렉스[6]라고도 하는 남성의 성적 기호는 딸에 대한 아버지의 심리를 그 원형으로 하고 있음에 틀림없다. 그러나 남성은 스스로 만들어낸 이 '매혹'을, 대상에 의한 '유혹'으로 사후적으로 재구축한다.

롤리타 콤플렉스라는 이름이 유래된 원전이기도 한 블라디미르 나보코프의 소설 《롤리타》ナボコフ 2006에서 12세의 롤리타는 교태를 부리며 남성을 유혹하는 '나쁜 여자애'로 묘사된다. '이 아이가 먼저 유혹했고 나는 단지 끝까지 저항하지 못했을 뿐이다'라는 변명이 남성에게 준비되어 있는 것이다. 테헤란의 한 영문학 여교사가

4 1001~1005년 사이 남편과 사별한 귀족 여성 무라사키 시키부가 쓴 것으로 추정되는 장편소설로 일본의 대표적인 고전 문학이다. 주인공 겐지의 일대기 형식을 취하고 있는 이 소설은 겐지의 여성 편력을 중심으로 등장인물의 미묘한 심리와 자연을 탁월하게 묘사하여 후대 일본 문학에 많은 영향을 미쳤다. —옮긴이
5 성적으로 성숙하기 전의 소녀에게 특별한 성적 애착을 느끼는 성향.
6 미숙하고 미완성인 여성을 자신의 취향에 맞춰 길들인 후 그에 대해 애착을 품는 성향.

비밀 독서 클럽을 만들어 여학생들과 함께《롤리타》를 읽으며 적어 내려간 비평서《테헤란에서 롤리타를 읽다》ナフィーシー 2006를 보면 이란의 젊은 여성 독자들은 나보코프의 남성 담론에 넘어가지 않는 다. 그녀들은《롤리타》를 '성추행 소설'이라고 정확하게 지적한다. 자신에게 성적 관심을 노골적으로 드러내는 남자에게 맡겨진 12세 소녀에게 다른 생존 전략이 있을 수 있었겠는가? 그녀는 강제된 환 경에 '슬기롭게' 대처했을 뿐이다. 남자는 그런 그녀를 나쁜 아이로 몰아세우며 '유혹하는 이'로 만들어간다.

이 '유혹'의 매력을 부여하는 능력은 오로지 남성에게만 있으며 소녀에게는 없다. 소녀는 유혹 자원을 스스로 통제할 수 없기 때문 이다. 그러나 딸은 '유혹하는 이'의 역할을 습득함으로써 아버지의 권력을 이용할 수 있다. 경우에 따라서는 '아버지의 딸'을 연기해 아 버지를 모멸하고 조소하고 권력 관계를 전복시키는 것조차 가능하 다. 무력하고 의존적인 입장에 있던 소녀가 마침내 자신을 길러준 남자의 코를 비틀어 잡고 이리저리 돌려대는 스토리는 일본의 피 그말리온 소설의 전형, 다니자키 준이치로의《치인痴人의 사랑》[7]谷崎 1925, 2006을 떠올리게 한다.

---

[7] 독신 회사원인 조지는 자신의 집에 머물며 가정부 일을 하는 무학의 나오미를 자 기 취향의 여자로 만들어가는데, 이야기 종반에는 두 사람의 권력 관계가 역전되어 조지가 나오미의 노예가 되는 과정이 희화적으로 그려져 있다.

일본의 '아버지의 딸'

　이러한 '아버지의 딸' 시점에서 일본 문학사를 되돌아보고 《일본의 파더 콤플렉스 문학사》田中(貴) 1998라는 책을 펴낸 이가 바로 일본 중세 문학 연구자 다나카 다카코이다. 그녀는 프로이트의 이론이나 젠더 이론을 일절 언급하지 않은 채 "'아버지의 딸'이라는 단어는 아버지의 가치관을 이어받은 딸을 가리키기 위해 직접 만든 내 나름의 용어'田中(貴) 1998: 20라고 정의한다. 그리고 그것을 '파더 콤플렉스 딸'이라 바꿔 부른 뒤 '파더 콤플렉스 딸은 아버지의 대리인으로서 행동한다는 특성을 가지고 있다'田中(貴) 1998: 20고 덧붙인다. 그러나 '딸은 아버지의 이루지 못한 소망을 계승하고 있더라도 여성이기 때문에 그 소망을 직접적으로 실현하는 것이 허락되어 있지 않다.'

　다나카는 사이고 다카모리의 딸에 관한 전승[8]을 예로 들며 '아버지의 딸'이 수행할 수 있는 최고의 역할 중 하나는 '뜻을 이루지 못하고 죽은 아버지의 영혼을 달래는 존재가 되는 것'田中(貴) 1998: 23이라고 말한다. 때문에 동서고금을 막론하고 딸은 엘렉트라를 연기하게 되는 것이다.

　다나카는 이러한 '아버지의 딸'이 아버지와 성적인 관계를 맺는

---

8 사이고 다카모리는 19세기 말 일본의 메이지 유신을 이끌었던 중심인물 중 하나로, 그에 관한 구전 민요의 가사에 '…꽃과 향을 들고 언니 언니 어디 가나요? 나는 사이고 다카모리의 딸. 메이지 10년 전쟁(1877년 세이난 전쟁) 때 돌아가신 아버지 무덤에 인사드리러 가지. 무덤 앞에 두 손을 모아 나무아미타불…'이라는 대목이 나온다.—옮긴이

예를 《도하즈가타리》[9]에서 찾아낸다. 주인공 니조는 고후카쿠사後深草 천황 사이에서 '아버지·연인·남편이라는 3중의 굴레'를 짊어진다. 다나카는 이것을 다음과 같이 표현한다.

'파더 콤플렉스적 관계에서 아버지는 종종 압도적인 강자로 딸 앞에 등장한다. 그러한 아버지의 구속은 일단 몸을 맡기기만 하면 대단히 달콤한 것이 되기도 한다. 때문에 딸은 오이디푸스처럼 저항하지 않고 (…) 주저하면서도 스스로 묶이는 것을 선택하는 경우가 많다.'田中(貴) 1998: 20

'아버지의 딸' 이야기를 딸의 입장에서 달콤하게 그려낸 것이 제138회 나오키 상을 수상한 사쿠라바 가즈키의 《내 남자》桜庭 2007이다. 너무나 충격적인 내용인 탓에 일부 심사위원들이 상의 수여를 주저했을 정도라고 하는 이 작품의 줄거리를 요약하면 다음과 같다. 한 20대 싱글 남성이 재해로 가족을 잃은 조카를 거두어 혼자 기르게 된다. 그런데 이 조카가 사실은 어떤 사정 때문에 신분을 숨길 수밖에 없는 친딸이었으며 사춘기에 접어든 친딸과 아버지는 성관계를 맺는다. 현대판 무라사키노우에 이야기라 할 수 있다. 이 이야기에는 롤리타 콤플렉스, 피그말리온 콤플렉스, 혈연 환상, 가족 신화가 모두 들어 있으며, 유빙流氷으로 유명한 오호츠크해 연안 시골 마을이라고 하는 토속적 설정 역시 작가의 의도를 분명하게 나

---

9 고후카쿠사 천황의 첩이었던 고후카쿠사인노니조(1258~?)가 쓴 자전 형식의 일기 및 기행문.─옮긴이

타내는 장치로 작용하고 있어 현기증이 날 정도다. '너무나 충격적'이라는 것은 (분명 남성이 대부분일) 심사위원들이 볼 때 '너무나 분명하고 알기 쉽게 표현되어 있어서 인정하지 않을 수 없는' 욕망을 정통으로 건드리고 있기 때문일 것이다. 저자의 이름인 '가즈키' 역시 남자 이름과 헷갈리는(남성으로 성전환한 여성 작가라는 뉘앙스를 풍기는) 필명으로 남성 동일화를 위장한 작전처럼 보인다.

《내 남자》에서 아버지와 딸은 성의 블랙홀에 빠진 채 그 중력권으로부터 나오는 것을 거부하며 이를 지키기 위해서라면 무슨 일이든 한다. 아버지는 일도 버리고 오직 딸만을 위해 사는 것을 선택하며 관계가 발각될 위기에 처하면 살인조차 서슴지 않는다. 그곳은 타자의 훼방을 용서치 않는 완벽함으로 가득한 세계인 것이다. 무엇보다 이 이야기는 소설의 제목이 시사하는 것처럼, 형식상으로는 다성polyphony 형식을 채택하고 있으나 실은 '아버지의 딸'의 시점에서 쓰여 있다. 제목이 '내 남자'로 '내 딸'이 아니라는 점이 시사적이다. 아버지들도 읽을 수 있는 '아버지의 딸' 이야기가 되기 위해서는 '딸이 원했다'라는 시나리오를 제공하는 것이 조건이 된다. '나는 나쁘지 않다. 왜냐하면 딸이 유혹했으니까'라고.

딸은 아버지의 중력권에서 결코 나오지 않는다. 그곳에서 나올 바에는 차라리 함께 죽는 것을 택한다. 아버지에게 이렇게 감미로운 이야기가 또 있을까. 그러나 그 안에는 딸이 가지고 있는 '유혹하는 이로서의 권력'이 숨어 있는 것으로도 해석할 수 있다. 아버지를 최종적으로 나에게 종속시켜 무릎 꿇게 하고 그의 인생 모든 것을 바치게 한다. 그것이 가능한 단 하나의 이유는 '나는 그의 딸'이기 때문이다.

사쿠라바의 작품보다 40년도 더 전에 딸의 입장에서 '아버지와 딸'의 감미로운 블랙홀을 그린 작품이 있다. 바로 구라하시 유미코의 《성소녀》倉橋 1965다. 여고생인 주인공은 어머니의 옛 애인이라 밝히는 점잖고 멋진 중년 남성을 만난다. 그녀는 그가 자신의 아버지가 아닐까 하는 직감을 가지고 남자의 유혹에 몸을 맡긴다. 아니, 오히려 교묘한 술책으로 그를 유혹하려고까지 한다. 성적인 경험이 얕은 젖먹이 여고생이 그 길로는 숙련자인 중년 남성에게 '유혹하는 이'가 될 수 있는 이유는 역시 하나뿐이다. '왜냐하면, 나는 그의 딸이므로.'

간통에 의해 태어난 자신의 친딸을 아무것도 모른 채(혹은 모르는 척하고) 성애의 대상으로 삼는 것 역시 가부장제 속 남자의 꿈 가운데 하나일지 모르겠다. 실제로 사쿠라바의 작품에는 소년 시절의 아버지가 연상의 기혼 여성과 간통했다는 사실이 암시되어 있다. 남자가 거두어들인 양녀가 사실은 자신의 딸이라는 것을 의미하는 장치다.

그런데 소설 마지막에 가서는 이 이야기가 주도면밀하게 꾸며낸 이야기라는 사실이 밝혀진다. 어머니의 애인은 실재하지 않고 소녀는 친아버지와 근친간을 계속했던 것이다. 아버지가 '만든' 존재인 딸이 아버지를 사랑하게 될 것이라는 자기 충족 예언은 피그말리온 소설의 정석 그대로인데, '만들어진 이'가 '만든 이'를 스스로 원해서 사랑했다, 왜냐하면 그것은 궁극의 자기애이기 때문이다, 라는 구조의 복잡한 장치가 들어 있다. 그렇게 생각한다면 읽는 내내 나르시시즘적 문체가 거슬리는 구라하시의 글도 과잉한 자의식의 자가중독적 증상으로 읽을 수 있다. 유혹하는 이로서의 딸은 아버지의 사랑을 자기애의 자원으로도 동원한다. '아버지의 딸'은 단순히 종속된 이가 아니다. 아버지에게 딸이라는 존재가 가질 수 있는 특권을 깨닫고 가능한 모든 것을 활용하여 그 권력 관계를 전복시킬 수도 있는 '유혹하는 이의 권력'을 가진 이가 딸이기 때문이다.

아버지에 대한 복수

'아버지의 딸'은 파더 콤플렉스와 동의어가 아니다. 아버지가 '완전한 연인'이라고 한다면 딸은 아버지와 함께 감미롭고 폐쇄적인 우주에 갇히려고 할 것이다. 그리고 아버지와 '아버지의 딸'은 공범이 될 것이다. 그러나 그런 세계는 이야기 속에나 존재한다.

현실에서 대부분의 아버지는 불완전한 남자이며 그들은 그들의 지배욕, 에고이즘, 권력성이나 왜소함을 딸 앞에 드러낸다. 무엇보다 '딸의 유혹'에 굴복하는 것 자체가 그들의 왜소함을 강하게 증명해주는 사실이라고 할 수 있다. 자신의 육욕에 져버려 가장 가까운 곳에서 찾은 저항하지 않는 존재를 비열하게 성욕의 도구로 삼아 거짓과 수치를 쌓아올린다. 때문에 딸은 자신의 '유혹'에 아버지가 굴복한 순간 아버지를 경멸할 충분한 이유를 손에 넣게 된다. 그때 아버지는 단순한 '학대자'에 지나지 않는다.

아티스트 니키 드 생팔은 적는다.

'12살 때, 아버지는 나를 애인 삼으려고 했다.'

60세를 넘기고 쓴 자서전에서였다.[10] 그때까지 근친간, 실제로는 아버지에 의한 성적 학대의 냄새를 풍기는 〈대디〉 같은 영상 작품을 세상에 발표하면서 니키는 그 '사실'을 오랫동안 숨겨왔다. 사실을 사실로서 인정하기까지 50년 이상의 세월이 필요했던 것이다. 친아버지의 성적 접근에 그녀는 혼란과 분노, 그리고 억누르기 힘든 공격 충동을 내면에서 썩히다 끝내 정신과 의사를 찾게 된다.

니키는 적는다.

대디, 당신은 하느님인데 무릎을 꿇고 무엇을 하고 있지?
"무릎을 꿇어, 대디. 나에게 부탁한다고 말해. 부탁한다고. 동쪽을 향해, 서쪽을 향해 무릎을 꿇고!"
아아, 얼마나 사랑했었는지! 당신을, 대디. 무릎을 꿇고 눈가리개를 하고 있던 당신을.
더러운, 더러운, 더러운 대디를! スペース・ニキ編 1980: 30

12세 소녀는 돌연 자신에게 부여된 '유혹하는 이로서의 권력'에

---

10 《Mon Secret》Saint-Phalle 1994라는 제목의 짧은 자서전에서 처음으로 언급했다.

망설이지만 동시에 자신이 아버지의 성애의 대상이 된다는 것을 알게 되고, 결정적으로 자신이 아버지가 아니라는 사실, 아버지처럼은 결코 될 수 없다는 사실, 어머니처럼 아버지에게 종속된 소유물밖에 되지 않는다는 사실을 깨닫게 된다. 그리고 아버지 역시 '그저 한 명의 남자'라는 사실을 알게 된 딸은 아버지를 특권적인 위치에서 끌어내린다.

자전적인 텍스트에 앞서 그녀는, '그러나 그는 파파다. 누구나 그녀를 만지는 것은 가능하지만 파파만은 그럴 수 없다'スペース・ニキ編 1980: 10는 글을 쓴 적도 있는데, 이 문장을 썼을 당시에는 인정하지 않았던 사실을 그로부터 20년 가까이 흐른 뒤 분명하게 인정하였다. '파파'가 사실은 그녀를 '만졌다'는 사실을.

아버지가 딸을 범하려 함으로써 딸은 아버지를 경멸할 이유를 얻게 된다. 희생자가 됨으로써 그녀는 아버지보다 우위에 설 근거를 얻는 것이다.

이 메커니즘을 역전시키는 것 역시 가능하다. 아버지를 모멸하기 위해 유혹하는 이로서의 권력을 이용하는 것이다. 이 입에 담기도 힘든 딸의 욕망을 선명하고 강렬하게 언어화한 여성이 있다.

바로 '나는 아버지에게 강간당하는 걸 상상한 적도 있다'고 쓴 이이지마 아이코다.

이이지마는 일본의 제2파 페미니즘의 개척자로 70년대에는 '침략＝차별과 싸우는 아시아 부인회의'의 중심 멤버였다. 그녀의 사후에 가노 미키요 등 후배들의 노력으로《'침략＝차별'의 저 너머》飯島

2006라는 유고집이 간행됐는데, 그 안에 수록된 〈삶 ― 한 페미니스트의 반생〉은 '아버지의 딸'이었던 여자가 아버지로부터 세뇌된 여성 혐오를 떨쳐내는 과정이 적나라하게 묘사된 훌륭한 텍스트다.

내 무의식 세계에 뿌리 깊게 존재하는 순간적인 백일몽. 그것은 (…) 아버지가 굴욕을 받는 것. 벌거벗은 채 네발로 기는 모습이다. 나는 그 옆에 서서 웃고 있다. 웃고 있는 내 모습을 떠올리는 것만으로도 쾌감을 느낀다. 그렇다! 내가 무슨 짓을 하든 (…) 세상 어느 누구도 뭐라 하지 않는다. 왜냐하면 아버지가 벌거벗고 네발로 기고 있기 때문이다! (1961년 9월 4일)

이렇게 일기장에 남긴 그녀는 40년 뒤, 다음과 같이 덧붙인다.

당시에는 차마 쓰지 못했지만 나는 아버지에게 강간당하는 것까지 상상했었다. 가장 부끄러운 행위를 아버지에게 시킴으로써 그에게 복수하기 위해.飯島 2006: 91

저자의 해설에 따르면 '벌거벗은 채 네발로 기는 것' 같이 성적인 은유를 담고 있는 표현은 독자의 상상 그대로 성적인 함의를 가지고 있다고 한다. 그리고 보니 '네발로 기는 아버지 옆에서 딸이 서서 조소하는 것'과 꼭 같은 이미지를 니키도 〈대디〉의 영상 속에서 반복해 표현하고 있다.

이이지마는 부유한 산부인과 개업의의 딸로 성장했다. 권위적인 아버지는 '무슨 일이 있을 때마다 '그래서 여자는 안 돼'라는 식으로 어머니를 대했다'고 한다. 그녀에게 '여자란 말썽의 근원이며 성가신 존재였으며 경멸스러운 하급 존재였다.'

그리고 그녀는 이렇게 적는다.

'여성성을 혐오하고 폄하하는 마음은 아버지에 의해 만들어지고 어머니에 의해 계승된다.'飯島 2006: 12

아버지를 혐오하고 어머니에게는 비판적임에 틀림없던 딸은 어른이 되어 '아버지와 어머니의 복사판'을 자신의 배우자와 재생산한다.

'나를 움직이게 했던 애초의 에너지는 내가 받았던 성차별, 성억압 (…) 으로부터 빠져나오고자 하는 것이었음에도 그 내용은 '여성 기피'와 '남자처럼 되고 싶다'는 바람이 되어버렸다. (…) 스스로에 대한 결핍 감정이 나를 증오, 비뚤어진 상승 욕구, 동성에 대한 멸시, 그리고 성행위로 몰아붙였다'飯島 2006: 20고 그녀는 회상한다.

이러한 아버지에 대한 반발과 모멸은 자해 행위를 하는 원조 교제 소녀, 즉 10대 매춘 소녀에게서도 찾아낼 수 있다. 그녀들은 아버지 세대의 '손님'을 아버지의 대리인으로 삼아 그들의 비열하고 왜소한 성욕에 자신의 육체를 제물로 바쳐, 아버지에게 소속되어 있으나 아버지가 결코 더럽힐 수 없는 딸의 육체를 시궁창에 버림으로써 아버지에게 복수하고 있는 것이다. 그 복수가 자해나 스스로를 벌주는 것과 같은 행위를 통해서밖에 이뤄질 수 없다는 점이 절대적 약자인 딸이 가진 선택지의 폭이 얼마나 좁은가를 말해주고 있지만 말이다.

이러한 메커니즘을 '부정적 정체성의 형성'이라는 이름으로 지적한 이가 사회심리학자 에릭 에릭슨이다. 그는 청년기의 '정체성 혼미 증후군'을 겪는 일부 소녀들이 매춘 행위에 몰두함으로써 '아무 존재도 아닌 자신'을 벌주고 그것을 통해 자신을 '특정한 존재'로서 확립하려는 절망적 시도를 한다는 것을 알게 되었고, 그 소녀들 중 상당수가 성직자나 교사 같은 권위적이고 억압적인 아버지 밑에서 자랐다는 사실도 발견한다. 그녀들은 자해나 스스로를 벌주는 행위를 통해 자신을 무력화한 아버지에게 복수하고 있었던 것이다.

흥미롭게도 에릭슨의 지적은 시미즈 지나미가《아버지에게는 말할 수 없는 것》[11]清水 1997, 2000에서 지적하는 바와 일치한다. 그녀가 인용하는 자료에 따르면, 사춘기에 아버지로부터 성적 접근을 받아 불쾌한 경험을 한 적이 있는 딸들의 아버지가 가진 직업으로 특히 많은 것이 공무원이다. 공무원이란 권위적이고 억압적이면서 동시에 소심하고 위선적이기도 한 직업 중 하나이며, 그들이 딸에게 성적 접근을 시도하는 것은 딸 이외에 성적 접근을 할 상대가 없기 때문이기도 하다. 그러고 보니 사쿠라바 가즈키의《내 남자》에서 주인공 아버지의 직업이 해상 보안청 직원이었다는 사실도 시사적이다.

---

11 시미즈는 'OL위원회'를 조직해 젊은 여성들의 생생한 목소리를 모아 분석했는데, 이 책은 '아버지와의 관계'에 관한 약 1,500명 여성의 이야기를 모아 분석한 내용이다. 그에 따르면 '약 50퍼센트의 딸들이 아버지를 싫어하고 있다'고 한다.

'아버지의 딸'도 '어머니의 딸'도 아닌

'아버지의 딸'은 가부장제하에서 '아버지의 딸'을 재생산한다. '아버지의 딸'이 된다는 것은 자기혐오와 억압을 감수한다는 것을 의미한다. 이 악순환은 끊을 필요가 있다.

그러나 '아버지의 딸'에서 '어머니의 딸'로 옮겨가는 것 역시 쉬운 일은 아니다. 어머니가 가부장제의 대리인으로서 행동하는 한 딸과 어머니의 관계는 조화를 이룰 수 없으며 반대로 어머니가 스스로의 욕망에 충실하게 살려고 하면 가부장제로부터 혹독한 제재를 받게 되고 딸이 그것을 목격하기 때문이다. 페미니즘은 처음으로 '모녀 관계'를 주제화하였으나 그 관계가 천편일률적이지 않다는 사실 또한 배웠다.

다지마가 말하듯이 '어머니의 언어를 선택하면 그것은 죽음을 의미했고 아버지의 언어를 선택하면 거기에는 '거세'가 기다리고' 있다. '아버지의 딸'로부터 탈피하는 길은 이 양자택일의 선택지 자체를 거부하는 것밖에 없다. '아버지됨', '어머니됨', '아들됨', '딸됨' — '가족'이라는 어휘 안에 새겨져 있는 근대 가부장제의 여성 혐오를 벗어나기 위해서 여자는 '어머니됨'과 '딸됨'으로부터 내려오는 수밖에 없다. '어머니'와 '딸' 모두 가부장제가 여성에게 부여한 지정석에 지나지 않는다. '어머니(로부터)의 해방'과 '딸(로부터)의 해방'은 언제나 한 쌍으로 붙어 다닌다.

제11장

여학교 문화와
여성 혐오

남성 사각지대

"우에노 씨, 나이를 아무리 먹어도 남자는 남자, 여자는 여자예요. 남자하고 여자는 짝을 이루고 있을 때가 가장 좋은 법이에요."

내 귀에 대고 이렇게 이야기한 한 남자의 목소리가 잊히질 않는다.

'짝을 이루고 있을 때가 좋다'는 것은 당신들, 남자들한테나 그렇겠죠. 그 자리에서 이렇게 응수하지 못하고 애매한 미소만 지었던 나의 얼굴도 뇌리에서 지워지지 않는다. '여자들은 이미 오래전부터 남자가 필요 없는 여자들만의 세계를 만들어왔으며, 단지 그 세계가 당신의 사각지대에 있기 때문에 보이지 않을 뿐이다'라고 가르쳐주는 것도 어쩐지 성가신 기분이 들어 나는 침묵했다.

사카이 준코라는 이가 처음 나타났을 때 나는 남성 미디어 속에 여성만의 치외법권, 자치구, 게토, 외딴 섬, 피난처(뭐라 불러도 상관없다. 부르고 싶은 대로 불러라), 요컨대 남성 시선을 의식하지 않는 여성 글쟁이가 등장했다는 사실에 감개무량했던 기억이 있다.

그녀가 체현하는 것을 '여학교 문화'라 불러도 좋다. 이 세상은 '남녀 공학 문화'로 이루어져 있다. 아니, 더 정확히 말하면 남학교

204

문화와 그것에 부수하는 이성애 문화로 이루어져 있다. 남성에게 영원한 수수께끼이자 미답의 영역은 아마도 여학교 문화일 것이다.

남성 시야에 들어오지 않는 미답의 영역, 바로 눈앞에 있지만 거의 아무것도 알려지지 않은 신대륙···. 하지만 '신대륙'이 그랬듯(유럽인 입장에서 알려지지 않았다는 것이지 현지인에게는 '수수께끼'도 '발견'도 아니었던 것처럼) 여성에게는 이미 친숙한 세계이다.

남자는 남자들끼리의 세계와 남성과 함께 있을 때의 여자밖에 알지 못한다. 당연하다. 남자들은 남자가 없는 곳에서 여자들이 어떤 식으로 행동하는지 알 수가 없다. 여자만으로 구성된 집단에 남자가 한 명이라도 등장하면 여자들의 행동은 변화하기 때문에 여자들만의 세계에 대해서는 결코 알 수가 없다. 그러나 여자들은 남자가 있는 곳에서 여자가 어떤 식으로 행동하는지와, 여자들만 있는 곳에서 어떤 식으로 행동하는지의 차이를 알고 있다. 여자들은 그 차이를 무의식적으로 무시하는 '순진한 여자'의 교태를 용서하지 않고, 그 차이에 관해 '암묵적 지식'을 공유하고 있는 동료 사이에서는 그 차이를 자각적으로 조작하는 일은 칭찬 혹은 야유의 대상이 된다.

여자 세계의 암묵적 지식을 이성에게 알리는 행위는 사실 배반 행위이자 반칙 행위라 할 수 있다. 사카이 준코는 데뷔 당시부터 여성의, 여성에 의한, 여성을 위한 글을 써왔다. 그녀는 부잣집 따님들이 다니는 학교로 유명한 릿쿄여학원 출신으로, 대학 재학 중 '마가렛 사카이'라는 필명으로 〈Olive〉에 에세이를 쓸 정도로 조숙한 작가이기도 하였다.[1] 작가로서의 그녀는 처음부터 여성 독자만을 염두에 두고 글을 썼고 여성 독자들로부터 커다란 지지를 받았다.

현재 사카이는 〈주간현대〉 같은 남성 미디어에도 연재를 하고 있으나 그곳에서도 여학교 문화의 모습 그대로를 불쑥 드러내고 있다. 내 눈에는 무방비 상태로 보이는데 어쩌면 그것 역시 계산된 것인지도 모르겠다. 그녀가 연재하고 있는 칼럼난은 남성 독자를 의식하지 않는(그렇게 보이는) 문체가 그대로 남성 미디어에서 부가적인 상품 가치를 갖도록 기획된 곳이다. 남성 미디어에서 여학교 문화가 가지는 이러한 '신선도'가 언제까지 부가가치를 가질지는 예측할 수 없다. 그보다 남성 독자들의 시선을 의식해 문체를 적절하게 바꾸는 쪽이 더 빠를지도 모르겠지만 그런 식으로 남성 독자들의 인기를 얻는 여성 작가들은 넘쳐날 정도로 많다. 사카이가 지금처럼 아슬아슬한 균형을 유지할 수 있는 재능과 시대가 언제까지 계속될지는 주목하며 지켜볼 만한 일이다. 그러나 사카이는 아마 남성 미디어로부터 외면당하더라도 전혀 충격받지 않을 것이다. 다시금 여학교 문화라는 게토로 철수하기만 하면 되기 때문이다. 현재 저널리즘 세계에서 여학교 문화는 성숙한 시장 규모를 가질 정도로 충분히 성장해 있다.

남성 미디어에 여학교 문화라는 게토가 당당하게 등장할 수 있었던 것은 물론 미디어 소비자로서 여성의 존재감이 커졌기 때문이

1 '마가렛 사카이'라는 필명은 사카이의 출신 고등학교인 릿쿄 여학원의 영어 이름 'St. Margaret's Schools'에서 온 것으로, 이 영어 이름은 이즈미 아사토가 명명한 것이다.酒井 1996

다. 더 직설적으로 말하자면 여성의 구매력이 높아졌기 때문이다. 현재는 많은 미디어가 여성 독자를 의식하지 않고는 경쟁에서 이길 수 없게 되었고 이전에는 남성 미디어로 간주되었던 매체가 '남녀 공학'을 이룬 곳도 많다.

내가 사카이 준코를 처음으로 주목하게 된 계기는 《소자少子》酒井 2000였다. 왜 아이를 낳지 않느냐는 물음에 "애 낳는 것이 너무 아파서"라는 이유를 드는 한 30대 여자의 이야기를 읽으며 나는 '이런 이런, 그걸 말해버리면 반칙이지' 하고 생각했다. 아니, 낳는 것이 아프기 때문에 싫다는 말은 '그런 한심한 이유로…'라는 말을 끄집어내기 위한 전략이었을 것이다. 진짜 속마음은 '아이는 필요 없다. 낳고 싶지도 않다'는 금언禁言이었을 것이다. 아이를 원하지 않는 여자는 여성 자격을 잃어버리게 되어 있다. 신문의 에세이란이나 투고란에는 진통이 주는 아픔도 내 아이의 얼굴을 보는 순간 다 잊어버리는 것으로 되어 있고, 아이를 싫어하는 여자는 모성을 상실한 불량품 여성이 되며, 그런 불량품 여성들도 실제로 아이를 낳아보면 생각이 달라지는 것으로 되어 있다.

그러나 아그네스 논쟁[2]이 있고 난 즈음부터 젊은 어머니들의 솔

---

2 1987년, 가수이자 탤런트 아그네스 찬이 방송국 측의 종용으로 갓 출산한 아이를 데리고 녹화 현장에 나타났고 이 장면이 각종 지면 매체에 보도되면서 소설가 하야시 마리코가 아그네스를 강렬하게 비판, 인신공격적인 발언도 서슴지 않았다. 이에 우에노는 "모든 일하는 어머니의 등에는 아이가 업혀 있다"며 반론했고, 이후 이 대립은 전국적인 규모의 논쟁으로 확대되어 미국의 〈타임〉에 관련 기사가 실리기도 하였다. ―옮긴이

직한 이야기가 들려오기 시작했다. "내가 낳은 아이지만 정이 안 가요", "냄새가 나서 싫어요", "아무리 아기 똥이지만 그래도 냄새가 나는 걸요." 어머니들이 갑자기 변한 것이 아니다. 이전부터 그렇게 생각하고 있었지만 차마 입 밖에 낼 수 없었던 이야기를 내보이기 시작한 것이다. '아이가 싫다'고 말해도 여자로서 치명적인 타격을 입지 않는다는 것을 알고 안심했기 때문에 그녀들은 아동 학대적인 자신의 모습조차 표현하고 받아들일 수 있게 된 것이다.

이후 사카이의 《루저들의 울부짖음》酒井 2003은 대형 베스트셀러가 되었다. '남편 없음, 자식 없음, 나이 30대. 근데 그게 뭐 어때서?'라는 사카이의 태도는 《소자》 때와 조금도 다르지 않다. 그러나 그녀는 전작을 통해 배운 것이 있었는지, 그것을 긍정하는 대신에 '루저'라는 호칭으로 자기 연민의 퍼포먼스를 보였다. 베스트셀러의 예상치 못한 효과 중 하나는 생각지도 못한 독자들까지 끌어들인다는 것이다. 사카이의 평소 독자들(여학교 문화 게토의)이었다면 미소 지으며 암묵적 지식의 공유로 끝났을지도 모를 '루저론'은 〈AERA〉 같은 남녀 공학 미디어에 특필되어 예상치 못한 '루저 논쟁'을 낳았다. '루저'는 조금도 루저가 아니다. 그것은 자명한 사실이다. 승부에 연연했던 건 사카이가 아니라 남녀 공학 미디어였다.

여학교 가치의 재발견

여학교에 딸을 보내는 많은 부모들은 딸이 '여성스럽게' 자라주길 바라고 있을 것이다. 그러나 그건 엄청난 계산 착오다. 경험적으로 증명되어 있다. 남녀 공학 출신 여학생이 이성애적 젠더 아이덴티티를 보다 일찍 발달시키는 것에 비해 (예를 들어 남성을 우선시하여 학생회장 같은 자리에는 남학생을 세우고 여학생은 부회장 자리로 돌린다) 여학교 학생에게는 반대로 리더십을 발휘할 기회가 더 많이 부여된다. 누구도 톱의 자리를 대신해주지 않는 여자만의 세계에서는 육체적 힘이 필요한 일이나 통솔력이 필요한 직책 모두가 여자의 역할이 된다. 나는 여자 전문대학교에서 10년 간 교편을 잡은 적이 있다. 당시 타 대학 학생들과 합동 하이킹 같은 것을 할 때 남녀 공학 대학의 여학생들이 "나 너무 무거워서 못 들겠어" 하며 물이나 장작을 남학생에게 짊어지게 하는 모습을 보고 우리 학교 학생들이 뒤돌아서 "바보 같아" 하고 비웃었던 걸 본 적이 있다.

그렇다고 우리 학생들이 이성애 제도 속에서 여성성 자원을 이용하는 법을 몰랐던 것은 아니다. 남녀 공학 여학생들의 적나라한 퍼포먼스에 그저 할 말을 잃었던 것뿐이다. 그녀들은 공학 문화와 여학교 문화 사이에 코드가 다르다는 것을 알고 있었으며 그 격차를 능숙하게 파도 타기하는 생존 능력 역시 터득하고 있었다. 나는 그녀들이 그 격차 속에서 헤엄치는 것을 바로 눈앞에서 볼 수 있었다. 성별이 같은데다 나이 차도 많지 않던 나에게 그녀들이 마음을 열어주었기 때문이다.

GHQ[3]의 교육 개혁 이후에도 전국 각지에 오랫동안 남아 있던 공립 고등학교의 남학교·여학교 제도는, 1990년대에 들어와 남녀 공동참획 정책에 의해 본격적으로 추진되기 시작한 남녀 공학화의 물결에 휩쓸리고 있다. 당시 F현의 명문 공립 여자 고등학교가 남녀 공학 전환을 결정했다. 천재일우, 100년에 한 번 있을까 말까 할 사회학적 연구 기회를 놓칠 수 없었던 나는 마침 우에노 연구실에 재적하고 있던 그 고등학교 출신 여학생을 부추겼고, 그 학생은 깜짝 놀랄 만한 졸업논문을 써왔다. 나는 다시 그녀를 부추겨 학술 잡지에 투고하도록 했고 논문은 게재되었다. 시라이 유코의 「남학생의 출현으로 여고생의 외견은 어떻게 바뀌었는가」白井 2006가 그 논문이다. 그녀는 대학 졸업 후 저널리스트가 되었다.

그녀는 남녀 공학으로 바뀌기 전 해의 마지막 여학생이었고 그녀의 여동생이 남녀 공학으로 바뀐 후의 학교를 다닌 경험자였다. 이 연구의 훌륭함은 당사자들에게 '남녀 공학으로 바뀐 것에 대해 어떻게 생각하십니까? 여학교 시절과 비교하여 어떤 점이 변했습니까?' 같은 주관적인 의식 조사 방법을 회피하고, 제3자의 눈으로 객관적인 판단이 가능한 '외견'이라는 지표를 철저하게 분석했다는 점이다.

그녀가 다니던 때에는 통학길에서 교복 스커트를 입고 교실에서는 체육복 바지로 갈아입는 '관행'이 있었다. 물론 강제가 아니

---

3 제2차 세계대전 패전 이후 일본에 설치된 연합군 최고 사령부의 통칭. 1952년의 샌프란시스코 강화 조약 때까지 약 6년간 일본을 간접 통치했다.—옮긴이

라 선택이다. 스커트만큼 알기 쉬운 최강의 여성성 기호도 없다. 남성에게 스커트는 선택의 대상이 되지 않지만 여성은 스커트와 바지 중 하나를 선택할 수 있다. 다시 말해, 스커트를 입었을 때 여자는 '여장女裝'을 선택하는 것이 된다. 시라이는 남녀 공학화를 전후로 이 관행이 급격하게 변화했음을 경험적 데이터로 실증한다. 남녀 공학화 이후 여학생들은 통학길과 학내에서 모두 '여장'을 계속하게 되었다. 주디스 버틀러가 말하듯 '여성스러움'이 행위수행적 performative인 것이라면, 여성은 여장을 계속하는 것을 통해 여성이 된다. 남녀 공학의 여학생들은 여장이라는 기호를 통해 남학생들로부터 자신을 차별화하고 있는 것이다.

단순하지만 핵심을 찌르는, 이의를 제기할 여지가 없는 실증 데이터를 제시하면 누구나 수긍한다. 시라이는 다른 경험적 데이터를 통해서도 여학생이 '남녀 공학적 장면'에서 조연 역할을 하게 되는 경향이 있다는 사실을 발견한다. 조신함, 얌전함, 배려와 같은 '여성스러움'의 미덕들 말이다!

일반적으로 명문 여학교가 남녀 공학화하면 입학생의 성적 커트라인이 낮아지는 경향이 있다. 성적이 높은 여학생들은 남녀 공학 명문으로 모이게 되지만 공학화한 여학교에 입학하는 남학생들은 차선의 선택으로 명문 남학교 대신 공학화한 여학교를 선택하는 경향이 있기 때문이다. 때문에 명문 여학교 입장에서 공학화는 그다지 환영할 만한 선택이 못 된다. 게다가 여학교 문화에는 자연스럽게 여성의 적극성과 리더십을 길러주는 환경이 존재하지만 이것도 공학화를 하고 나면 사라지게 된다. 명문 여학교가 공학화 선택을 망설이는 데에는 그럴 만한 이유가 있는 것이다.

그러나 여학교는 사회의 진공 지대가 아니다. 한 발짝 밖으로 나서면 주위가 온통 남녀 공학 문화로 둘러싸여 있음을 여학생들은 잘 알고 있다. 때문에 그녀들은 하교 시에 체육복에서 교복 스커트로 갈아입는 것이다. 그뿐만이 아니다. 여학교라고 하는 게토 내부 모습을 '소녀들이 아무런 근심 걱정 없이 웃고 떠드는 캠퍼스'로 상상하는 것은 환상에 지나지 않는다. 그곳에서는 남자들의 호모소셜한 집단과는 다른 의미에서, '여성스러움'을 둘러싼 패권 싸움이 남자들의 경우보다 더 뒤틀린 형태로 수행되고 있다.

여학교 문화의 이중 기준

사카이 준코의 데뷔 때처럼, 나카무라 우사기라는 여자가 처음 나타났을 때 나는 남성 미디어에 여학교 문화가 맨얼굴로 등장하기 시작했다는 사실에 감명을 받았다.

나카무라 우사기는 원래 라이트 노벨[4] 작가, 시장 원리가 가혹하게 지배하는 세계에서 생존해온 글쟁이다. 그런 그녀가 '쇼핑의 여왕'으로 미디어에 등장했다.

---

4 'light'와 'novel'을 합성해 만든 일본식 조어. 주로 10대를 대상으로 기획되는 가벼운 소재의 소설을 가리킨다. 독자층과 시장 규모가 점점 확대되고 '라이트 노벨' 출신의 작가가 나오키상을 수상하는 등 인기 장르로 자리매김하고 있다.―옮긴이

쇼핑 의존증, 호스트클럽 마니아, 유방 확대 수술, 얼굴 성형….
여성스러움의 과잉이다. 그것도 전형적으로 남성이 원하는 여성상
의 과잉된 모습이다. 그녀는 그 과정을 극단적 수준의 행동으로 옮
김으로써 그것을 상품화했다. 성형 수술을 받기 전과 후의 사진을
미디어에 공개함으로써 자학적일 정도로 자기현시적인 노출을 보
이며 '여자가 가진 민망함'을 있는 그대로 상품화한 그녀는, '여성의
질투·시샘·비뚤어짐'을 그대로 상품화하여 내보인 하야시 마리코
와도 비슷하다(제14장 참조). 그러나 '인기를 얻고 싶다, 사랑받고 싶
다, 결혼하고 싶다' 같은 단순한 이성애적 욕망을 표출한 하야시와
나카무라는 달랐다. 이 사람은 여성의 시선 말고는 아무것도 의식
하지 않는다―그런 점에서 사카이와 다른 의미에서 여학교 문화를
체현하고 있다고 본다.

　어쩌면 세대 차이와 관련이 있을지도 모른다. 하야시는 1954년,
나카무라는 58년, 사카이는 66년생이다. 남학교 문화 즉, '영감쟁이
사회'의 지배력이 세대가 지날수록 약해지고 있다고 볼 수도 있다.

　나카무라 우사기도 여학교 출신이다. 여학교 문화에는 이중 기
준이 있다. 남자들에게 인정되는 가치와 여자들에게 인정되는 가치
가 그것이며 그 둘은 서로 다르다. 남성의 호모소셜한 세계의 가치
는 일원적인 것이며 '남자들도 반하는' 남자에게 여자도 반하는 것
으로 되어 있다. 남성 가치의 가장 알기 쉬운 척도는 돈과 권력이다.
남성은 돈과 권력에 약하며 여성은 돈과 권력을 가진 남성에게 약하
다. 이는 "돈만 있으면 여자는 알아서 줄을 선다"는 호리에몽의 말 그

대로다. 호리에몽은 자기 자신이 인기가 있었던 것이 아니라 자신의 돈이 인기를 끌었다는 사실을 후회 속에서 재확인하고 있을까.[5]

여학교 문화의 이중 기준 속에서 남자가 보기에 '괜찮은 여자'와 여자가 보기에 '괜찮은 여자'는 다르다. 남성이 여성에게 부여하는 가치를 여성이 통제하는 것은 불가능하므로 남자가 보기에 괜찮은 여자는 여자들 사이에서 원망과 선망을 동시에 받는다. 한편 여자들은 남자들이 관심을 두지 않는, 아니 더 나아가 남자들이 꺼려하는 여자를 괜찮은 여자로 인정하는 심술궂은 면을 가지고 있다.

개그우먼 야마다 구니코가 등장했을 때 느꼈던 것이 바로 그것이다. 그때까지 '여자는 코미디를 할 수 없다. 왜냐하면 여자는 스스로를 비웃지 못하기 때문이다' 혹은 '여자가 스스로를 웃음의 대상으로 삼으면 측은해질 뿐이다' 같은 생각이 지배적이었던 시절에 그런 상식과 부합되지 않는 개그우먼이 등장했다. 이내 야마다가 여학교 출신이고 학창 시절에는 동급생들을 웃기는 데 열심이었다는 사실을 알고 고개가 끄덕여졌다. 못생긴 얼굴에 뚱뚱한 몸매의 야마다는 남성의 인기를 끄는 타입이 아니다. 그녀는 스스로를 '여자들만의 게토'로 격리시킴으로써 안심하고 웃고 웃길 수 있는 세계를 만들었던 것이다.

그러나 여성이 여성에게 부여하는 가치는 남성이 여성에게 부여하는 가치에 비해 이차적인 가치밖에 없다. 사카이가 결혼하지 않

5 37쪽 '호리에 다카후미' 역자주 참조.

은 여성을 '루저'라고 표현한 것 역시 이러한 인식을 배경으로 하고 있다. 즉, 여자에게는 자신의 힘으로 획득한 가치와 타인(즉 남성)이 부여해주는 가치 두 가지가 있고, 전자보다 후자가 더 높은 가치로 여겨지기 때문에 결혼하지 않은 여성이 '루저'가 되는 것이다. 결혼이란 '남성에 의해 선택되었음'을 나타내는 등록증이기 때문이다.

'노파의 가죽' 생존 전략

나카무라는 여학교 문화 속에서 생존하는 비결을 '노파의 가죽을 뒤집어쓰는 것'이라고 표현한다.

'노파의 가죽'이란 전래동화에서 재앙을 피하기 위해 미녀가 노파로 변신하는 데 사용했던 도구를 가리킨다.

여학교 교실에 발군의 미모와 신체를 가진, 즉 여성성 점수가 높은 여자가 있다고 해보자. 당연히 질투와 선망, 괴롭힘과 비아냥의 대상이 될 것이다. 이런 여자가 여성 세계에서 살아남는다면 빼어난 외모를 가지고 있으면서도 미워할 수 없는 순진한 캐릭터, 덜렁거리는 코믹한 모습을 연기할 수 있었기 때문이리라.

"너는 좋겠다. 모델도 할 수 있고 나중에 부잣집에 시집도 갈 수 있잖아."

"말도 안 돼. 그것보다 있잖아, 얼마 전에 수업을 땡땡이 치고 역 앞에서 우동을 먹다가 담임한테 걸렸거든? 근데 담임이 가방에 만화 잡지를 찔러 넣고 있더라고. 그래서 그거 비밀로 해줄 테니까 못본 걸로 해달라 그랬더니 은근슬쩍 넘어가 주는 거 있지?"

이렇게 스스로를 웃음의 대상으로 만드는 것이 '노파의 가죽' 전략이다. 이걸 할 수 없다면 여학교 문화 속에서 살아남을 수 없다. 여학교 문화에 존재하는 암묵적 지식에는 이러한 '규칙'이 들어 있다. 그리고 그 사실은 결코 바깥세상에 알려져서는 안 된다.

학업 성적의 우열과 여성성의 우열은 일치하지 않는 경우가 많다. 아니, 학교 문화 연구의 성과들[6]은 이 두 가지 평가 사이에 분열생성schismogenesis[7]이 성립하고 있음을 알려준다. 여성성 점수가 높은 소녀는 애초부터 학업 성취에 대한 기대가 높지 않다. 그녀에게는 생존에 필요한 대체 자원이 있기 때문이다. 시몬 드 보부아르가 어렸을 적부터 미모의 여동생과 비교당하며 "너같이 못생긴 애는 공부라도 잘해야지"라는 말을 들어왔던 것처럼 말이다. 학업 성적이 여성성 자원의 결핍을 보완해줄 것이라 기대하기 때문이다. 반대로 학업 성적이 안 좋은 소녀들은 여성성 점수라는 대체 자원으로 상위 성적 그룹의 소녀들을 한방에 역전하려고 한다. 그녀들은 상위 성적 그룹을 가리키며 미모가 딸린다거나 성장이 늦다는 식으로 여

---

6 폴 윌리스의 《학교와 계급재생산》(1977) 이후 시작된 학교 문화 연구는 이후 젠더 시점의 결여라는 비판을 받아들여 여학생을 대상으로 한 학교 문화 연구가 이루어지기도 하였다. 일본에서는 기무라 료코木村 1990, 1994 등의 업적이 있다.

7 그레고리 베이트슨의 용어. 이항 대립하는 두 가지 요소가 서로의 차이를 극대화하는 방향으로 발전하는 것을 가리킨다. "언니는 미인인데 너는…", "남편은 꼼꼼한데 나는 덜렁댄다"와 같이 형제나 커플 사이에서 나타나기 쉽다.

성성 자원의 결핍을 야유하며 화장이나 패션 등 여성성 자원에 적극적으로 투자한다. 여성성 자원이란 스스로 획득하는 가치가 아니라 남성에게 선택되는 것(남성의 성적 욕망의 대상이 되는 것)에 의해 부여되는 가치이므로 사춘기의 그녀들은 성적으로 조숙한 행동을 하려고 하며 학교 문화 내에서는 그것이 일탈이 된다. 이렇게 하여 학교 문화에 반항적이며 조숙한 그녀들이 '영감쟁이 사회'에서는 편리한 성적 객체가 되어 일회용 취급을 당하는 역설이 일어난다.

그와는 별도로 여학교 문화에서 여자들에게 인기를 얻는 가치가 있다. 그것은 앞서 말한 두 가지와는 관계가 없다. 씩씩하고 '남자다운' 소녀가 교실의 히어로(히로인이 아니다)가 되거나 웃음을 유발하는데 재능이 있는 소녀가 인기를 얻는 것이다. 그러나 시간이 흘러 모두가 학교를 졸업하게 되면 여학교 문화 속 '히어로'가 이성애 제도 안에서 어떻게 적응해야 할지 갈피를 못 잡고 정체성의 위기를 겪기도 한다. '히어로들' 역시 여자들에게 인기 있는 여자는 남자들에게 결코 환영받지 못한다는 사실을 잘 알고 있다.

노파의 가죽이란 이 '여성 내 인기'를 얻기 위한 변신 도구인 것이다. 여자들은 남성에게 인기를 얻는 (그것이 의도적이든 비의도적이든 간에) 여자를 결코 용서하지 않기 때문이다.

학업 성취와 여성성 점수와 여성 집단 내 인기의 관계는 서로 복잡하게 얽혀 있다. 그리고 여성 세계는 이들 척도에 의해 분열되어 있다. 때문에 여성 세계는 남성 세계처럼 일원적인 가치 척도로 잴 수 있는 호모소셜한 집단을 형성하지 않으며 또 형성할 수도 없다.

해학과 자학

정신과 의사 사이토 다마키는 《가족의 흔적》斎藤(環) 2006b에서 사카이 준코의 《루저들의 울부짖음》을 높게 평가하며, '루저'란 결혼 (=남성에게 선택됨)이라고 하는 남성적 가치를 최상위에 두었을 때 생겨나는 것으로 결국 남성 선망(프로이트의 용어를 사용하자면 페니스 선망)의 증후를 가리키는 것이라고 '진단'한다.

나는 그 책의 서평上野 2006b에서 사이토의 주장에 반론했다. '루저'가 자기 희화화의 은유라는 사실은 분명하다. 중요한 것은 같은 세대의 여성 루저 인구 이상으로 많은 남성 루저들이 존재하고 있음에도 그들은 이 루저 논쟁에 참가조차 하지 않은 채 침묵과 무시를 계속하고 있다는 것이며, 이 사실이야말로 결혼이라는 남성적 가치를 내면화하고 있는 그들이 진짜로 '루저'임을 드러내는 현상이라고. 결혼을 통해 여자를 고르는, 즉 한 명의 여자를 전속으로 소유하는 것이야말로 호모소셜한 세계에서 남성다움을 나타내는 증명이기 때문이다. 적어도 이전 세대까지는 분명히 그러했다(「마루야마 마사오의 뺨을 때리고 싶다―31세, 프리터. 희망은 전쟁」赤木 2007이라는 글로 한순간에 유명 인사가 된 아카기 도모히로라는 남성 루저의 희망 역시 이전 세대 남자들처럼 '취직하고 결혼하는 것'을 통해 만족될 수 있는 대단히 보수적인 것인 듯하니, 젊은 세대라고 해서 호모소셜한 가치가 완전히 사라졌다고는 할 수 없지만).

자신을 희화화할 수 있다면 '루저'는 해학이 되고, 그게 불가능하다면 '루저'는 자학이 된다. 해학은 웃을 수 있으나 자학은 웃을 수 없다. 아니, 눈물이 흐른다.

그런데 나카무라 우사기만큼 자신을 '민망한 여자'라 부르는 여자도 없다. 정말로 그녀는 '민망'할까?

쇼핑 중독증, 호스트클럽 중독, 성형 수술, 나아가 출장 마사지(성매매) 체험까지, 자신의 여성성 점수를 확인하기 위한 눈물겨운 노력의 결과를 상품화하는 그녀의 퍼포먼스를 보며 나는 여성스러움을 극대화하여 연출하는 드래그 퀸drag queen[8]을 떠올린다. 이성애제도 안에서 여성성 점수를 높이려는 모습을 연기하는 그녀가 의식하고 있는 시선은 오로지 여성 독자의 시선이기 때문이다.

드래그 퀸이란 여성스러움을 과잉 연출함으로써 젠더 허구성을 코미디 재료로 삼는 게이들의 여장 전략을 가리킨다. 이와 같은 식으로 나카무라 우사기도 여성성의 가치 상승을 위한 노력을 과장되게 표현함으로써 희화화를 노린다. 퍼포먼스를 통해 '여성'이라는 젠더 허구성을 까발리고 더불어 그 허구에 멋대로 욕정을 표출하는 자동 기계 같은 남성의 욕망을 철저하게 웃음거리로 만들어 보인다.

"예쁘시네요"라는 말을 들으면 나카무라는 이렇게 대답한다고 한다.

"네. 성형했거든요."

이런 대답을 들으면 대부분 깜짝 놀라 한 걸음 뒤로 물러선다고 한다. 자기 얼굴을 마음껏 가지고 논 결과 그녀가 알게 된 것은, '내

---

8 게이 남성이 여성의 패러디, 즉 과도한 여장을 통해 젠더 자체가 연기라는 사실을 역설적으로 폭로하는 전략.

얼굴에 책임을 지지 않아도 되게 되었다는 사실'이라고 한다.[9] 훌륭한 식견이다. 용모의 미추가 자신에게 속해 있지 않다는 사실, 여성이라는 젠더가 '여장'에 의해 성립된다는 사실을 나카무라는 드래그 퀸처럼 퍼포먼스를 통해 내보인 것이다. 이것이 해학이 아니고 무엇이겠는가. 그녀는 〈신초45〉 같은 남성 미디어에서도 지정석을 부여받고 있으나 이는 남자들이 나카무라의 여학교 문화적인 퍼포먼스를 장외에서 훔쳐 볼 자유를 얻고 있는 것에 지나지 않는다. '사실 너희들에게는 전혀 신경 쓰지 않는다'라는 숨겨진 메시지를 보내고 있는 그녀와 그들 가운데 정말로 '민망'한 것은 어느 쪽일까.

미디어 세계에서 여학교 문화는 그 영토를 깊고도 넓게 확대해가고 있다. 나이를 아무리 먹든 스스로를 '소녀'로 인식하는 30·40대 여자들, 금남의 '후조시'[10] 문화…. 남성의 사각지대였던 이 암흑 대륙이 때때로 환상의 아틀란티스가 바다에서 부상하듯 그들의 눈앞에 홀연히 나타났을 때, 과연 어떤 일이 일어날 것인가.

9 NPO법인 유니크 페이스unique face의 회장 이시이 마사유키와의 대담집《내 얼굴을 용서할 수 없다!》中村 2004. 이시이는 선천적 피부 질환으로 얼굴의 절반이 붉은 반점으로 덮여 있으며 그것을 'unique face'라고 부른다. 이 대담집에서 이시이는 스스로 선택하지 않은 용모를 자기 것으로 받아들이고자 하는 입장을 취하는데 반해, 나카무라는 성형을 통해 얻은 얼굴로 자신을 해방시키고자 하는 입장을 취하고 있어 대조적이다.

10 '후조시腐女子'란 남자 오타쿠들이 이차원 세계에 심취하는 것처럼 여자 오타쿠들이 야오이(남성 동성애 픽션), BL(Boy's Love), 코스프레 같은 이차원 캐릭터에 심취하는 것을 자조적(혹은 모욕적)으로 일컫는 말이다.

제12장

도쿄전력 OL과
여성 혐오
part 1

미디어의 발정

여성의 여성 혐오를 이야기하기 위해서는 '도쿄전력 OL 사건'을
빼놓을 수 없다.

1997년 3월 19일, 시부야 마루야마초의 낡은 목조 아파트에서 한
길거리 매춘부가 목이 졸려 숨진 채 발견되었다. 길거리 매춘부. 가
장 값싸고 위험한 섹스 노동. 단돈 2천 엔에 몸을 팔던 여자가 범죄
가 판치는 도회지 한구석에 묻혀버리는 건 그다지 뉴스거리가 되
지 못할 것이다. 그러나 그 여자가 게이오 대학을 졸업하고 도쿄전
력 종합직[1] 사원으로 근무하던 여자라면 이야기가 달라진다. 이 사

---

1 일본의 기업에는 직원을 채용할 때 종합직과 일반직으로 구분하여 채용하는 관례
가 있다. 종합직은 임원급 승진을 염두에 둔 커리어 코스이며 일반직은 주로 일반
사무를 맡는 평사원 코스이다. 종합직이란 말은 '종합적 판단이 요구되는 직책'이라
는 뜻에서 왔다. 그러나 이러한 종합직, 일반직 구분은 남녀고용기회균등법 시행 이
후 기업이 공공연하게 남녀 차별적 인사를 행할 수 없게 되자, '남성 직원, 여성 직
원'이라는 구분 대신 '종합직 직원, 일반직 직원'이라는 말로 바꾸어 종합직 직원에
는 남성을, 일반직 직원에는 여성을 모집·채용하기 위해 만들어낸 것에 불과하다.
2020년 일본 후생노동성 자료에 따르면 여전히 종합직의 약 80퍼센트가 남성, 일반
직의 약 65퍼센트가 여성이다. —옮긴이

건은 일대 스캔들이 되어 일본 사회 전체를 떠들썩하게 만들었다. 낮에는 일류 기업 직원, 밤에는 시부야 거리 매춘부라는 이중생활이 드러나면서 각종 주간지와 텔레비전 와이드쇼가 관련 가십거리로 도배되기 시작했다. 후에 《도쿄전력 OL 살인 사건》佐野(眞) 2003a을 발표한 르포 작가 사노 신이치가 '미디어가 발정하였다'고 표현할 정도로 난리 법석이었는데, 피해자 A양의 프라이버시 폭로가 도를 넘어서자 견디지 못한 유족들이 "제발 우리를 가만히 내버려둬달라"고 나서면서 겨우 진정될 수 있었다.

폭풍우 같던 미디어의 공세가 잦아든 후에도 '도쿄전력 OL 사건'은 오랫동안 많은 지식인과 여자들의 관심을 끌었다. 앞서 말한 것처럼 사노는 이 사건에 논픽션 한 권을 바쳐 《도쿄전력 OL 살인 사건》을 써냈다. 사노는 책을 펴낸 후 여성 독자들의 반응에 놀랐다고 한다. '남의 일처럼 느껴지지 않는다'는 절실한 편지가 몇 통이나 도착했다는 것이다. 그것이 두 번째 책 《도쿄전력 OL 신드롬》佐野(眞) 2003b을 펴내는 계기가 되었다.

내가 아는 한에서만 해도 심리학자(오구라 지카코), 정신과 의사(사이토 마나부, 가야마 리카, 사이토 다카시), 카운슬러(노부타 사요코) 등이 이 문제에 관해 발언하였고 작가 기리노 나쓰오는 이 사건을 모델로 《그로테스크》桐野 2006라는 장편소설을 썼다. 나카무라 우사기도 《나라고 하는 병》中村 2006에서 이 사건에 관해 한 장을 할애하고 있다. 이 사건에는 많은 사람들, 특히 여성의 마음을 사로잡고 뒤흔드는 무엇인가가 있었다.

그중 한 명인 심리학자 오구라 지카코는 한 여성 편집자로부터 "도쿄전력 OL은 바로 나 자신이다"라는 절규를 들었다고 한다. 많은 여자들이 이 사건을 접하고 뭐라 표현하지 못할 흥분과 함께 이이야기는 바로 내 이야기라는 느낌을 받는다. 대체 그녀들이 느끼고 있는 것은 무엇일까? 이 수수께끼를 풀고 싶다는 생각이 들었던 것은 그때까지 여러 논자들이 내놓은 '해석'들에 얼마간의 동의와 함께 위화감을 느꼈고, 그 위화감의 정체를 밝혀내고 싶다는 충동이 들었기 때문이었다.

도쿄전력 OL의 마음속 어둠

사노 신이치의 《도쿄전력 OL 살인 사건》에는 제목 그대로 두 가지 주제가 들어있다. '도쿄전력 OL 사건'과 '살인 사건'이다. 사노의 르포는 전반부에는 엘리트 여직원이 매춘에 중독되게 된 '심리적 어둠'에 초점을 맞추나, 후반부에는 용의자로 지목된 네팔인 남성의 배경과 재판 과정으로 초점을 옮긴다. 때문에 '도쿄전력 OL 사건'에 흥미를 가지고 이 책을 읽기 시작한 독자는 후반부로 갈수록 김이 새어버린다. 그걸 의식해서인지 마지막 장에는 정신과 의사 사이토 마나부를 인터뷰하여 도쿄전력 OL의 수수께끼를 푸는 구성을 취하고 있다. 책에는 여성의 마음을 이해할 수 없었다는 사노의 솔직한 고백이 적혀 있다. 속편 《도쿄전력 OL 신드롬》은 전작 간행 후에 받은 독자들의 편지를 소개하고 그중 몇몇 여성을 직접 취재한 내용을 소개하고 있으나, '이렇게나 많은 여자들이 도쿄전력 OL에게 공감하고 있었다!'라는 개인적 놀라움에 머무르고 있을 뿐 그녀들의 내면 깊숙한 곳까지 취재하여 분석한 책은 아니었다.

이 책이 나왔을 때 나는 남성 르포 작가가 이 사건을 다루었다는 사실에 위화감을 느꼈고 책을 읽으면서 수수께끼가 풀리기는커녕 더욱 복잡해졌다. 사노의 르포는 정의감 강한 그답게 무고죄 사건 보도로 취지가 변해간다.

참고로 피해자 A씨를 OL^office lady이라고 부르는 것은 적절치 않다. OL은 1970년대 즈음부터 BG^business girl 대신 사용되기 시작한 용어로 BG가 '여성 비즈니스' 즉, 밤일을 연상시킨다는 이유로 기피되면서 널리 퍼지게 된 용어이다. BG라 부르든 OL이라 부르든 당시 기업 사회 속 여직원들은 어디까지나 '비즈니스맨'의 보조적 위치에 머물렀으며 차를 내어오거나 서류를 복사하는 등 자질구레한 일을 처리하는 심부름꾼으로서, 나이가 얼마나 먹든 '아가씨'로 호칭되는 존재였다.[2]

A씨는 1980년, 여성 종합직으로 도쿄전력에 채용된 대졸 여직원이었다. 사노는 '엘리트 OL'이라 적고 있으나 이것 자체가 모순된 표현이다. 향년 39세, 그때 당시 연봉 1천만 엔을 넘었을 여직원을 그저 'OL'이라고 부를 수는 없다.

---

2 BG, OL 등의 명칭에 관해서는 곤노 미나코의 《OL의 창조》今野 2000에서 자세하게 설명하고 있다.

A씨의 입사는 1985년 남녀고용기회균등법이 시행되기 이전이지만, 당시 일부 대기업에서는 시험적으로 대졸 여성의 종합직 채용을 시작하고 있었다. 그녀의 아버지 역시 도쿄전력에 근무하는 엘리트 사원으로 출세가도를 달리고 있었으나 그녀가 대학 2학년이 되던 해에 50대 나이로 급사한다. 존경하던 아버지를 잃은 딸은 아버지가 다니던 회사에 입사하게 되는데, 그녀의 입사에 죽은 아버지의 부하가 개입했으리라는 사실은 쉽게 짐작할 수 있다. 아버지는 도쿄대학을, 어머니는 니혼여자대학을 졸업한 고학력 가정이자 스기나미구에 단독 주택을 소유하고 있는 부유한 중산층 가정이다. 여동생이 한 명 있었는데 그녀 역시 대학을 졸업하고 회사원으로 일하고 있었으며 여자 세 명이 사는 데 경제적으로 문제가 될 여지는 전혀 없었다.

일류 대학을 졸업해 일류 기업에 근무하는 고학력 여자, 경제적인 문제도 없는 여자가 길거리 매춘이라는 가장 열악한 여성 노동을 자발적으로 선택했다. 그것도 마루야마에서. 그녀를 아는 주위 사람들의 증언에 따르면 그녀는 5천 엔에서 2만 엔 사이의 낮은 가격으로 손님을 받았고 그것을 꼼꼼하게 수첩에 기록하고 편의점에서 산 캔맥주와 어묵으로 끼니를 때우며 구두쇠처럼 지냈다고 한다.

왜?

이 물음은 일부 사람들에게는 수수께끼였으며 다른 사람들에게는 수수께끼가 아니었다. 후자의 사람들은 '도쿄전력 OL은 바로 나 자신이다'라고 생각하는 사람들이다. 정확하게는 그녀들 역시 자기 내면에 같은 종류의 수수께끼를 안고 살아가기 때문이라고 하는 것이 맞을지도 모르겠다.

'도쿄전력 OL'의 배경에 관해 사노의 르포를 조금 더 읽어보도록 하자.

A씨는 20세를 전후로 거식증을 앓은 적이 있다. 39세, 사망했을 당시에도 비쩍 말라 있었다. 하얗게 분칠한 얼굴과 가발, 트렌치코트를 걸치고 마루야마를 서성이며 매춘을 하던 당시에도 그녀의 알몸을 보고 손님들이 피골이 상접한 육체에 얼굴을 찡그릴 정도였다.

대학 2학년. 집안의 가장이었던 아버지가 죽고 난 후, 장녀이자 책임감도 강했던 그녀는 자신이 가족을 책임져야 한다고 생각했다. 회사에서는 "죽은 아버지의 이름을 더럽히지 않도록 열심히 일하겠습니다"라며 굳은 다짐을 보이기도 했다. 장녀로서 주위의 기대를 한 몸에 받았던 그녀는 '아버지의 딸'이었던 것이다.

초기 여성 종합직으로 취직한 A씨는 남자 직원들에게 뒤지지 않도록 열심히 일하는 한편, 그녀가 쓴 논문(경제학과 출신인 그녀는 경제학자로서의 일면을 가지고 있었다)이 경제 전문지에 게재되어 그와 관련한 상을 받기도 하였다. 그러나 애초부터 OL 이외에는 여직원이 존재하지 않았던 직장에서 그녀를 예외 취급하는 것은 불가능했다. 그녀 역시 차 심부름을 요구받았고 자주 찻잔을 깼다고 한다. 설거지통에 물을 한가득 받아 그 안에 찻잔을 넣고 휘저어 씻는 탓에 설거지통에서 밀려 나온 찻잔이 떨어져 깨지곤 했던 것이다. 이 에

피소드를 통해 하기 싫은 일을 억지로 하는 그녀의 모습을 떠올릴 수 있다. '이건 내가 하고 싶던 일이 아니야'라는 그녀의 불만이 전해져 오는 것 같다.

　요란하게 선전하며 채용한 '여성 종합직'을 정작 현장에서는 어떻게 대해야 할지 몰라 난처해했다는 사실은 여러 사례를 통해 보고되어 있으며, 균등법 적용 제1세대들이 직접 증언하고 있다. 직장은 여성 종합직을 이전처럼 '아가씨'로 취급해야 할지 아니면 '다른 종류의 남자 직원'으로 대해야 할지 갈피를 잡지 못했다. 사실 여성 종합직에게 요구되었던 것은 '남자 직원만큼 실적을 올리면서 동시에 여자 직원이 맡고 있는 허드렛일도 수행할 것'이라는 이중의 역할이었다. 그녀들은 채용 조건과 급여 모두 남자 직원 수준이었기 때문에 처음부터 과도한 주목을 받았으며 기대치가 큰 만큼 무거운 스트레스를 떠안았다. 동시에 다른 여직원들과의 관계를 원만하게 유지하는 데에도 신경을 써야 했다. 예를 들어 여직원들이 당번을 짜 다른 직원보다 일찍 출근해 사무실의 모든 책상을 닦는 관행이 있던 곳에서는 당번 명단에 종합직 여직원의 이름을 넣어야 할지 말아야 할지로 문제가 일어났다. 당번 명단에 종합직 여직원을 넣지 않으면 다른 여직원들로부터 멀어질 수 있고 넣으면 본인이 불만을 느낄 것이기 때문이다. 여성 종합직을 받아들일 준비가 되지 않은 기존의 직장에서 그녀들은 취급주의 딱지가 붙은 부스럼 같은 존재였으며 절대적 소수파로 고립되었다. A씨는 '회사에 적응하지 못했다'고 하는데 그것이 그녀의 특이한 성격에서 기인하는 것이라고 완전히 매도할 수는 없다. 사회적 기대 속에 당시 종합직에 채용된 많은 여성이 높은 압력과 부당한 처우로 인해 직장에 환멸을 느끼고 이직한 사례는 수없이 많다. "그래서 여자는 안 돼…" 같은 말을 듣게 되는 전례를 남긴다는 것이 두렵기도 하지만 그녀들은 남자 직원만큼의 책임과 여자 직원이 떠안는 부담 모두를 짊어진 채 "도저히 못 해먹겠다!"고 비명을 질렀던 것이다.

1988년, 30세의 A씨는 관련 조사회사로 파견을 나가게 된다. 그 조사회사는 동기 남자 직원들이 맡고 있는 직책을 고려하면 한 단계 낮은 수준의 회사로, 그녀에 대한 회사의 평가를 나타내는 인사 발령이었다. 그때까지 그녀는 상사가 '부리기 힘든 직원'이라는 딱지를 안고 있었다. 도쿄전력이라는 대기업 클라이언트에서 파견 나온 직원은 거래처 입장에서 '손님'이 된다. 그곳에서도 그녀는 부리기 힘든 '부스럼' 취급을 받았다. 완벽주의적이고 꼼꼼한 그녀는 상사나 동료의 실수를 주저 없이 지적하여 미움을 샀다고 한다.

3년간의 파견 근무 후 그녀는 본사로 돌아와 1993년에 경제 조사실 부장部長이라는 이름의 관리직에 앉게 된다. A씨와 입사 동기인 대졸 여성 종합직 9명 가운데 관리직까지 승진한, 혹은 그때까지 회사에 재직하고 있던 사람은 A씨가 유일했다. A씨가 입사 후 최초로 배속받은 곳도 기획부 조사과였다. 조사 부문 배치는 기업이 여성 종합직을 스태프 부문 요원으로 여기고 있었다는 것을 나타낸다. 즉, 남자 직원들이 라인 부문에 배치되는 동안 여자 직원에게는

'여성 전용 지정석'이 준비되어 있었던 것이다.[3]

사노에 따르면 A씨가 '밤일'을 시작하게 된 것은 파견 근무를 마치고 반년쯤 지났을 때부터라고 한다. 처음에는 클럽에 호스티스로 나가기 시작했고 죽기 직전에는 시부야에서 매춘까지 하게 된다. 처음에는 '신사적인 손님'들만 받았으며 수첩에는 단골손님의 명단과 연락처가 적혀 있었다. 가격은 한 회 2만 엔에서 3만 엔. 당시 시부야의 매춘 요금으로서는 표준에 가깝다. 고갸루[4]가 등장하여 매춘의 저연령화가 진행된 이 시기에는 교복 차림의 고교생 가격이 더 높았다.

그녀는 마치 판화로 찍어내듯 정해진 패턴의 일상을 보냈다. 정해진 시간에 회사를 퇴근해 어묵 국물로 허기진 배를 채운 뒤, 매일 같은 화장과 코트를 걸치고 마루야마에 나선다. 네 명의 손님을 받아 하루 할당량을 채우면 그걸 수첩에 기록하고 돈을 계산한다. 잔돈이 모이면 만 엔 지폐로 환전해 보관하는 등 숫자에는 꼼꼼했으나 그렇게 모은 돈으로 딱히 사치를 부리는 것도 아니었다. 피곤에 지쳐 집으로 돌아오는 지하철 안에서 편의점에서 산 과자와 빵을

---

3 경영상의 이유로 파산한 전 일본장기신용은행에 재직한 적이 있는 여성 경제학자 오자와 마사코는, 조사실에 배속된 그녀의 연봉은 같은 연령대의 여성 노동자와 비교하면 대단히 높은 수준이었으나 입사 후 인사이동과 전근을 반복하며 라인 부문에 근속한 동기 남자 직원들과 비교했을 때는 거의 두 배 차이가 났다고 증언했다.

4 '한껏 치장한 헤어스타일에 짙은 화장과 화려한 복장으로 시부야 등지에 출몰하는 여고생'이란 이미지로 사용되는 말이지만, 사실은 매춘 대상의 분류로서 범주화된 의미가 더 크다.—옮긴이

허겁지겁 해치우는 그녀의 모습이 목격되기도 했다.

'밤일'은 점차 '낮일'을 침식해갔다. 회사 내에서 그녀의 화장은 점점 짙어져갔고 복장도 눈에 띄기 시작했다. 생활이 너무 가혹했던 탓인지 아니면 거식증이 재발했던 것인지 그녀의 육체는 병적으로 야위어갔다. 직장에서의 고립도 심해졌고 회사 사람들 역시 그녀의 이상한 낌새를 눈치채기 시작했다. 정시 퇴근이 가능했다는 사실 자체가 직장 내에 그녀가 있을 자리가 없었다는 것을 의미한다. 30대 후반. 직장에서 가장 활발한 나이. 남자였다면 출세 경쟁이 한창일 때다.

그리고 39세. 마치 '여자의 유통기한'이 다하는 순간을 노렸다는 듯, 그녀는 살해당한다. 살해당하지 않았더라도 그녀의 삶 자체가 '완만한 자살'이었음을 의심하는 이는 적지 않을 것이다.

사체가 발견된 마루야마의 초라한 아파트는 OL들의 성지聖地가 되었고, 그곳에는 꽃을 바치는 행렬이 몇 년 동안이나 이어졌다.

남자들의 해석

사노가 도쿄전력 OL을 해석하는 열쇠 개념은 '타락'이다. 그러나 매춘한 여자를 '윤락녀'라 부르는 것은 너무 진부하다. 종종 '신세를 망쳐 윤락의 세계에 빠져들었다'라든가 '뒷골목 인생을 살아간다'는 식의 표현이 사용되곤 하는데, 그녀는 생활이 궁핍해서 사회의 밑바닥으로 추락했던 것이 아니다. 남들이 손가락질할 법한 이중생활이 드러나 사회적인 제재를 받거나 그 때문에 직장을 잃었던 것도 아니다. 설사 회사가 매춘 사실을 알았다 하더라도 위법 행위가 아닌 이상 해고할 수도 없었을 것이다. 그녀같이 포주에게 고용된 것이 아니라 '프리랜서'인 경우 '자유 연애'라는 변명이 얼마든지 통하기 때문이다.

사노가 타락이라는 단어를 사용하는 것은 성을 파는 행위가 인륜에 어긋나는 행동이라는 구시대적 사고방식에서 나온 것이겠지만, 타락이라는 말에 포함된 낭만주의적 뉘앙스 역시 무시할 수 없을 것이다.

> 도쿄전력 OL의 가면을 벗어던지고 요타카[5]가 된 A의 모습은, 사카구치 안고가 《타락론》에서 '사람은 그것이 올바르기만 하다면, 갈 수 있는 데까지 타락해보는 것이 필요하다. … 있는 힘껏 타락해보는 것을 통해 진정한 자신을 발견할 수 있고 비로소 구원의 손길을 내미는 것이 가능하다'고 말한 것을 연상케 하여 나를 감동시킨다. (…) 그녀의 타락은 너무나도 한결같아 성스러움마저 느껴지는 경이로운 순수함으로 형언할 수 없이 가슴을 떨리게 한다.[6]佐野
> (眞) 2003a: 321

---

5 에도 시대, 길거리에서 호객 행위를 하는 매춘부를 가리키던 말.─옮긴이
6 사노의 원문에는 피해자가 실명으로 나온다. 도쿄전력 OL을 논하기 위해 그녀의 실명은 필요 없다. 따라서 인용의 실명 부분은 'A'로 바꿨다.

'요타카' 같은 시대착오적 용어를 끄집어낸 그 발상력에 탄복할 지경이고, 그녀를 타락의 카리스마로 추앙하는 정신세계 속에는 성을 통해 구도와 구원을 바라는 20세기적 낭만주의 클리셰와 보잘 것없는 대가를 받으며 남성의 욕망을 채워주는 여성에 대한 막달라 마리아적 동경이 있다. 어떤 남성지는 그녀를 '상처투성이 선녀보살', '블랙 마리아'로 묘사하기도 했다. 남자들의 독선적 사고 이상도 이하도 아니다.

하야미 유키코는 미디어의 발정을 논하며 '지금껏 이렇게나 남성과 여성의 인식 차를 선명하게 드러낸 사건은 없었다'고 지적한다.速水 1998: 13

사노는 도쿄전력 OL의 '마음속 어둠'을 이해하려는 시도를 포기하고 —전혀 얼토당토않은 해석을 늘어놓는 것보다는 훨씬 성실하다—정신과 의사인 사이토 마나부에게 그 역할을 맡긴다. 사이토는 도쿄전력 OL에 관해 다음과 같은 프로이트적 분석을 제공한다.

아버지를 사랑하고 아버지의 기대를 받으며 훌륭하게 자란 맏딸은 '아버지의 딸'이 된다. 대학생 때 아버지를 잃은 맏딸은 아버지와 동일화하여 아버지 대신 가장이 되려고 한다. 이러한 자부심은 곧 무력한 보호자인 어머니에 대한 경멸로 변화한다. 어머니는 오만한 맏딸을 멀리하고 대신 여동생에게 애착을 가지며 맏딸을 배제하려고 한다. 이렇게 점차 가정 내에 맏딸이 있을 곳이 없어진다.

'아버지에게 집착하여 벗어나지 못한 결과, 아버지를 대신하여 살아가려고 하면 할수록 (…) 자기 신체에 대한 증오, 자기 신체에 대한 복수심과 같은 감정이 생겨나'게 되고 사이토는 이것을 가리켜 '자기 처벌 욕망'이라고 불렀다. 이것은 동시에 어머니에 대한 처벌을 의미하기도 한다. '매춘을 한 뒤에도 반드시 어머니와 여동생이 있는 집으로 귀가했다는 사실(이것이 사실인지는 의심스러우나 원문의 문장을 그대로 인용한다)은, 어머니의 (…) 사회적 무력함을 두드러지게 하는 대단히 효과적인 방법이다'라고 그는 말한다.

따라서 '그녀의 매춘 행위는 어머니와 여동생이라는 양자 연합에 대한 공격이었다고 생각합니다. 그녀는 죽은 아버지와 연결되어 있었고 때문에 사실은 남성 연합에 속해 있어야 했지만 자신의 신체가 그것을 방해했던 것입니다. (…) 매춘을 한다는 것은 어머니를 괴롭히는 동시에 자기 신체를 망쳐놓는 데 효과적이죠.'佐野(眞) 2003b: 132-3

이러한 프로이트적 분석은 모든 요인을 가족 관계 안에 가두어 놓기 일쑤이다. 모든 것을 아버지, 어머니, 딸이라는 가족 범주에 환원시킴으로써 오히려 젠더 블라인드(젠더 효과를 무시하는)로 이어지게 된다.

자발적인 매춘을 자기 처벌적 자해 행위로 해석하는 시각은 원조교제 소녀들의 분석에도 공통적으로 들어가 있다. 그 해석도 가족 관계 안에 머무른다. 아버지에게 사랑과 기대를 받으며 자란 딸은 아버지와 동일화하려고 하나 '아버지의 딸'은 아무리 발버둥 쳐도 '딸'일 수밖에 없으며 '아들'이 될 수 없다. 자신이 불완전한 아버지 밖에 될 수 없다는 사실을 알고 딸은 아버지와의 동일화를 방해하는 여성 신체를 벌하려고 한다. 이 경우 매춘은 자벌自罰이 된다. 한편 아버지에게 지배당하며 아버지를 혐오하는 딸은 아버지에 속해 있는 자신의 신체를 '더럽힘'으로써 아버지를 배신하고 아버지에게 복수하려고 한다. 이 경우 매춘은 타벌他罰이 된다. 이러한 자벌과 타벌 모두 딸의 자해 행위를 통해 달성된다.

'아버지의 딸'은 어머니의 무력함과 의존성을 혐오한다. 그러나 어머니와 같은 종류의 신체를 가지고 있는 딸은 어머니와 완전히 분리되는 것이 불가능하다. 남편에 대한 어머니의 의존이 어머니의 섹슈얼리티 봉인으로부터 성립되고 있다는 사실을 알고 있는 딸은 어머니의 숨겨진 욕망을 읽어내어 금기를 범함으로써 어머니의 욕망을 대행적代行的이고 희화적으로 달성하려고 하지만 그것 역시 어머니에 대한 복수를 의미한다. 90년대 원조 교제 소녀들의 배후에 존재하는 두 세대에 걸친 여성의 섹슈얼리티 억압을 읽어낸 것도 하야미 유키코였다.

가정 내에서 최약자인 딸의 공격은 강자인 아버지나 어머니에게 직접적으로 향하지 않는다. 약자의 공격은 더욱 약하고 저항하지 않는 이, 즉 자신의 신체와 영혼, 섹슈얼리티로 향한다. 아들의 공격성이 단순히 타벌 또는 타자에 대한 상해 행위로 향하는 것과는 대조적이다. 이렇게 자기 신체를 시궁창에 던져 넣듯 남성에게 바치는 성적 일탈(매춘 행위도 포함된다)은 섭식 장애나 손목을 긋는 자해 행위와 같은 방식으로 해석될 수 있다.

두 가치로 분열되는 여자들

도쿄전력 OL을 이해하는 데 여성 간 '경쟁과 질투'라는 또 하나의 시각을 제공한 것이 기리노 나쓰오였다. 기리노의 장편《그로테스크》는 사건으로부터 4년이 지난 2001년부터 〈주간문춘〉에 약 1년 반이라는 긴 기간 동안 연재되었다. 남녀 간 이해 방식에 큰 차이가 있는 이 사건에 드디어 여성 작가의 상상력이 발휘되기 시작했다며 독자들은 기대를 표했다.

주인공인 '나'와 유리코는 혼혈 자매로, 한 살 어린 여동생 유리코는 서양인의 용모를 물려받은 '파괴적 미모'의 소유자이고 그에 반해 언니인 '나'는 동양적인 평범한 용모를 가지고 있다. 처음부터 용모에 주목하는 서술은 여자에게 외모의 미추가 얼마나 큰 차이를 가져오는가를 작가가 의식하고 있음을 의미한다. 여기에 '지에'라는 이름의 여고 동창이 등장한다. 매춘을 하던 유리코는 살인 사건의 피해자로 발견되는데 곧이어 일류 회사 OL이 된 지에 역시 매춘을 하고 있었다는 사실이 밝혀지고 그녀도 살해된 채 발견된다. 직접적으로는 지에가 도쿄전력 OL을 모델로 한 캐릭터이긴 하나 화자인 '나' 역시 유리코와 지에를 비교 서술하는 역할에서부터 점차 같은 운명 속으로 빨려 들어가게 되는 '신뢰할 수 없는 화자'로 그려진다. 독자는 '나'의 논평과 지에와 유리코의 일인칭 독백을 번갈아 읽게 되고 이를 통해 사건의 다면적 현실에 접근해간다.

소설《아웃》에서 파트타임 아르바이트 주부들의 살인과 시체 절단을 그려 강렬한 인상을 남겼던 기리노였으나, 이 작품에서 도쿄전력 OL의 리얼리티를 재구성하는 데는 성공하지 못한 듯싶다. 애초에 '악마적으로 아름다운 미모' 같은 표현으로 등장인물을 형용하고 있다는 사실에서 이미 소설로서 실패하고 있다고 생각한다. 또한 작가에 의해 초기 능력치가 부여된 게임 플레이어처럼, 등장인물들은 예기된 그대로의 액션을 행한다. 이런 글쓰기는 우화는 될지언정 소설로서는 매력이 떨어진다. 장편소설에다 역작이기도 하지만 예상외의 허탈함을 느끼게 되는 것은 이 때문이다. 반면 소설 이곳저곳에서 신선한 캐치프레이즈 같은 표현을 발견할 수 있으며 이를 통해 작가의 속내를 파악할 수 있는 장치가 마련되어 있기도 하다. 어쩌면 이것은 일종의 사변思辨소설일 수도 있겠는데, 만약 그렇다면 이렇게나 긴 이야기를 읽어야 할 필요는 없을 것이다.

등장인물 중에서 도쿄전력 OL에 가장 가까운 것은 지에이다.

지에는 유명 사립대학 졸업생에다 일류 기업의 OL로 다음과 같은 독백을 내뱉는다.

이기고 싶어. 이기고 싶어. 이기고 싶어.

최고가 되고 싶어. 존경받고 싶어.

누구한테나 인정받는 존재가 되고 싶어.桐野 2006: 下263

지에의 '최고병'에서 나오는 라이벌 의식이 동기 입사한 도쿄 대학 출신 여직원에게 향해 있다는 것은 상징적이다. 최고병에 걸리는 이유는 진짜 최고가 아니라 언제나 두 번째에 머물기 때문이다.

'일류도 삼류도 아닌 이류'라는 자각이 사람들을 최고병으로 이끈다. 지에의 라이벌인 도쿄대를 졸업한 여직원이 '의식하지 않아도' 빈틈없이 행동할 수 있었던 것과 대조적이다.

지에는 여고 시절부터 최고를 목표로 노력해왔다. 그녀의 그런 노력과 자부심은 미모만 훌륭할 뿐 성적은 그저 그런 유리코에 대한 경멸로 나타난다. 그러나 작가는 지에에게 승산이 없다는 사실을 화자인 '나'를 통해 이렇게 밝힌다.

"여자애에게 외모는 상대를 압도하는 그 무엇이 됩니다. 아무리 머리가 좋더라도 재능이 있더라도 그런 건 눈에 보이는 것이 아니에요. 두뇌나 재능은 결코 외모를 이길 수 없어요."桐野 2006: 上92

자매인 '나'와 유리코 사이에서도 '나'의 패배는 운명 지어져 있다. 미모의 여동생을 가진 언니는 언제나 가족 내에서 여동생과 비교당하며 자란다. 이러한 환경에서 '나'는 시커먼 증오와 질투를 키우게 되고 악의 카리스마가 된 '나'의 사명은 '미모'의 최종적이며 철저한 패배를 끝까지 응시하는 것이 된다. 미모란 남성을 욕정하게 만드는 능력, 남성에 의해 부여되는 여성 가치의 다른 이름이다.

제11장 '여학교 문화와 여성 혐오'에서 여성에게는 두 가지 가치, 즉 여성에게 인정받는 가치와 남성에게 인정받는 가치가 필요하며 그 둘은 양립하지 않는다는 사실을 논했다. 그럼에도 제9장 '어머니와 딸의 여성 혐오'에 언급한 바와 같이, 여성에게 '현대'란 스스로 달성하는 가치와 타인, 즉 남성에 의해 부여되는 가치 모두가 필요하며 어느 한쪽만으로는 결코 만족될 수 없는 시대이다.《그로테

스크》에는 사립 명문 여학교라는 폐쇄적인 공간에 섞여 있는 '나'와 유리코 자매가 클래스메이트들과 벌이는 숨 막히는 질투, 갈등, 불화, 그리고 그 결과가 그려져 있다. 명문 여학교라는 설정은 이 양자의 가치가 달성될 듯 달성되지 않는 미묘한 배경 장치로 작용한다.

유리코와 지에 모두 원래 이 학교 출신이 아닌 '외부인'이다. 출신에 걸맞지 않게 귀족 학교에 진학한 외부인은 내부인에 대한 원망과 선망을 가지지 않을 수 없다. 여자가 출신 계급을 벗어나는 방법은 두 가지다. 미모 아니면 학업 성취. 그러나 '압도적인 미모'라는 무기로 대항한다 해도 계급의 벽은 넘을 수 없다. 귀부인은 원래 귀족 가정 출신이기 때문에 귀부인이 되는 것이다. 미모라는 자원밖에 가지지 못한 여자는 남자를 이용하는 듯 보이나 — 실제로 유리코는 고교 시절부터 미모를 무기로 남자 친구들과 짜고 꽃뱀 사기단 같은 것을 조직하기도 했다 — 최종적으로는 남성에게 철저히 유린당한 뒤, 죽는다.

다른 한 가지, 학업 성취는 어떠한가? 성적이 집단 내 순위를 결정하게 되는 이유는 그것이 폐쇄적인 여학교라는 목가적 공간이기 때문이다. 일단 여성만으로 이루어진 집단을 벗어나 밖으로 나가면 거기에는 남성의 시선이 중력처럼 존재한다.

좋은 성적이 좋은 학교를, 좋은 학교가 좋은 사회적 성취를 의미하는 것은 남성에게만이다. 지에는 학력과 아버지의 연줄로 일류 기업에 입사하는 데까지는 성공했다. 그러나 지에를 기다리고 있던 것은 '여성 전용'의 '이류 코스'였다. 여성 전용 지정석으로 내몰려 철저하게 좌절감을 맛본 지에에게, 여자로서는 더욱더 무가치하다는 모욕이 몰아친다. '중년 남성과 다름없는' 생활을 보내던 지에는 실은 중년 남성보다 더 처참했으며 긴자 한복판에서 이렇게 소리치고 싶은 기분을 느낀다.

> 누가 나에게 말을 걸어줘. 나를 유혹해줘. 제발 부탁이니 나에게 따뜻한 말을 건네줘.
>
> 예쁘다고 말해줘, 귀엽다고 말해줘.
>
> 차 한잔하지 않겠냐고 속삭여줘.
>
> 다음에 단둘이서 만나지 않겠냐고 다가와 줘.桐野 2006: 下275

여기에 인용한 지에의 독백은 본문 중 유일하게 고딕체로 인쇄된 두 부분에서 끌어왔다. 이런 식의 강조법을 포함해 너무나도 식상한 표현에 나도 모르게 얼굴을 돌려버리고 싶어지는 대목이다.

또 하나의 고딕체 부분에는 이렇게 적혀 있다.

"이기고 싶어. 이기고 싶어. 이기고 싶어. 최고가 되고 싶어.

괜찮은 여자다, 그녀를 알게 되어 기쁘다, 이런 말을 듣고 싶어."

桐野 2006: 下277-8

많은 논자들이 현대 여성의 분열에 관해 여러 방식으로 논하고 있는데, 그 내용은 요컨대 위의 두 가지 욕망이다. 균등법 이후, 여성은 개인으로서의 성취와 여성으로서의 성취, 이 두 가지를 모두 충족시키지 않으면 '성숙한 어른'으로서의 취급을 받지 못하게 된 것이다.

제13장

도쿄전력 OL과
여성 혐오
part 2

창녀가 되고픈 여자

'창녀가 되어보고 싶다는 생각을 한 번쯤 해본 여자들이 많이 있을 것이다. 나에게 상품 가치가 있다면 그래도 값을 높게 쳐줄 때 팔아서 돈을 벌고 싶다고 생각하는 여자. 성이 아무런 의미도 가지지 않는다는 사실을 자기 육체로 확인해보고 싶은 여자. 자기 비하에 빠진 나머지 자기 존재의 하찮고 보잘것없음을 확인하기 위해 일부러 남자 입장에 서는 여자. 격정적인 자기 파괴 충동에 휩싸인 여자.'桐野 2006: 上274

'이유는 여자 수만큼 존재한다'고 기리노 나쓰오는 말한다.

도쿄전력 OL은 1천만 엔 상당의 연봉을 받으면서도 시부야 밤거리를 배회하며 "섹스 안 할래요? 한 번에 5천 엔요" 하고 성을 팔았다. 상대가 돈이 없다고 하면 2천 엔에도 괜찮다며 할인도 해주었다. 그렇게 번 수입은 꼼꼼하게 수첩에 정리했는데 돈을 위해서였다고는 생각하기 힘들다.

1980년대의 시부야. 테레크라[1] 매춘의 시가가 3만 엔, 원조 교제 소녀의 경우 팁을 더해 하룻밤 5만 엔까지 하던 시대다. '도마 위의 참치'처럼 누워 있는 소녀의 육체에 남자가 5만 엔이나 지불하던 시대. 도쿄전력 OL이 자신에게 매긴 값은 '세일 가격'이었는가, 하는 생각이 들게 된다.

《도쿄전력 OL 신드롬》佐野(眞) 2003b에서 사노 신이치는 A씨가 '0.2만 엔'이라고 하는 매우 낮은 가격에 매춘을 했다는 사실과 관련하여 한 여성 독자의 해석을 소개하고 있다. '가격을 매기고 있던 건 A씨다. 그녀는 상대 남자의 가격을 매기고 있었던 것이다'라는.佐 野(眞) 2003b: 134

혜안이다. 나도 어슴푸레 느끼고 있던 것을 핵심을 찌르는 말로 표현해주었다. 사노는 이 해석을 정신과 의사인 사이토 마나부에게 전했고 "대단히 흥미로운 시각이라고 생각합니다"라는 대답을 이끌어냈다. 그러나 그 후 두 사람의 대화는 초점을 잃고 다른 방향으로 흘러간다. 사노의 저작에서 이 물음은 더 이상 탐구되지 않고 사라져 버린다.

'A씨가 남자의 값을 매기고 있다'는 견해는 독자를 위해 설명이 필요할지도 모르겠다.

많은 사람들이 매춘 가격은 매춘부에게 매겨지는 가격이라고 생각한다. 그러나 매춘賣春이라는 동전의 뒷면은 매춘買春이다. 남자가 지불하는 돈은 남자가 자기 자신의 매춘買春에 대하여 매긴 가격이

---

1 '텔레폰 클럽'의 약어. 전화가 설치된 부스에 남자가 들어가 여자에게서 걸려오는 전화를 기다리다가 서로 합의가 되면 데이트를 하는 방식의 남녀 만남 주선 비즈니스. 주로 매춘 목적으로 이용되는 경우가 많았다.

기도 하다. A씨에게 5천 엔을 지불한 남자는 A씨의 성의 가격을 5천 엔이라 여겼을 뿐만 아니라 반대로 자신의 성욕에 5천 엔이라고 하는 가격을 매긴 것이 된다. A씨 역시 '그렇게까지 해서라도 성을 만족시키고자 하는 남성의 추한 성욕'에 대하여 5천 엔이라고 하는 가격을 매긴 것이다. 거기에는 성욕의 충족을 여성에게 의존할 수밖에 없는 남자들에 대한 비웃음이 존재한다.

창녀는 돈을 지불하지 않는 남자에게 결코 몸을 내주지 않는다. 아무리 '시궁창에 몸을 내던지는' 섹스라 할지라도 그것은 무상으로 제공되는 것이 아니다. 조반나 프랑카 달라 코스타는 《사랑의 노동》ダラ·コスタ 1991에서 아내의 섹스가 '무상노동'이라는 사실을 갈파했다.[2] 남편에게 "No"라고 말할 수 없는 아내들에 비하면 절대 공짜로는 '대주지' 않는 창녀들은 남성에 의한 착취를 거부한 고매한 주체라고 할 수 있다. 그때 창녀가 자신에게 매기는 가격이란 상대 남자에게 매긴 가격이기도 하다. '이 정도 돈을 내 앞에 갖다 바치지 않으면 당신은 나를 자유롭게 가지고 놀 수 없어!'라는. 섹스 가격은 창녀와 손님에게 있어 서로 다른 의미를 가지는 것이다.

자신의 성을 한없이 '가격 할인'하는 여자, 결국에는 누구에게나 공짜로 대주는 여자. 이런 여자를 남성 사회는 경멸하면서도 동시에 '상처투성이 선녀보살', '블랙 마리아'로 포장해 신성화한다.佐野

---

2 '가사 노동에 임금을'이라 주장하며 무상노동론을 전개한 마리아로사 달라 코스타는 조반나 프랑카 달라 코스타의 언니다.

(眞) 2003b: 50 어떤 남자도 거부하지 않는 여자, 축생도畜生道를 걸어가면서까지 남자를 구원해주는 마리아를 그들은 찬미한다. 이런 종류의 신성화는 남성 성욕의 '떳떳하지 못함'을 여자에게 투영하는 필수불가결한 장치고 할 수 있다.

성처녀聖處女 마리아의 뒷면에는 창녀 막달라 마리아가 찰싹 달라붙어 있다. 양자가 마리아라는 같은 이름을 공유하고 있다는 사실은 우연이 아닐 것이다. 여성을 '생식 전용 여성'과 '쾌락 전용 여성'으로 분단시킨 남성의 '성의 이중 기준'에 남성 스스로가 농락당하는 것은 필연적이다.

여자가 남자에게 매긴 가격

여자의 성이 '할인'될수록 여자는 부가가치가 제외된, 단순한 여성기에 지나지 않게 된다. 짙은 화장에 트렌치코트를 걸치고 있던 A씨가 옷을 벗고 '키 169센티미터, 체중 44킬로그램'佐野(眞) 2003b: 21의 알몸을 드러낼 때면, 피골이 상접한 섭식 장애 환자의 몸을 본 남자 손님들이 저도 모르게 뒷걸음질 쳤다고 한다. 그럼에도 남자 손님이 일을 치르고 요금을 지불하는 이유는 상대가 여성기로 환원되기 때문이다. 눈을 감고 다른 누군가를 떠올리며, 혹은 완전히 가학적이 되어 '창녀의 질을 자기 손 대신 삼아' 마스터베이션한다는 생각으로도 남자는 사정할 수 있다.

전쟁 중 군대 위안소는 군대 용어로 '피야ヒ-屋'라고 불렸다. 조선

인 위안부가 있는 곳은 '조선 피야', 중국 위안부가 있는 곳은 '지나 支那 피야.' '피ㅂ-'란 여성기를 가리키는 중국어 속어라고 하나 정확한 출처는 알 수 없다. 그곳의 여자들에게는 성적 기교나 테크닉이 필요치 않으며 그저 여성기가 되어 눈앞의 남자의 정액을 받으며 누워 있기만 하면 된다. 위안부는 인격을 배제하고 단순한 여성기로 환원되어버리는 전장의 가혹함이 느껴지는 용어인데, 같은 식으로 '피야'에서의 남성 역시 단순한 남성기로 환원된다.

'매춘의 가격'이란 무엇일까? 남자가 여자에게 돈을 지불하고 있으니 남자가 여자에게 매기는 가격이라고 착각하기 쉬우나, '한 여성 독자'가 간파한 것과 같이 그것을 여성이 남성에게 매긴 가격이라고 생각하면 많은 수수께끼가 한꺼번에 풀린다.

자신을 높은 가격에 파는 여자는 자신을 사는 남자의 가치를 그만큼 높게 평가하고 있는 것이며 자신을 싼 값에 파는 여자는 남자의 가치를 그 정도로 낮게 생각하고 있는 것이 된다. 누구에게나 공짜로 대주는 여자는 자신의 몸을 시궁창에 내던지는 행위를 통해 상대 남자의 성욕 역시 '시궁창'에나 어울리는 것이라는 사실을 자신의 몸으로 검증하고 있는 것이다.

너는 단순한 성욕 이외에 아무것도 아니야. 공짜로 대주는 건 네가 무가치하다는 것을, 2천 엔을 요구하는 상대에게는 2천 엔, 5천 엔을 요구하는 상대에게는 5천 엔의 가치밖에 없다는 것을 남자에게 선고하는 것이다. 돈이라도 쓰지 않으면 너는 네 성욕조차 만족시킬 수 없어! 이런 식으로 남자의 초라한 성욕을 까발리는 것이다.

"여자가 몸을 파는 이유는 단 하나. 이 세상에 대한 증오 때문입니다." 기리노의 소설桐野 2006: 下443에서 주인공은 이렇게 말한다. "추하게 변한 나를 보이고 남자들이 그런 나를 사도록 만들어 나 자신에게 그리고 이 세상에게 복수를 하고 있는 것이다"라고. '이 세상' 같은 완곡어법은 사용하지 않아도 된다. 그냥 '남자들에게'라고 말하면 된다.

그러나 창녀에게 존재하는 증오와 별도로 남성 역시 창녀를 증오하지 않으면 안 된다. 기리노는 주인공 중 한 명에게 이렇게 읊조리게 한다.

"사실 남자들은 몸 파는 여자를 증오하고 있어. 몸 파는 여자들도 그녀를 사는 남자들을 증오하고 있지."桐野 2006: 下332

여자를 성기로 환원하면서 동시에 그녀에게 의존하지 않으면 자신의 성욕을 채울 수 없는 성욕의 자승자박 구조를 누구보다도 저주하고 있는 것은 바로 남성 자신일 것이다.

이 속에 남성의 여성 혐오가 품고 있는 수수께끼의 모든 것ー여성 혐오란 원래 남성의 것이다ー이 포함되어 있다. 요시유키 준노스케를 떠올리면 좋다.[3] 여자에 깊이 의존하고 있으며 또한 그 때문에 여자를 미워하지 않을 수 없는 남자. 그것이 바로 호색한이라는 이름의 여성 혐오적 남성이다.

---

3 요시유키 준노스케의 여성 혐오에 관해서는 《남류문학론》上野 외 1992과 제1장 '호색한과 여성 혐오'를 참조.

남자들은 그런 자승자박 구조가 내리는 저주를 창녀에게로 돌린다. 그들은 창녀를 철저하게 이용하면서도 그 존재를 공공연하게 인정하지 못하고 모욕과 멸시, 혐오를 가한다. 더러운 것을 애써 외면하듯 반쯤은 필요악으로 인정하면서도 감추려 한다. 위안부 제도를 포함하여 매춘은 남성에게 꽤나 거북한 대상인 듯하다.

한편 그들은 창녀가 돈 때문에 자신과 교제하고 있다는 사실을 잘 알고 있으면서도 돈으로 살 수 없는 여자의 '정'을 돈으로 사려고 한다. 창녀의 '과거 이야기'는 흔하디흔한 상술 중 하나이다. 프로 창녀는 섹스에 섹스 이외의 이야기를 부가가치로 더한다. 자칭 풍류객들은 이렇게 유녀의 사랑을 돈으로 사고자 하는 모순적 게임에 빠지기 십상이며, 이런 풍류객들을 일상적으로 대하며 능숙하게 게임을 이끌어나가는 이들이 바로 프로 호스티스, 호스트들이다.

셀러브리티celebrity[4] 남자는 고급 콜걸을 부르거나 모델이나 탤런트를 돈으로 사려 하는데 그것도 자신의 성욕에 매긴 가격으로 생각하면 이해하기 쉽다. 그들은 부가가치가 있는 여성에게만 욕정(한다고 자신에게 암시한다)함으로써 자신의 성욕이 평범한 남성의 성욕과 다르다(더 고급이다)는 것을 자신(과 다른 남성)에게 증명하려고 한다.

여자 입장에서 보면 더 잘 이해할 수 있다. 종신 계약이든 일회 계약이든 자신을 비싸게 팔고자 한다는 점에서는 매한가지다. 귀부인이 되길 원하는 여자들은 '남자가 여자에게 부여하는 가치'를 과

---

4 사회적인 명성과 부를 겸비한 엘리트 계급.

대하게 평가하고 있는 것이며, 때문에 설사 가정 폭력을 겪더라도 그 지위에서 내려올 수가 없다. 내려오는 순간 자신이 '아무것도 아닌 사람'이 될지 모른다는 두려움 때문이다.

남자의 성공을 나타내는 사회적인 지표는 '아내가 얼마나 아름다운가'라고 하는데, 더 정확하게 말하자면 '돈이 얼마나 드는가'이다. 내 성욕은 어지간한 것으로는 채워지지 않으며 내 성욕을 관리하는 데는 이만큼의 돈이 들어간다고 과시할 필요가 있기 때문이다. 미국에서는 그런 아내를 가리켜 '트로피 와이프trophy wife'라고 부르기도 한다. 승리의 전리품이기 때문이다. 때문에 귀부인들은 피부 관리나 패션 등 자신을 가꾸는 데 여념이 없다. 내가 바로 내 남편의 지위를 나타내는 지표가 되기 때문이다. 그렇게 그녀들은 '나는 우리 남편에게 어울리는 여자'라는 사실을 증명하려고 하는데, 이걸 반대로 말하면 '남편의 가격을 매기고 있는 것은 바로 나 자신'이 되는 것이다.

일회 계약의 단가가 높은 여자의 경우도 사정은 마찬가지다. 자신을 비싸게 팔면 팔수록 그만큼 '남자에 의해 부여받는 가치'를 스스로가 높게 평가하고 있다는 것이 된다. 나는 나를 싼 값에 파는 여자가 아니다. 그것이 현금이든 고가의 브랜드 명품이든 프랑스 요리든 마찬가지이다. 나를 위해 보다 더 많은 돈을 쓰게 하는 쾌감. 그것은 남자가 그녀에게 매긴 가격을 통하여 자기 확인을 하는 행위가 된다. 뒤집어 말해 같은 양의 가치를 그녀 역시 남성에게 부여하고 있는 것이 된다.

'성적 승인'과 '동기의 어휘'

원조 교제 소녀들은 창녀로서는 분수에 맞지 않는 대가를 얻어 왔다. 그녀들은 그저 어린 육체이기만 할 뿐, 성적 경험이나 숙련도도 부족하고 성의 기교나 연애의 줄다리기도 알지 못하는 미숙한 연령의 여성들이다. '원조 교제'란 10대 매춘, 그것도 관리 매춘이 아니라 '프리랜서의 자유 매춘'을 완곡어법으로 표현한 것에 지나지 않는다. 10대 소녀에게 특별한 부가가치가 발생하게 되는 이유는, 《소녀민속학》의 저자 오쓰카 에이지大塚(英志) 1989, 1997의 말을 빌리자면, 그녀들이 '사용이 금지된 신체의 주인'이기 때문이다. 생리적으로는 성숙해 있지만 사회적으로 사용이 금지된 육체를 가지고 있는 중·고등학교 여학생, 특히 수도권 일대에서는 '명문 여학교 교복'을 입은 소녀들에게 더 많은 부가가치가 부여되었다. '금지'를 범함으로써 발생하는 부가가치, 그것이 원조 교제에 매겨진 높은 시가의 내용이었다.

원조 교제 소녀들을 현장에서 조사한 미야다이 신지는 이 부가가치가 수도권 지역에 제한된 가치라는 사실을 발견한다.宮台 2006 계기는 아오모리현의 전화방 매춘을 조사하면서였는데, 그 지역에서는 10대 소녀의 매춘 가격이 OL이나 주부 매춘과 같은 수준으로 수렴해 있었다. 성경험 연령이 상대적으로 낮고 10대의 성에 대한 중산층적 금기가 상대적으로 약한 농촌 지역에서는 10대라는 사실에 특별한 부가가치가 발생하지 않았던 것이다.[5] 미셸 푸코가 지적했듯이 섹슈얼리티란 계급적인 것이며 '사용이 금지된 신체' 그 자체가 근대 교육 제도에 의해 부여된 부가가치였다. 그 가치의 유통 기한이 매우 짧다는 것 역시 소녀들은 잘 알고 있었다.

한편 미야다이의 필드워크가 얻어낸 또 하나의 발견은 원조 교제가 예외적인 일탈 행위가 아니라 기회만 주어진다면 누구나 시도할 수 있는, 소녀들에게 있어 도덕적 장벽이 매우 낮은 행위라는 사실이었다. '당신의 딸도 원조 교제를 하고 있을 수 있다(당신의 아내가 이미 불륜을 저지르고 있는 것과 같이)'는 미야다이의 발견은 '영감쟁이'들의 공포를 자극하기에 충분한 것이었는데, 이와 관련하여 "원조 교제는 영혼에 상처를 입힌다"고 말한 이가 융 파 심리학자인 가와이 하야오였다. 이에 미야다이는 "원조 교제는 영혼에 상처를 입히지 않는다"고 반론했다. 마치 이런 촌극과도 같은 '논쟁'이 벌어질 것을 알고 있었다는 듯 《그로테스크》에는 원조 교제 매춘을 하는 유리코를 보고 교사 기지마가 "너의 영혼이 더러워진다"고 하자 유리코가 "영혼은 매춘 같은 걸로는 더러워지지 않아요"라고 반론하는 대목이 나온다.桐野 2006: 上288

미야다이가 반론으로 대신 제시한 것이 '성적 승인설'이었다. 원조 교제 소녀들은 자신의 자리가 없는 가정 혹은 학교에서 얻을 수 없는 승인을, 남자들이 자신을 원하고 있다는 사실에서 얻고 있다

---

5 미셸 푸코가 지적하듯이 섹슈얼리티는 계급적인 것이다. 전근대 일본에서는 농어촌을 중심으로 서민 사이에 요바이(섹스를 목적으로 한밤중에 남자가 여자의 방에 찾아가는) 풍습이 오랫동안 존재해왔다. 이때 처녀성의 가치는 대단히 낮았으며 혼전 성행위 역시 당연시되었다.

는 것이다. 앞서 말한 기리노의 '여자들이 창녀가 되는 여러 이유'에서 원조 교제 소녀는 '나에게 상품 가치가 있다면 그래도 값을 높게 쳐줄 때 팔아 돈을 벌고 싶다고 생각하는 여자' 또는 '자기 비하에 빠진 나머지 자기 존재의 하찮고 보잘것없음을 확인하기 위해 일부러 남자 입장에 서는 여자'에 해당될 것이다.

참고로 서두의 인용에서 나는 인용문 바로 뒤에 이어지는 한 문장을 일부러 빼놓았다. 거기에는 '혹은 박애 정신'이라고 적혀 있다.桐野 2006: 上274 우습기 짝이 없는 이야기다. 마치 마지막에 생각이 난 듯, 목록 끝 부분에 일부러 '혹은…'이라는 말을 덧붙여 쓴 것으로 보아 기리노 역시 그렇게 느끼고 있었는지도 모르겠다. 여기서 말하는 '사람'이 남자 손님을 가리키는 것이라면, '박애 정신'으로 매춘하는 여자는 없다. 부모 형제나 병에 걸린 애인이나 빚 때문에 매춘하는 여자는 있을 수 있다. 그것은 돈으로 타인을 돕는다는 의미이지 매춘 그 자체가 박애가 된다는 의미는 아니다. 남자는 돈줄이 되므로 그녀는 매춘을 하는 것이다. 남성의 성욕을 가련하게 여겨 몸을 던지는 여자… 상처투성이 천사는 남성의 환상 속에만 존재한다. 이 '상처투성이'란 물론 성병의 은유다.

이를 염두에 두면서 '여자들이 창녀가 되는 여러 이유'를 다시 읽어보면 모든 이유가 남성 편의적 해석의 변종이라는 사실을 알게 된다. 사노에게 이의를 제기한 여성 독자는 '사노 씨는 남성 입장에서 바라보고 있지만 사실은 그렇지가 않습니다'라고 운을 뗀 뒤, 'A씨가 남자에게 가격을 매기고 있었다'는 해석을 제시한 것이다.

원조 교제 소녀들은 인터뷰에서 여러 '동기의 어휘'를 말한다. '브랜드 명품을 사고 싶어서', '돈을 벌고 싶어서'와 같은 배금주의적 동기를 그대로 믿고 '소비사회에 중독된 소녀들'을 걱정하는 이가 있다면 그녀들의 전략에 넘어갔다고밖에 볼 수 없다. 배금주의는 그 동기를 공유하는 어른들에게 그녀들이 제공한 알기 쉬운 '동기의 어휘'다. 그녀들이 그렇게 하는 이유는 그런 식으로 말하면 상대가 알아서 이해해주기 때문이며, 생전 처음 보는 타인에게 자신의 내면을 내보이지 않고 넘어갈 수 있기 때문이다. 미야다이가 내린 해석에서 여기까지는 나도 동의한다. 그 후 미야다이의 인터뷰는 성적 승인의 어휘로 자신의 동기를 설명하는 소녀들을 소개하는데, 그녀들 역시 전략적일 수 있다는 가정을 어떻게 부인할 수 있을까?

원조 교제 소녀의 동기를 성적 승인으로 연결시키고자 하는 것은 과연 누구인 것일까? 성적 승인을 원하는 소녀들에게 승인을 부여하는 것은 남성이다. 너는 그곳에 있어도 좋다고 승인하는 자는 언제나 남성이다. 성적 승인이라는 해석에 가장 위안을 받는 이는 아마도 많은 원조 교제 소녀에게 '승인'을 부여해온(듯 한) 미야다이 본인일 것이다.

원조 교제 경험이 있는 한 여성이 다음과 같이 이야기한 것을 나는 잊을 수가 없다. 양아버지에게 성적 학대를 받고 강제로 매춘을 했던 그녀는 "남자로부터 돈을 받는 이유는 네가 내 몸을 자유롭게 가지고 놀 수 있는 건 돈을 지불하는 동안만이라는 사실을 분명하게 하기 위해서였습니다"라고 단호하게 말했다. 다시 말해 돈을 받는다는 행위를 매개로 그녀는 자기 신체가 나 이외의 어느 누구에게도 소속되지 않는다는 사실을 선언했던 것이다. 이 동기는 '성적 승인'과 전혀 관계가 없다.

매매춘 비즈니스

매매춘 비즈니스는 남자가 '상대를 가리지 않는다'는 조건이 없으면 성립하지 않는다. 상대를 가리지 않는 쪽은 여성이 아니라 남성인 것이다. 이를 위해서는 여성의 개별성을 소거하고 그 기호성에 발정할 수 있는 페티시한 성욕 메커니즘이 남성에게 성립해 있지 않으면 안 된다. 여성의 미니스커트나 알몸, 궁극적으로는 성기와 같은 신체 일부에 반사적으로 반응하는 성욕이 있기 때문에 매매춘은 성립할 수 있다.

이것은 남성의 성욕이 이른바 수욕獸慾, 즉 짐승 수준의 것임을 의미하지 않는다. 반대로 남성의 성욕이 그만큼 조건에 제한된 '문화적인 것'이라는 사실을 의미한다.

매춘에서 남자가 사고 있는 것은 여성이 아니라 여성이라고 하는 기호다. 기호에 발정하고 기호에 사정하고 있으므로 매춘은 마스터베이션의 일종인 것이다.

그렇다면 매춘에서 여성은 무엇을 팔고 있는 것일까? 매춘을 통해 여성은 자신의 '물건됨'(또는 소유됨)을 팔고 있다. '물건됨'을 통해 물건에 사정하는 남성을 단순한 성욕으로 해체·환원하고 있는 것이다. 이 메커니즘 때문에 남성은 매춘부를 증오하게 되며 매춘부는 손님을 경멸하게 된다.

여성의 존재 가치

나카무라 우사기는《나라고 하는 병》의 한 장을 '도쿄전력 OL이라고 하는 병'에 할애하고 있다. 그중 '내 욕망을 자극하지 않는 여자는 존재할 가치가 없다'中村 2006: 160는 구절은 남성에 의한 여성의 '성적 승인'을 흠잡을 데 없이 간결하게 나타내는 문장이다.

'예쁘지 않은 여자는 여자가 아니다', '못생긴 여자는 여자가 아니다', '가슴이 없는 여자는 여자가 아니다', '나이 든 여자는 여자가 아니다'…. 끝없이 이어지는 이 등식에 무엇을 대입하든 그것은 오직 하나의 간결한 명제, '남성의 욕망을 자극하지 않는 여자는 여자가 아니다'로 환원된다. 다른 식으로 말하면 '여성의 존재 가치는 남성의 성적 욕망의 대상이 되는 것에 있다'는 단순한 명제가 된다. 그렇다면 오구라 지카코가《섹슈얼리티의 심리학》小倉 2001에서 여성의 사춘기를 '자기 신체가 자기 것이 아니라 누군가의 쾌락의 도구이며 누군가에게 보여주는 것이라는 사실을 깨닫는 시기'小倉 2001: 3라고 정의한 것은 확실히 명언이라 할 만하다. 남성 욕망의 대상이 될 때 사람은 '여자'가 된다. 거기에 연령은 관계하지 않는다. 남성 욕망의 대상이 되지 않게 되었을 때 사람은 '여자'가 아니게 된다. 너무나 단순해 졸도할 지경이다.

나카무라가 말하듯이 이 명제로부터 '여자가 미니스커트를 입고 내 욕망을 자극하는 것은 발칙하다'라든가 '못생긴 여자는 내 욕망을 자극하지 않기 때문에 재미없다'는 등의 다른 버전이 탄생한다. 모두가 남성의 일인극('히토리 요가리'[6]란 일본어는 참 잘도 지어낸 말이다)인데, 남자는 그 책임을 여자에게 전가하려 한다. 성추행을 저지른 남자가 '유혹한 건 저 여자다'라고 주장하듯이.

나카무라 우사기는 이 '성적 승인'을 과하게 추구함으로써 일종의 드래그 퀸이 된다. 남성 욕망의 대상으로서의 여성을 과장되게 연기함으로써 그 내부 구조를 낱낱이 드러내는 패러디 전략, 그것이 바로 드래그 퀸이다. 나카무라는 '남자들이 원하는 여자가 되고 싶다', '남자들이 원하지 않는 나는 가치가 없다'며 절실하게 울부짖었고 결국 데리헤루[7]까지 나가는 성적 모험을 감행하는데, 그 모든 것이 과장된 연기로 보이는 것은 그녀 안에 드래그 퀸적인 요소가 있기 때문이다. 즉, '작가 나카무라 우사기' 안에는 그녀에게 지시를 내리며 연기 지도를 하는 냉철한 연출가가 들어 있는 것이다.

나카무라는 '몸 파는 여자 중에도 나같이 '남자들의 성적 욕망의 대상이 되더라도 나의 주체성은 확보하고 싶다'는 동기를 가진 사람들이 있지 않을까'라고 말한다. 그리고 '도쿄전력 OL 역시 그런 타입의 매춘부이지 않았을까' 하고 추론한다.

---

6 '독선'을 뜻하는 이 말은 자위행위를 가리키기도 한다.
7 '출장 마사지'를 의미하는 '딜리버리 헬스delivery health'의 약어. '데리헤루 아가씨'는 남성 고객의 요청을 받아 자택이나 호텔로 출장하는 여성을 말한다.

'도쿄전력 OL은 자주적으로 개인 매춘을 함으로써 자신에게 '성적 객체'가 될 것을 요구하는 이들에게 복수하고 승리감을 얻었던 것이다. 그것이 그녀를 중독시킨 황홀감의 정체였다.'中村 2006: 167

이것이 책의 한 장을 할애해 도쿄전력 OL을 논한 나카무라의 해석, 남성이 만들어낸 해석이 아닌 여성이 내린 해석이다.

'주체적으로 남성의 성적 욕망의 대상이 되는 것'을 통해 여자는 무엇을 달성하려는 것일까? 물론 남성을 단순한 성욕으로, 단순한 성기로 환원시키는 것이다. 그들이 나에게 하고 있는 바로 그것과 같은 일을 함으로써 그녀는 남자들에게 필사적인 복수를 한다.

매춘買春을 통해 남성은 여성에 대한 증오를 배운다. 매춘賣春을 통해 여성은 남성에 대한 경멸을 배운다.

여성의 분열과 남성의 모순

사카이 준코는 《루저들의 울부짖음》酒井 2003에서 여성에게는 스스로 달성하는 가치와 타인에 의해 부여되는 가치의 두 가지가 있으며, 어느 한 가지만으로는 충분하지 않고 이 두 가치 중에서 후자가 전자보다 더 가치 있는 것으로 여겨지고 있는 듯하다는 사실을 시사했다. 도쿄전력 OL A씨는 이 두 가치 사이에서 '찢겨졌다.' 이 분열은 도쿄전력 OL뿐만 아니라 균등법 시행 이후 많은 여자들에게 낯설지 않은 경험이었다.

그러나 곰곰이 생각해보면 두 가치 모두 남성에게 인정받고 승인되는 가치의 다른 이름이라는 것을 알 수 있다. A씨는 회사에서 출세하고 능력 있는 여자가 되어 칭찬받고 싶다는 '아버지의 딸'로서의 남성적 욕망을 가지고 있었다. 또한 남성 성욕의 대상으로서 선택받고 싶다는 여성적 욕망도 가지고 있었다. 두 경우 모두 남성은 승인을 부여하는 위치에 있다.

그 승인을 부여하는 자의 모순은, 그가 승인을 구하는 자에게 깊이 의존해야만 한다는 사실이다. 여성 혐오란 그 모순을 간파한 남자들이 느끼는 여성에 대한 증오의 대명사가 아니고 무엇이겠는가.

제14장

여성의 '여성 혐오',
'여성 혐오'의 여성

두 가지 예외 전략

여자가 여성 혐오를 자기혐오로 경험하지 않고 넘어가는 방법이 있다. 바로 예외적 여자가 되어 자기 이외의 여성을 타자화함으로써 여성 혐오를 전가하는 방법이다. 여기에는 두 가지 전략이 존재한다. 하나는 특권적인 엘리트 여성, 즉 남자들로부터 '명예 남성'으로 인정받는 '능력 있는 여자'가 되는 전략이고 다른 하나는 여성이라는 범주로부터 완전히 이탈하여 여성으로서 가치를 평가당하는 것 자체를 회피하는 '추녀 전략'이다. 간단히 말해 '출세 전략'과 '낙오 전략'이라 할 수 있을까.

미시마 유키오[1]는 "논리적인 여자는 없다"고 말했다. 여자는 논리적이지 않다. 그런데 A는 논리적이다. 따라서 A는 여자가 아니다. 단순하고 완벽한 삼단논법이다. '예외'조차 설명 가능한 이 논법은 결코 깨어지지 않는다.

---

1 1925~1970. 노벨 문학상 후보로 거론되기도 한 극우 성향의 작가. 1970년 자위대 부대에 침입하여 쿠데타를 시도, 실패로 돌아가자 할복자살했다.—옮긴이

"그래 맞아. 진짜 여자는 너무 감정적인 것 같아. 나도 그게 싫어."

A양이 말한다.

"근데 너는 좀 특별하잖아."

남자가 인정한다.

"응. 나는 '평범'한 여자는 아니지."

그녀는 자랑스럽게 선언한다.

그러나 이 '예외'를 통해 '평범'한 여성에 대한 멸시를 재생산하고 있는 것은 바로 그녀 자신이다. 그녀는 호모소셜한 남성 공동체에 명예 남성으로 받아들여질지 모르나 그것은 표면적인 인정에 불과하며 같은 '동지'로 여겨지는 일은 결코 없다. 마치 백인 중산층 사회에 들어간 흑인과도 같다.

"검둥이 노예는 틈만 있으면 속이려 들고 사기를 치려고 하지. 잠시라도 눈을 떼면 안 돼. 자네? 자네는 특별해. 우리랑 같은 교육을 받고 자랐으니까."

중산층 집단에서 이런 말을 들은 흑인은 어떤 반응을 보여야 할까? 동조하여 차별을 조장하는 쪽에 설 것인가, 아니면 화를 내고 그 자리를 엉망으로 만들어놓을 것인가.

이 '예외' 전략은 사회 곳곳에서 여러 종류의 사회적 약자를 대상으로 전개되고 있다.

"나이 든 분들은 참 골치가 아파요. 늘 욕을 해대고 같은 말을 반복하잖아요. 어머, 어머님이요? 어머님은 달라요. 아직 정신이 멀쩡하시잖아요."

"그래. 그래서 나도 노인들 있는 데는 될 수 있으면 안 가려고 해."

"일본 여자들은 왜 그렇게 태도가 애매모호하지? 예스인지 노인지 정말 모르겠다니까. 너? 너는 다르지. 너는 전형적인 일본 여자가 아니잖아."

"응. 나도 지긋지긋해. 나는 일본하고 안 맞는 것 같아. 그래서 일본을 벗어났지."

사실 이런 대화의 대부분은 블랙 조크다.

특권적인 '예외'를 둠으로써 차별 구조는 온존되고 지속적으로 재생산된다.

그리고 두 번째 전략인 '낙오 전략'에 관해서는 작가 하야시 마리코가 그보다 더 나은 표현을 찾을 수 없을 정도로 훌륭하게 정리해 놓았다.

하야시 마리코가 서 있는 위치

여자 전문대학에 교원으로 있던 시절, 나는 수업 때마다 학생들을 상대로 간단한 설문조사를 했다. 질문 중에 '여자로 태어나서 손해인가? 이득인가?'와 같은 것이 있었는데, 회수한 설문지에는 '디스코장 입장료가 반값이라 이득', '데이트 비용이 안 들어가니까 이득' 같은 순진한 대답들이 이어졌다. 그러다 문득 집어든 한 장에 절대 잊을 수 없는 대답이 적혀 있었다.

'못생기게 태어난 저는 이 질문과 관계없습니다.'

손해냐 이득이냐는 '여성'이라고 하는 범주에 속한 이들의 이야기이다. '여성'이기 위해서는 조건이 필요하다. '여성'이 된다는 것은 즉, 남성의 성적 욕망의 대상이 되는 것을 의미하므로 이 조건을 충족시키지 않는 여자는 '여성'이 아니다. 늙은 여자는 '여성'이 아니다. 유방과 자궁을 잃은 여자는 '여성'이 아니다. 추녀는 '여성'이 아니다…. 이렇게 여자는 '여성'이라는 범주로부터 추방당한다.

여자는 언제 '여성'이 되는가? '여자애'가 '여성'으로 변신하는 메타모르포제metamorphose[2]의 시기가 사춘기다. 오구라 지카코가 내린 '사춘기'에 대한 탁월한 정의를 내 방식으로 다시 말하면 이렇다. 자기 신체가 남성의 성적 욕망의 대상이 된다는 사실을 자각하였을 때, 그 연령에 상관없이 소녀의 사춘기는 시작된다.

때문에 일곱 살 때부터 교태를 익히고 사춘기를 시작하는 소녀도 있다. 이후 여자의 인생은 줄곧 자신의 신체가 남성의 시선에 의해 가치를 평가당하는 대상이라는 사실을 자각'당하는' 경험이 된다. 섭식 장애를 앓는 한 여성은 30대에 접어들어 자신의 신체가 남성에게 가치를 잃어버렸다고 느낀 이후 비로소 안심하고 먹을 수 있게 되었고 살도 쪘다고 말한다. 그녀에게 '연령'과 '체중'은 '여성'으로부터 내려오기 위한 전략이 된 것이다.

자기 아이덴티티로서의 '못생긴 여자'는 객관적인 범주가 아니

---

2 한국어로는 '형태변화' 정도로 번역할 수 있다. 생물학, 음악, 패션, 컴퓨터, 철학 용어 등 다방면에서 사용된다.—옮긴이

다. '못생김'을 객관적으로 판단하는 것은 불가능하다. 본인이 그러한 자기 범주화를 통해 남성의 시선으로부터 내려옴 혹은 끌어내려짐을 느끼는 것이 포인트다.

하야시 마리코의 소설에는 아름답고 매력적인 여자들, 즉 남성에게 가치 있는 여자들이 등장한다. 이 작가는 '여성'을 무기로 한 그녀들의 비열함과 보잘것없음을 그리는 데 탁월한 재능을 가지고 있다. 그녀의 작품 속에서 남자는 여자만큼이나 하찮게 그려진다. 인간의 위대함을 그리는 것이 문학이라고 주장할 생각은 전혀 없으나 그래도 이렇게나 하찮은 인물들을 머릿속에 그리며 독서를 하는 건 그다지 유쾌한 경험은 아니다.

하야시의 대표작 가운데 하나인 《불유쾌한 과일》※ 1996을 예로 들어보자. 〈주간문춘〉에 1995년부터 96년에 걸쳐 연재되고 96년에 출판된 이 책은 내가 가지고 있는 97년 인쇄본으로 이미 27쇄나 발행된 베스트셀러이고, 또한 영화화되었을 당시 JR Japan Railway이 열차 내 광고 게재를 거부한 것으로도 화제가 되었다. 그 광고에는 '남편 이외의 남자와 하는 섹스는 어째서 이렇게나 즐거운 것일까' 라는 캐치프레이즈가 쓰여 있었다.

주인공인 미즈코시 마야코(32세)는 기혼이지만 미혼처럼 보이는 젊고 매력적인 외모의 소유자다. 회사원 남편과의 생활에 지겨움을 느끼고 있던 때에 한 엘리트 청년이 그녀에게 접근해온다. 불장난으로 시작한 놀이였으나 어느새 상대 남자의 페이스에 휘말려 가정은 파탄이 나고 재혼까지 하게 된다. 해피 엔딩이라 생각했으나 실제로 그녀에게 남겨진 것은 그저 장난감을 원했을 뿐이었던 자기중심적이고 유아적인 젊은 남자, 그리고 전혀 즐겁지 않은 새 신혼 생활이었다. '여자의 무기'를 이리저리 가지고 논 뒤에 얻게 되는 삭막함을 그린 작품이라고나 할까.

또 다른 작품《미스캐스트》ﷺ 2000의 주인공은 남자다. 적당히 즐기고 적당히 헤어지는 식의 간편한 불륜에 열중해 있던 회사원 남자가 자기중심적 착각 속에 사는 한 여자와의 연애 게임이 빠져들게 된다. 이내 거기에서 벗어날 수 없게 된 남자의 가정은 결국 파탄이 나고 그다지 내키지 않는 재혼까지 하게 된다는 이야기이다. 이 이야기도 "이렇게 될 줄은 몰랐다…"라는 주인공의 삭막한 독백으로 끝난다. 독자는 소설 속 남녀를 보며 비웃음을 지을 수는 있어도 이런 주인공들과 동일화하는 것은 어렵다.

《앗코의 시대》ﷺ 2005a는 버블이라는 광란의 시대를 회고하는 작품이다.[3] 캐치프레이즈에는 이렇게 쓰여 있다. '풍요와 광란의 시대. 땅 투기의 제왕으로 불리는, 고급 이탈리안 레스토랑 그룹 캰티의 후계자의 애인이 되어, 그를 유명 여배우인 아내로부터 가로채 세상의 선망과 증오를 한 몸에 받은 여대생이 있었다.'

"남자를 빼앗은 적은 한 번도 없어. 언제나 남자들이 나를 찾았을 뿐"이라고 큰소리치는 그녀의 이름은 기타하라 아쓰코, 20세. "남자에게 사랑을 너무 많이 받아 겪는 괴로움을 남자에게 사랑받아본

---

3 이 작품은 실존 인물과 사건을 바탕으로 재구성한 소설로 화제를 모았다.—옮긴이

적 없는 여자한테 말해봤자 소용없다"며 자신만만한 대사를 내뱉는 여주인공에게 일반 여성 독자들이 동일화하는 것은 쉽지 않다. 그러나 남자가 원했던 것은 그녀의 젊음과 육체에 불과했으며 그런 사랑에는 어떠한 깊이도 없었다. 앗코를 기다리던 결말은 결국 성공한 IT 벤처 기업 사장의 첩으로 들어간다는 흔하디흔한 '윤락 이야기'에 지나지 않았다.

이 시선의 배후에는 '자학'이 있는 것일까? 아니면 '비평 의식'이 자리하고 있는 것일까? 여러 가지로 의심해보지만 여주인공의 파멸을 가차 없는 필치로 그리는 걸 보고 있으면 작가 자신이 '예외'이기 때문에 가질 수 있는 특권적 '외부' 시선을 통해 악의적 관찰이 이루어지고 있음을 느끼게 된다. 자기 비평이라면 으레 뒤따르게 마련인 '쓴맛'이 희박한 것도 더욱 그런 생각을 부추긴다. 여성 작가의 경우 남성 작가가 품고 있는 여성 판타지가 부재한 탓에 여성 혐오가 더욱 철저해지고는 한다.

못생긴 여자라는 사실, 인기가 없다는 사실, 여성으로부터 내려왔다는 사실은 관찰자에게 절대적 안전지대를 제공한다. 비웃음당하는 것은 '내'가 아니라 다른 여자다. 여성 혐오는 나와 상관없는 일인 것이다.

독자는 어떠할까? 하야시 마리코는 대중 작가다. 많은 독자, 그것도 많은 여성 독자를 가지고 있다. 독자들은 작가 하야시와 작가 하야시가 그려낸 여주인공 중 어느 쪽에 동일화할까? 자신의 외모에 '자신 있다'고 대답하는 여성은 10퍼센트에도 미치지 못한다. 대부분의 여성은 자신의 외모에 불만이나 불안을 가지고 있다. 무리도 아니다. 자신을 가치 매기는 기준이 남성의 손에 쥐어져 있으며 자신은 그저 그것에 휘둘리고 있을 뿐이기 때문이다. 하야시는 처음에는 남성 기준에서 가치 있는 여자가 화려한 성공을 거두는 것처럼 묘사하지만 곧 파멸의 길을 걷게 한다. 대부분의 독자는 그것을 보며 가슴이 후련해지는 것을 느낄 것이다. "나는 이런 여자가 아니야(이런 여자가 될 수 없어)"라고 중얼거리며….

하야시 마리코는 남녀 간 줄다리기, 배신, 음모, 속고 속이는 과정 등의 묘사가 주특기인 작가다. 그녀가 그리는 이야기 속에서 여자는 남자의 욕망 대상이고 남자는 여자가 이용하는 도구이며 여자들은 라이벌 관계에 놓여 있다. 그녀의 소설을 읽고 여자에 대한 불신감이나 혐오감을 느끼지 않기란 어려울 것이다. 이런 종류의 이야기를 하야시가 그려낼 수 있는 이유는 하야시의 여성 혐오가 '자기 이외의 여자'에게 향해 있기 때문이다. 이 '타자화' 메커니즘을 독자도 공유한다는 사실을 증명하는 사실이 있다. 《불유쾌한 과일》을 읽은 독자가 보내온 엽서 중에는 '여주인공이 내 친구와 매우 닮았다'는 감상이 특히 많았다는 것이다.

대중 작가의 성공이 세속과의 결탁에 의해 이루어지는 것이 바로 이 때문이다. 예외의 위치에 서는 것에 의해 그녀는 여성 혐오를 낳는 가부장제를 재생산하고 강화하는 쪽으로 돌아선다. 따라서 하야시의 작품은 여성뿐 아니라 남성에게도 안심하고 읽을 수 있는 작품이 된다.

여자 간 라이벌 관계

신랄한 비평으로 유명한 문예비평가 사이토 미나코는 《문단 아이돌론》斎藤(美) 2002에서 여자의 '질투·시샘·비뚤어짐'을 작품화한 공적을 들어 하야시를 높게 평가한다. 일반적으로 '질투·시샘·비뚤어짐'은 여성의 속성으로, 그리고 추한 것으로 여겨진다. 그것은 상대를 걷어차고 자기 혼자 살아남으려는 욕망이자 여자들을 분열시키는 것이기 때문이다. 물론 남성에게도 '질투·시샘·비뚤어짐'이 있다. 그러나 여성이 남성과 결정적으로 다른 점은 그것이 여자의 귀속, 즉 '남자에게 선택됨'을 둘러싼 게임이라는 것이다.

여성에 대한 악의로 가득 찬 하야시의 시선을 면책시켜주는 것이 있다면 그것은 하야시가 경쟁으로부터 내려와 있으며 여성의 예외에 서 있다는 사실이다. 여자는 경쟁 상대의 나르시시즘을 결코 용서하지 않는다. 하야시에게 없는 것은 바로 이 나르시시즘이다. 설사 경쟁 상대가 추락한다 해도 그녀가 대신 지정석에 앉을 가능성은 없다. 이것이 그녀에게 비판자들로부터의 안전지대를 제공한다.

이 감정을 '비뚤어짐'이라 부를 수 있을 것이다. 비뚤어짐이란 결코 상대를 능가하는 일이 없는 자가 갖는, 무해하지는 않으나 위협이 되지 않는 감정이다. 자신을 예외의 입장에 둠으로써 하야시는 비뚤어짐을 안전하게 상품화할 수 있는 위치를 손에 넣었다. 독자는 작가를 조소하면서도 동시에 안심하고 그녀의 악의에 몸을 맡길 수 있게 된다. 물론 그 위치는 그녀의 현실을 반영하는 것이 아니라 주도면밀하게 선택된 전략일 테지만 말이다.

코스프레하는 여자

하야시와 나 사이에는 일찍이 1987년에 '아그네스 논쟁'[4]을 둘러싸고 대립했던 악연이 있다. 당시 몇몇 미디어가 하야시 VS. 우에노의 '대담'을 기획하기도 했는데 나는 모든 출연 요청에 응했으나 하야시 쪽에서 거절하는 바람에 대담이 성사되는 일은 없었다. 그로부터 약 15년 후, 역사적이라고도 할 만한 첫 대면의 기회가 찾아왔다. 그녀가 〈주간 아사히〉에 연재하던 대담 칼럼 「마리코의 그냥 이렇게 물어봐도 될까요?」林·上野 2001에서 대담 상대로 나를 지명했기 때문이다. 나는 이 총명한 여성에게 호기심과 경의를 가지고 있었으며 대화는 잘 풀리리라고 확신하고 있었다.

대담에서 그녀는 자신이 손에 넣은 모든 것, 남편, 아이, 지위, 명성, 패션, 미모 등에 대해 "탈을 뒤집어쓰고 있는 것 같다"고 표현했다. 다이어트와 치아 교정에 성공한 뒤 브랜드 옷을 걸치고 있는 그녀를 바라보며 나는 '코스프레를 하고 있다'는 느낌을 받았다. 태연하게 '여성을 연기'할 수 있으려면 스스로를 '여성이 아니다'라고 느낄 수 있어야 한다. '가짜 여성'이기 때문에 안심하고 '진짜 여성'의 내막을 가차 없이 까발릴 수 있는 것이다.

'여성'이라는 기성복이 자기에게 맞지 않음을 깨닫고 위화감을 느끼는 여자들은 하야시에게 공감하며 '여성스러운 여자'가 맞이하게 될 결과를 조소하면서 음습한 쾌락을 함께 나누고 있는 것이리

4 207쪽 '아그네스 논쟁' 역자주 참조.

라. 하야시가 때때로 '페미니스트'라 불리는 것은 이 '여성'이라고 하는 범주와 그녀 사이에 존재하는 거리감, 그리고 그것에 대한 비평 의식 때문일 것이다. 그러나 그 범주에 대한 위화감은 '여성'으로부터 자신을 차별화함으로써 '순간적 위안'을 얻는 쪽으로 방향이 틀어져 값싼 쾌락을 부여하고 발산하는 데에 머문다.

여자 간 우정과 남녀 간 우정

하야시는 문단에서도 여성 작가로서 지위를 확립하고 있으며 각종 문학상의 심사위원으로도 활동하고 있다. 가쿠타 미쓰요가《대안의 그녀》角田 2004로 2005년에 나오키상을 수상했을 때 심사위원 중 한 명이었던 하야시는 "소설을 읽는 독자가 변했다는 생각이 들지 않을 수 없다"는 감상을 말했다.

> 사람은 태어날 때부터 간사하고 심술궂으며 또한 연약하고 호색하다는 대전제가 있었던 것 같다. 나 같은 사람은 그런 걸 찾아내는 데 남다른 재능이 있었던 것이리라. 인간의 교활함이나 연약함을 테마로 한 소설을 여러 편 썼다. (…) 그러나 최근 내 주위에서 "그렇지만 말이야…" 하고 운을 떼는 말들이 들려오고 있다.林 2005b

가쿠타의 작품처럼 여자들의 우정을 그린 소설이 등장하기 시작하면서 '이제 내 시대는 지나갔구나' 하는 느낌을 받았던 것일까.

여자와 여자 사이에 우정은 성립하는가?

이 클리셰한(진부한) 질문에 대한 클리셰한(진부한) 답은 '아니오'였다. 적어도 가쿠타가 등장하기 이전까지는. 호모소셜한 사회에서는 여자들 사이에 원리상 '우정'이 성립하지 않는 것으로 되어 있다. 모든 여자는 남성에게 귀속됨을 둘러싸고 잠재적인 라이벌 관계에 놓이기 때문이다.

참고로 호모소셜한 '남성 유대'가 있다면 그 반대편에 호모소셜한 '여성 유대'도 있을 것이라 생각하는 경향이 있는 듯하다. 그러나 젠더 비대칭성 아래에서 호모소셜한 여성의 공동성共同性이란 성립하지 않는다. 호모소셜한 공동성이란 사회적인 자원, 특히 멤버십을 부여하는 기능을 가지는 것이기 때문이다. 여성에게는 이 자원이 없으며 여성이 멤버십을 획득하는 것은 (지금까지는) 그저 남성에게 귀속됨을 통해서만 이루어졌다. 여자들 사이에도 비공식적인 집단은 있으나 그것을 호모소셜하다고 부르는 것은 단지 잘못된 메타포(은유)에 지나지 않는다.

그러나 가쿠타의 《대안의 그녀》는 30대 여자들의 우정을 여성혐오 없이 그리는 데 성공하고 있다. '애 딸린 파트타이머' 주부인 사요코와 싱글이면서 회사 경영자인 아오이 사이에는 거의 아무런 공통점도 없다. 하지만 어느 날 사요코가 아오이의 회사에 파트타이머로 일하게 되면서 두 사람 사이에 기묘한 우정이 싹트기 시작한다. 고등학교 시절을 회상하는 에피소드에서 아오이가 실은 친구와 함께 동반 자살을 기도한 적이 있다는 사실이 드러난다. 소녀의 마음을 간직한 채 독신을 고집하며 중소기업을 운영하고 있는 아오이에게, 마찬가지로 여린 영혼을 가진 사요코는 그녀를 이해해주는 단 하나의 친구가 된다. 사요코에게도 아오이와의 우정은 소통 없는 남편과의 관계보다 더 깊은 것이었다. 기울어져가는 회사를 재건하기 위해 고군분투하는 고독한 아오이에게 사요코는 할 수 있는 모든 응원을 보낸다.

레즈비언이 아니면서 여자를 사랑하는 여자, 여성임을 사랑하는 여자들의 우정 이야기다. 하야시가 감개무량함을 느꼈던 것도 무리가 아니다.

여자와 여자 사이에 우정은 성립하는가? 예스. 가쿠타는 그렇게 딱 잘라 대답한 것이다.

참고로 여자와 남자 사이에 (섹스 없는) 우정은 성립하는가? 이 질문에도 이토야마 아키코가 '예스'라는 대답을 내놓았다. 이토야마의 아쿠타가와상 수상작인 《바다에서 기다리다》絲山 2006는 종합직 여직원과 동기 입사한 남성 동료 간의 '동지애'를 그린 우정 이야기다. 동료 남성은 기혼자. 그러나 두 사람 사이에 불륜 혹은 뺏고 빼앗기는 약탈전 같은 것은 들어갈 틈이 없다.

여성 작가가 그리는 여성의 모습은 급속도로 변화하고 있다. 그뿐 아니라 호시노 도모유키 같은 남성 작가도 《무지개와 클로에의 이야기》星野 2006를 통해 니지코와 구로에라는 두 여자의 우정을 산뜻하게 그리고 있다. 축구를 좋아하는 두 소녀가 공을 차면서 도피 여행을 떠나는 이 로드 소설은 마치 '치마 입은 소년들' 이야기처럼 읽힌다. 그리고 소년들 사이에 성립하는 '우정' 같은 것이 소녀들 사이에도 성립한다는 사실, 그것이 동화 속 이야기가 아니라 어느 정도 리얼리티를 가지고 있다는 사실을 우리는 이미 잘 알고 있다.

가와카미 미에코의 《헤븐》川上 2009에서는 이지메를 겪는 소년과 소녀 사이의 거의 형이상학적인 영역에 도달한 '우정'이 그려져 있다. 연령은 사카키바라 세이토[5]와 같은 나이인 14세로 설정되어 있다. 아이에서 어른으로의 전환점, 가장 불길하면서도 성스러운 연령, 초월성과 잔혹함이 동시에 내재하는 위험한 연령이다. 눈이 사시라는 이유로 이지메를 당하는 '나'에게 같은 반 고지마는 '네 눈이 좋아', '네 눈은 바로 너 자신이야'라는 암시를 건다. 두 사람의 관계는 흔하디흔한 소년 소녀 러브 로맨스로 발전하지 않는다. 그러기에는 너무나 초월적이기 때문이다. 이 실존적인 '우정'에 '나'는 매료되고 또 속박당한다. '나'는 사시 교정을 선택하여 속박에서 풀려나지만 평생에 걸쳐 '우정'의 기억에 용기를 얻게 되리라는 것이 암시된다. '우정'이라고밖에는 부를 수 없는 이러한 남녀 관계는 성애性愛의 불확실함에 비하면 헤아릴 수 없을 정도로 단단한 것이다. 이것이 하나의 달성이 아니면 무엇이겠는가.

---

5 1997년에 일어난 고베 연속 아동 살상 사건의 범인이 사용했던 가명. 당시 14세 소년이었던 범인은 살해한 아동의 신체를 훼손하고 그 일부를 자신이 다니던 중학교 정문 앞에 가져다 놓는 등 엽기적인 행각으로 일본 사회에 충격을 주었다.—옮긴이

제15장

권력의
에로스화

부부 관계의 에로스화

미셸 푸코는 《성의 역사》에서 근대 이후의 '성적 욕망의 장치'로 다음의 네 가지를 들고 있다.Foucault 1976=1986: 134; 上野 2002

어린이 성의 교육화(pedagogization of children's sex)
여성 신체의 히스테리화(hysterization of women's bodies)
성도착의 정신병리화(psychiatrization of perversive pleasure)
생식 행위의 사회적 관리화(socialization of procreative behavior)

순서대로 논해보도록 하자. '어린이 성의 교육화'란 어린이의 성이 관리 대상이 되는 것, 특히 자위행위의 금지가 가정교육 덕목의 일부가 된 것을 가리킨다. '여성 신체의 히스테리화'란 여성의 신체가 성적인 것으로 간주되어, 여성 성욕의 억압이 '신경증 여성'을 낳는 원인이 된 것을 가리킨다. '성도착의 정신병리화'란 성기 접촉을 수반하는 이성 간 성애 이외의 다양한 성이 도착적 쾌락으로 간주되어 정신병리학에 의해 이상시異常視된 것을 가리킨다. 그 성도착

중에 동성애가 있었다. 중세에는 도덕적 일탈이었던 동성애가 근대에는 정신의학적 병리로 취급되어 치료와 교정의 대상이 되었다.[1] '생식 행위의 사회적 관리화'란 부부 관계가 ('이성애'와 짝을 이루어) 정통성을 얻어 생식 단위로서 사회적 통제 아래에 놓이게 된 것을 의미한다. 그리고 성의 관리를 통해 생의 관리를 이루는 '생권력bio-power'이 성립하게 된다. 이상의 역사적 변화가 통제의 대상으로 삼은 것이 '마스터베이션하는 아이', '히스테리에 걸린 여성', '성도착', '맬서스주의적[2] 부부'의 네 가지이다.

정통성을 부여받은 이성애 커플인 '부부'의 성애는 이렇게 하여 특권화되었다. 그것은 혼인의 내부와 외부에 편재해 있던 성이 부부 관계 내로 한정되어 정통성을 얻게 되었음을 의미할 뿐 아니라, 부부의 유대관계에 있어 (필수불가결한 것이라 할 수 없었던) 성을 그 핵심에 위치시켰다는 것도 의미한다. '성적 가족sexual family'Fineman 1995=2003의 탄생이다.

참고로 전근대 혼인의 정의에서 부부 간 성관계는 필요조건이 아니었다. 성관계가 없어도 부부 관계는 지속되며 아이가 태어나지

---

1 미국 정신의학회의 DSM(정신 질환의 진단·통계 매뉴얼)에는 1972년까지 동성애가 '정신병'의 일종으로 분류되어 있었다.

2 영국의 경제학자 맬서스는 《인구론》(1798)에서 인구 증가가 초래할 여러 문제를 설명하며 이를 해결하기 위해 인위적 인구 정책, 특히 사람들의 성행위를 통제하는 윤리적 억제책이 효과적이라고 주장하였다. 이러한 맬서스의 논리 위에서 전개되는 정책적 입장을 가리켜 맬서스주의라고 한다. 맬서스주의적 부부란 이러한 정책(성욕 억제, 가족계획, 인구 감축 등)의 대상이자 목표가 되는 부부 모델을 가리킨다.—옮긴이

않아도 정실의 지위는 위협받지 않았다. 아이가 없으면 양자를 들이거나 첩을 들이면 됐다. 반대로 혼인 기간 중 아내가 낳은 아이는 그 '씨'가 누구의 것이든 자동적으로 남편의 아이로 등록된다. 예를 들어 고스트 매리지ghost marriage 같은 '죽은 자와의 혼인'도 있었는데 그 씨앗은 다른 남자로부터 받아오지만 그렇게 태어난 아이는 죽은 이의 일족이 된다. 혼인이란 아이의 귀속을 결정하는 친족 관계의 룰 이상도 이하도 아니다. 남편이란 아내가 낳은 '아이의 아버지'를 가리키는 사회적 아버지pater의 대명사에 불과하며 생물학적 아버지genitor가 누구인지 묻지 않는 것이 친족 관계라는 제도다.[3]

부부 간에 '섹스의 의무'가 발생하게 된 것은 근대 혼인법 이후의 일이다. 아니, 더 정확하게 말하자. 혼인 요건으로 법조문에 '섹스의 의무' 같은 건 적혀 있지 않다(때문에 섹스리스 같은 걸로 새삼스럽게 야단을 피울 필요도 없지만). 그러나 이혼 시 '섹스 요구에 응하지 않는다'가 정당한 이혼 이유를 구성한다는 법 운용상의 전례를 통해 반대로 '섹스의 의무'를 추정할 수 있는 것이다. 그러나 그것도 '섹스의 의무'까지이며 '성적 만족을 부여할 의무'는 아니다….

이것을 '부부 관계의 성화sexualization'라 부를 수도 있지만 나는

---

3 때문에 '민법 772조 문제'가 발생한다. 이 법률의 조문은 혼인 기간 중 또는 이혼 후 300일 이내에 태어난 아이의 아버지를 전남편으로 추정하는 '적출추정嫡出推定'을 규정하는 내용인데, 아이가 전남편 호적에 기재되는 것을 피하기 위해 어머니가 출생 신고를 하지 않으면 아이는 '무호적아無戶籍兒'가 된다. 법 제도는 '적출추정'에만 관여하며 실제로 부부가 성행위를 하였는가 여부에는 관여하지 않는다.

'부부 관계의 에로스화eroticization'라는 용어를 채용하고 싶다. 부부 간 성관계가 특권화되었을 뿐만 아니라 그 성이 에로스화eroticize된 것이 커다란 변화 중 하나이기 때문이다. 거기에는 쾌락의 언어가 등장한다.

성을 통제하는 권력이 쾌락을 매개로 작동하는 것, 즉 '권력의 에로스화'야말로 그 핵심에 위치하고 있는 것이다. 푸코는 이것을 '권력의 관능화sensualization of power'라 부르고 있으나 여기서 말하는 관능sense이란 다름 아닌 에로스적 관능erotic sense을 말한다.

푸코는 말한다.

쾌락과 권력은 양립 불가능한 것도, 서로 배척하는 것도 아니다. 양자는 서로를 추구하며 중첩되고 강화된다. 양자는 선정과 발정의 복잡한 메커니즘과 장치를 통해 상호 연결돼 있다.[4] Foucault 1980: 48

피터 게이의 《관능 교육》Gay 1984=1999에는 부르주아지 계급의 젊은 유부녀가 쓴 비밀 일기를 분석하는 대목이 나온다. 신혼의 그녀는 남편에게 이끌려 성적 관능을 배우고 쾌락에 눈을 뜨게 된다.

---

4 이 번역문은 필자가 영어판을 토대로 번역한 것이다. 참고로 와타나베 모리아키에 의한 번역문은 다음과 같다. '쾌락과 권력은 서로가 서로를 부정하지 않는다. 양자는 서로 반목하는 일이 없다. 서로가 서로를 뒤쫓고, 서로의 등에 올라타 질주하며, 더욱 먼 곳으로 서로를 집어 던진다. 양자는 선정煽情과 교사教唆의 복잡하고 적극적인 메커니즘에 따라 연쇄를 구성하는 것이다.' Foucault 1976=1986: 62

포르노의 정석과도 같은 전개인데 사실 이러한 사적 일기는 포르노로서 읽히고 소비되었다. 반대로 포르노가 주로 여성의 사적 일기를 훔쳐보는 식으로 그려지기도 한다.

이 경험을 게이가 '부르주아의 경험'이라 부르는 것은 올바르다. 부르주아 경험으로서의 성적 관능은 역사적이며 계층적인 것이다. 푸코가 간파하는 바와 같이, 섹슈얼리티란 그 자체가 계급적인 산물이며 한 계급이 다른 계급으로부터(여기서는 부르주아가 귀족과 노동자로부터) 자신을 차별화하기 위해 만들어낸 것이기 때문이다. '관능 교육'이라는 용어도 시사적이다. '관능'이란 원래 교육되고 학습되고 길러지며 통제되는 것이기 때문이다. 성적 관능도 예외가 아니다. 관능은 자연스러운 것이며 본능이기 때문에 역사가 없다는 주장은 근대의 성 신화에 불과하다. 여기서 신화란 '근거가 없는 신념의 집합'을 뜻하는 말이다. 성을 자연화naturalization한 것 역시 섹슈얼리티의 근대가 가지는 주요 특징이었다.[5] 그것은 신을 대신해 신의 자리에 자연을 대입한 근대의 귀결이었기 때문이다.

프라이버시의 성립

푸코의 네 가지 억압 가설의 배후에는 '성의 사적화privatization'라

---

5 '섹슈얼리티의 근대'에 관해, 그리고 그것이 '근대의 섹슈얼리티'와 어떻게 다른가에 관해서는 《차이의 정치학》上野 2002에 수록된 「섹슈얼리티의 사회학」을 참조.

는 메커니즘이 존재한다. 성을 공적 세계로부터 추방·은닉하고 사적 영역, 즉 가족의 울타리 내에 가두는 것. 가족이 뚜렷하게 성적인 존재가 된 것은 바로 이때부터이다. 단, 사적화에 의해 성은 억압된 것이 아니라 '특권화되어 인격과 결부'되게 되었다는 사실을 서둘러 부연해야 한다. 푸코가 지적하는 대로, 억압 가설에서의 '억압'이란 문자 그대로의 억압을 의미하는 것이 아니라 '그것에 관해 이야기하라'는 '고백' 제도를 배후에 수반하고 있다. 금지와 명령은 일종의 세트가 되어 성을 특권화하고, '어떠한 성행위를 하는가'가 그 사람의 인격을 나타내는 지표가 된다.

성이 사적화된 이래 '프라이버시와 관련된 것'은 곧 '성적인 것'의 대명사가 되었다. 가족이 '성적 가족'이 되고, 부부가 성적 유대의 대명사가 되고, 혼인이 성행위의 사회적 면허증이 되고, '첫날밤'이 성관계의 개시를 알리고, 섹스리스가 부부 관계의 '병리'가 되고…. 오늘날 모두에게 익숙한 결혼과 부부에 관한 '상식'은 이렇게 하여 성립된 것이다.

프라이버시의 어원은 라틴어의 '박탈되다'에서 왔다. '공적 권리가 박탈된 영역'에서 '공권력의 개입을 거부하는 영역'으로 의미가 변한 것인데, 이러한 사적 영역은 곧 공권력이 미치지 않는 블랙박스, 공적 법률이 침범할 수 없는 '무법 지대'가 되었다.[6]Kerber 1998: 上野 2006a 이렇게 하여 가부장의 전권적 지배 아래에 아내와 아이가

---

6 '프라이버시' 개념이 가지는 억압성에 관해서는 우에노의 《삶을 위한 사상》上野 2006a에 수록된 「'프라이버시'의 해체」를 참조.

종속되는 '가족의 암흑 영역'이 성립된 것인데, 이 내용은 근대 가족사 연구가 자세하게 다루고 있다. 이렇듯 프라이버시란 강자에게는 공권력에 의한 제약을 받지 않는 자유로운 지배, 약자에게는 제3자의 개입 또는 보호가 보장되지 않는 공포와 복종의 장이 된다.

프라이버시는 누구를 지키고 있는가? 바로 강자이다. 이 대답은 성추행과 가정 폭력 피해자, 성적 소수자에 의해 입증된 사실이다.

성적 만족의 권리와 의무?

부부 간 계약 관계가 정하는 범위는 성행위의 권리·의무 관계에 머문다. 그 어느 곳에도 성적 만족의 권리·의무 관계는 언급되어 있지 않다. 서구 중세의 부부 관계 지침서에 부부 간 성적 의무가 적혀 있는 경우도 있지만 거기에도 성은 임신과 출산을 위한 수단이며 그에 수반되는 쾌락은 최소화하는 것이 바람직하다고 적혀 있다. 때문에 임신으로 이어지는 이성 간 성기 성교는 장려되지만 피임 또는 임신으로 이어지지 않는 소도미(항문 성교)는 신에 대한 배덕 행위로 간주되며 오럴 섹스와 전희는 억압되고 금지된다.

그러나 근대의 섹슈얼리티 이데올로기에는 '부부 관계의 에로스화', 즉 '성적 만족의 권리·의무' 관계가 포함되어 있다. 게이는 부부 간 섹스의 감미로움과 도취를 조심스럽게 털어놓는 젊은 아내의 이야기를 인용한다. 남편의 인도로 쾌락을 배우는 아내는 '낮에는 숙녀, 밤에는 창녀'가 되는 부르주아 성도덕의 모범이 된다.

일본 근대의 통속 성 과학서 《조화기론》에는 부부 간 성애를 최상급 성애로 간주하는 담론이 반복해서 등장한다. 이 책의 많은 부분이 외국 서적의 내용을 번안하여 소개한 것이어서 영어권 사회의 청교도적 성도덕을 그대로 반영하고 있다. 비슷한 종류의 성 과학서 중 하나인 《신편오고락세계독안내新編娯苦樂世界独案内》에서는 '쾌락의 극점'을 소개하며 '실로 인생의 쾌락은 부부 간의 친밀함에 있다'고 설명하고 있다.上野 1990: 534

연애 상대를 '유녀'로, 아내나 어머니를 '지온나地女'[7]라고 부른 에도 시대 일본에서는 성적 쾌락의 최고 파트너로 남편이나 아내를 꼽는 사고방식은 틀림없이 기묘한 이데올로기로 비쳤을 것이다.

'부부 관계의 에로스화'에서 아내는 남편에 대하여 '쾌락의 권리와 의무'를 지게 되지만[8] 그것은 오로지 남편에게만 행사되어야 한다. 아내에게 쾌락을 가르친 것은 남편이기 때문이다. 게다가 처녀였던 아내를 '조련'시켜 쇳물을 거푸집에 붓듯 아내에게 쾌락의 형태를 각인시킨 것은 다름 아닌 남편이므로 아내는 다른 남자에게서 쾌락을 얻을 수 없는 것이 된다. 아내뿐 아니라 다른 모든 여자에게 있어 자신이 '첫 상대'이자 '유일한 남자'이길 바라는 많은 남자들이 그렇게 믿고자 했으나 물론 그런 소망이 이루어질 리가 없다.

여기에는 제7장에서 이야기한 '쾌락에 의한 지배'가 성립하는 것

---

7 원래 '그 고장에 사는 여자'라는 뜻이나, '직업 여성'에 대한 반의어로 '아마추어 여성'이라는 의미로 사용되기도 하였다.—옮긴이

8 때문에 아내의 불감증은 남편에 대한 의무 위반이 되며, 치료의 대상이 된다.

으로 되어 있다.

만약 부부 간 섹스가 최상의 쾌락이라고 한다면 남편은 결코 창녀를 찾지 않을 것이다. 메이지 시대의 성 지침서를 보면 창녀와의 성교는 그저 손을 질로 대신한 자위행위일 뿐이며 무미건조하고 낮은 수준의 것이라는 내용이 반복해서 강조되고 있다.上野 1990: 534 반대로 만약 남편이 창녀를 찾는다고 하면 그것은 아내의 성적 서비스가 부족했기 때문이라는 이야기가 된다. 한편 아내의 경우에도 남편과의 성애가 만족스러운 것이라면 욕구 불만으로 인한 히스테리를 겪는 일 없이 묵묵히 남편을 위해 일할 수 있는 것이리라. 쾌락의 시장에는 '악화는 양화를 구축한다bad money drives out good'가 성립했어야 했다….

권력 대신 쾌락이 궁극의 남성 지배를 완성한다. 그러나 '권력 대신 에로스가'가 아니라 '권력이 에로스의 형태를 취하여'라고 해석하는 것이 올바르다. 또는 뒤집어서 '에로스가 권력의 형태를 취하여'라고 말해도 좋다. '권력의 에로스화'란 이런 근대 섹슈얼리티의 모습을 가리킨다.

사도마조히즘의 탄생

'권력의 에로스화'를 이해하는 데 마르키 드 사드는 참고가 된다. 사드 후작이 프랑스 혁명기, 즉 중세와 근대의 과도기에 등장한 것은 우연이 아니다. 신이 죽은 뒤의 질서 공백을 '자연'이 채운 뒤,

'원죄'를 인간에게 가르치는 것은 신이 아니라 '성性의 자연'이 되었다. 원죄로서의 성은 쾌락이면서 동시에 벌이었다. 벌을 주는 채찍을 쥔 것은 신 대신 아버지이자 남편인 남성이 되었다. 기독교 혼인 서약의 '너의 신을 섬기듯, 너의 남편을 섬기어라'라는 말이 의미하는 것은 신의 대리인으로서의 가부장의 위치를 나타내는 것이다. '아아, 하느님, 나를 더욱 벌주세요'라며 간절히 바라는 것은 '아아, 나에게 더 쾌락을 주세요'라고 비는 것과 같다. 이렇게 하여 아들은 아버지의 채찍질로부터 아버지의 사랑을 느끼고 아내는 자신을 때리는 남편에게서 남편의 사랑을 느끼며 황홀해해야 하게 되었다.

그건 사랑이 아니라 단지 폭력이다! 현대의 가정 폭력 전문가는 이렇게 말할 것이다. 그러나 사정은 그렇게 단순하지 않다. '권력의 에로스화'란 지배가 성애의 형태를 취함을 뜻하며 반대로 '에로스의 권력화'란 성애를 폭력과 지배의 형태로 표현하는 사람들(주로 남성이다)이 있다는 것을 의미하기 때문이다. 때문에 여자가 '남편은 나를 때릴 정도로 사랑하고 있는 거야'라고 생각하거나 '나를 때리지도 않는 그는 정말로 나를 사랑하고 있는 것일까'라고 느끼는 것은 전혀 얼토당토않은 이야기는 아니다. 성과 폭력은 '자기 방어'라는 안전장치를 해제시키고 제정신을 잃을 정도로 상대의 신체에 과잉되게 헌신하는 것이라는 공통점을 가지고 있으며, 폭력의 쾌감이 성의 쾌감을 불러일으키거나 그 반대의 경우 역시 일어날 수 있다.

사드 후작(사디즘이라는 말의 어원이 된)이 에로스에 가학·피학을 더하였을 때 그는 가학하는 쪽의 쾌락에 관해서만 이야기한 것이 아니었다. 귀축계 포르노(제5장 참조)에서 논한 바와 같이 가학자는 피학자의 고통과 동일화함으로써 쾌락을 증폭시킨다. 때문에 사디즘이 사도마조히즘(가학·피학 취미)으로 이중화하는 것은 당연하다. 사디스트는 마조히스트와 완벽하게 분리되는 것이 아니라 마조히스트와 상상을 통해 동일화하고 있기 때문에 두 사람 사이의 역할 전환이 간단하게 이루어질 수 있다. 복수의 행위자가 관여하는 사회적 게임에는 역할 연기의 룰이 정해져 있다. 부부 관계나 부모 자식 관계에도 그러한 역할 연기의 룰이 정해져 있기 때문에 역할의 전복 역시 가능하게 된다. 성관계도 예외가 아니다. 남성에게는 가학이 쾌락과, 여성에게는 피학이 쾌락과 연결되어 있기 때문에 쾌락에 도달하기 위해서는 각각 가학·피학의 회로를 따라야 한다는 것이 조건 지어졌다. 그것을 우리들은 습관처럼 '남성은 능동의 성/여성은 수동의 성'이라고 부르는 것이다.

섹슈얼리티의 탈자연화

콜린 윌슨은 연쇄 여성 강간 살인 사건의 범인 잭 더 리퍼를 논한 책에서 10대 초반의 어린 커플에 의해 일어난 비슷한 사건을 언급하고 있다. 영국의 작은 마을에서 한 소년이 짝사랑하던 소녀의 몸을 칼로 난자하여 살해하는 사건이 일어났다. 그 사건을 해설하며 윌슨은 말한다. 만약 이 소년이 섹스라는 것의 존재를 알고 있었다면 소녀의 몸에 칼을 찌르는 대신 페니스를 삽입했을 것이라고.

그러나 이렇게 말한다고 해서 나는 폭력과 성이 같은 충동에서 기인한다거나 또는 많은 남성성 연구자들이 말하듯 성 충동이 공격 충동에서 나오며 그것을 지배하는 것이 남성 호르몬 중 하나인 테스토스테론이라고 이야기할 생각은 없다. 오히려 그 반대다.

푸코를 필두로 하는 수많은 섹슈얼리티 연구자들이 그래왔던 것처럼 여기서도 나의 과제는 섹슈얼리티를 역사화하는 것, 즉 탈자연화denaturalize하는 것이다.

섹슈얼리티가 폭력 혹은 가학에서 애착과 친밀함까지 폭넓은 스펙트럼을 가진다는 것은 부정할 수 없는 사실이다. 따라서 섹슈얼리티에 '본질'이란 없다. 즉, '성은 원래 공격적인 것이다'라든가 '성은 친밀함의 표현이다(표현이어야 한다)'라는 것은 규범적인 명제에 불과하다. 우리가 알고 있는 것은 어느 특정한 역사적 맥락에서 성이 특정한 무엇인가와 특권적으로 결합되었다는 개연성이다. 푸코가 시사하고 내가 그의 방식을 따라 사용하는 '권력의 에로스화'란 근대가 에로스를 비대칭적 젠더 관계, 즉 권력 관계와 연결시켰다는 현상을 가리키는 개념이다. 젠더가 권력 관계의 용어라는 사실은 아무리 강조해도 지나치지 않다.

거듭 말하지만 에로스가 젠더 관계와 연결될 필요가 없듯이, 젠더 관계가 에로스적이어야 할 필연성은 전혀 없다. 고대 그리스에서 에로스적 관계란 동성 간에 성립하는 것이었다. 그에 비하면 부부 관계는, 굳이 따지자면 지배와 소유의 관계였다. 젠더 관계 중에서도 부부 관계가 특권화되는 것은 중세 말기 이후의 일이며 그때에도 부부의 성에 에로스는 포함되지 않았다. 중세 서구의 기사도 연애에서 낭만적 사랑의 대상은 기혼 여성이었으며 근세 일본의 색도^{色道}에서도 에로스는 부부 관계 밖에서 추구되는 것이었다.

젠더 관계가 부부라고 하는 한 쌍의 남녀로 상징되게 된 것도 일부일처혼이 정착한 근대 이후의 일이다. 중혼이 당연시되었던 사회에서 혼인은 조금도 '대등한 관계'가 아니었으며 '일대일 관계'도 아니었다. 첩이란 첩 역할의 고용살이, 즉 전속 계약의 섹스 워커였다. 일본의 아내에게 섹스는 오랫동안 '봉사'였으며 'No'를 말할 수 없는 고통스러운 '노동'이었다. 그곳에 쾌락은 존재하지 않았다. '성적 쾌락의 권리·의무'가 부르주아적 혼인의 규범이었다는 사실을 당시 아내들이 알았다면! '일본에는 부르주아 사회가 성립한 적이 없었다'고 말하고 싶어질 정도다.

신체화된 생활 습관

성애의 역사를 이해하는 것이 성애의 현실로부터 해방되는 것을 의미하지 않는다. 그것은 마치 '파블로프의 개'처럼 조건 반사라고 생각하는 편이 좋을지도 모른다. 너무나 깊숙이 신체에 파고들어 있어서 다른 방식을 상상할 수 없으며 그것을 바꾸는 것은 신체의 고통과 자아의 붕괴를 유발할 수 있기 때문이다. 마약 중독이라 생각해도 좋다. 마약을 끊을 바에는 차라리 죽는 편이 낫다고 생각하는 사람들도 있다. 문화란 집단적이며 관습적인 생활양식을 가리키며

넓은 의미의 생활 습관이라고 해도 좋다. 생활 습관은—생활 습관 병처럼—체형을 바꾸고 체질을 변화시킨다. 사고 양식은 물론 감정 의 양식까지 바꾸어 놓을 것이다.

옛날, 우먼 리브가 한창일 때 '안기는 여성에서 안는 여성으로'라 는 표어가 제창된 적이 있었다. 그런데 얼마 후 '막상 해보니까 안 기는 편이 더 큰 쾌락을 주었다'는 목소리가 들리기 시작했다. 쾌락 을 버릴 바에는 '안기는 여성'인 채로 있는 것이 좋다고 생각하는 여자들이 있는 것은 전혀 이상하지 않다.

세이노 하쓰미의《하고 싶은 말이 있어―'서로 이해하고 싶은 여 자'와 남자》淸野 2009는 상징적인 제목의 책이다. 이런 제목을 보며 느끼는 위화감은 대체 무엇일까. 저자는 여성은 '서로 이해하고 싶 다'고 생각하지만 남성은 그렇지 않다고 말한다. 정말 그럴까. '서로 이해하지 않고'도 섹스가 가능하다는 사실쯤은 누구나 알고 있다. 제7장에서 언급한 오구라 지카코의 '여성은 관계를 추구하고 남성 은 소유를 추구한다'는 명제에 대응시킨다면, 남성은 '소유하고 싶 다'고 생각할 뿐 '관계'가 없어도 섹스가 가능한 생물이다.

어느 날 아내가 하고 싶은 말이 있다며 대화를 요구해온다면 그 것은 남편에게 공포로 다가올 것이다. 지금껏 '관계'를 추구해오지 않던 아내에게 쌓이고 쌓인 것들이 모여 결국 끓는점에 도달했음 을 직감하기 때문이다. 저자에 따르면 '하고 싶은 말이 있다'는 것 은 '서로 이해하고 싶은 여자가 가정 내 남녀의 대등함을 요구하는 대사'라고 하는데 나는 이 대목에서 '설마…'라는 말이 튀어나왔다.

'관계하고 싶은 여자'의 '관계'의 형식과 내용은 다양하며 그것이 언제나 '대등'을 요구하는 것이라고는 할 수 없기 때문이다. 오히려 수직적인 관계가 아니면 마음이 충족되지 않는 사람도 있다.

2009년에 암으로 세상을 뜬 나카지마 아즈사는 구리모토 가오루라는 필명으로 활동하며 '미소년 장르'라는 문학 장르를 확립시킨 선구적인 작가였다. 그녀는《미소년학 입문》中島 1998에서 자신은 수직적 낙차가 존재하는 관계가 아니면 흥분되지 않는다고 고백한다. 동성애자 가운데에도 부모 자식 또는 형제 관계와 같이 낙차가 있는 관계를 추구하면서 관계 양식의 안정을 얻는 사람들이 있다. '동성애자란 이성애의 비대칭성 혹은 권력성을 혐오하며 '대등한 성애'를 추구하는 사람들'이라는 정의는 일부 페미니스트들의 규범적 해석에 지나지 않는다.

만약에 정말로 '대등한 관계'를 추구한다면 여자들은 연상의 남자, 키 큰 남자, 지위나 학력이 높은 남자 등을 바라지 않을 것이다. "나는 존경할 만한 남자가 아니면 사랑하는 마음이 들지 않아"라는 것은 '남성에게 종속되고 싶다'는 욕망의 표현이며, "어리고 귀여운 여자가 아니면 흥분이 안 돼"라는 것은 자신이 감당할 수 있는 '지배와 소유의 대상'이 아니면 성적 욕망을 느끼지 않는다고 고백하는 것과 같다.

나는《발정 장치 ─ 에로스의 시나리오》上野 1998b에서 에로스는 문화적·역사적으로 조건 지어진다고 썼다. '여성의 어깨 라인이 섹시하다'라든가 '무릎 안쪽이 성감대다'라고 말할 때 그것은 문화적 주입을 신체가 그대로 따라하고 있는 것에 불과하다. 에로스란 '문화적 발정 장치'이기 때문에 지성과 교육이 필요한 것이다.

남자에게 '할 말이 있다'라는 여자의 요구는 '변절'로 비칠 것이다. 권력 관계는 시간이 지남에 따라 변화하고 그때까지 '대등한 관계'에 대한 바람이 전혀 없던 여자도 그 과정에서 '변절'하게 된다. 권력자는 실력과 권위를 잃어버리고 종이호랑이 같은 허수아비였다는 사실이 드러난다. 나이를 먹을수록 연령차가 가지는 의미는 작아지고 학력도 지위도 큰 키도 더 이상 권력을 뒷받침하는 자원이 아니게 된다. 때문에 이것은 아내의 '변절'이며 '하극상'인 것이다. 많은 남편들이 혼란을 겪는 것도 무리가 아니다. '나는 결혼 이래로 변한 것이 없어. 변한 것은 너야'라고 외치듯.

'자립한 여성'을 상징하던 인물인 다와라 모에코가 전 남편 다와라 고타로와 이혼하게 된 경위를 설명한 에세이가 있다. 신출내기 저널리스트였던 모에코는 이미 지위를 확립하고 있던 평론가 고타로의 제자로 들어가 말 그대로 스펀지가 물을 흡수하듯 그로부터 많은 것을 배웠다고 한다. 고타로는 그런 모에코를 사랑하게 되었고 두 사람은 결혼을 하게 되었다. 그런 부부 관계를 모에코는 '사제 관계' 같았다고 회상한다. 그러나 이내 모에코가 저널리스트로 자립하여 세상에 이름이 알려지기 시작하면서 '사제 관계'는 허물어지기 시작한다. 고타로는 젊은 애인을 만들어 모에코의 곁을 떠나게 되는데, 모에코의 눈에 그것은 다른 여성과 이전의 '사제 관계'를 재생산하는 것처럼 보였다. 변한 것은 아내였으며 변하지 않은 것은 남편이었다. 그는 자신이 지도하며 우위에 설 수 있는 여성에게만 사랑을 느꼈던 것인데, 그걸 설명하기 위해 군이 DNA나 테스토스테론을 들먹일 필요는 없다. 여자 역시 처음에는 '지배당하고 지도받는' 기쁨을 느꼈고 그리고 나서 '졸업'을 한 것이기 때문에 일방적으로 피해자라고만은 할 수 없다.

현재의 황태자[9]가 마사코를 아내로 맞이하면서 한 말이라고 전해지는 대사가 있다. "평생 모든 힘을 다해 당신을 지키겠습니다." 이 대사에 당시 얼마나 많은 일본 여자들이 황홀해했을까. 만약 당신이 이 대사에 '황홀해한' 여성 중 한 명이라면 당신 역시 '권력의 에로스화'를 신체화한 여성이라 봐도 좋을 것이다. '지키다'라는 것은 울타리 안에 가두어 평생 지배하겠다는 의미이다. 그 '울타리'가 온실이든 감옥이든 매한가지이다. 마사코 비를 기다리고 있던 것은 그 대사의 의미대로 '포로'가 된 그녀의 현실이었다. 남자가 여자를 '지킨다'고 말할 때, '지켜야 할' 외적이란 종종 자신보다 더 많은 힘을 가질 가능성이 있는 다른 남성을 가리킨다. '소유'를 다른 말로 표현했을 뿐인 '지키다'라는 말이 '사랑'의 대명사가 되는 것이 '권력의 에로스화'이다. 야유하는 것이 아니다. 청년 황태자가 이 말을 성실한 사랑의 표현으로 사용했다는 것에는 거짓이 없을 테지만, 남성의 사랑이 소유와 지배의 형식밖에 취할 수 없음을 이 개념은 여실히 보여주고 있다.

9 집필 당시 황태자였던 나루히토는 현재 일본의 제126대 천황이 되었다.—옮긴이

반대로 여성의 사랑이 종속이나 피소유의 형식을 취하는 경우도 있다. '평생 당신을 따르겠어요', '죽을 때까지 나를 놓지 말아줘' 같은 표현이 그 상징적인 예다. 여자들은 사랑을 '바지런하게 일상과 신변의 뒤치다꺼리를 한다'라는 대단히 근대 가족적인 돌봄 역할의 형식 말고는 표현할 회로를 가지고 있지 않다. 좋아하게 되자마자 하숙방에 찾아가 밀린 청소나 빨래를 하거나 도시락을 만들어오는 여자의 행동은 주부가 하층 중산 계급의 무상 가사 노동자로 전락한 이후의 역사적 현실을 반영하고 있다. 귀족이나 부르주아 자제라면 여자가 도시락을 만들어오는 순간 '하녀로서는 적합하지만 아내로서는 적합하지 않다'고 생각했을 것이다.

에로스같이 불가시적이고 부정형적인 것의 문화적 표현 회로는 역사적 맥락에 의존한다. '권력의 에로스화'라는 개념은 일견 무시무시해 보이나 앞서 말했듯 일상적 관계에 적용되는 것이다.

관계의 양식 역시 생활 습관이다. 그러나 오랜 세월 속에서 생활 습관은 변화하며 또 변화시킬 수 있다.

마약을 끊고 건강한 신체의 쾌락을 맛보게 되면 마약의 쾌락 같은 건 잊을 수 있다고 아무리 떠들어도 본래의 '건강한 신체'가 어떤 것이었는지를 상상해내지 못한다면 마약 중독자는 눈앞에 있는 순간의 쾌락을 결코 놓으려 하지 않을 것이다. 또는 등뼈가 굽은 채 부자연스러운 자세로 걷는 것이 몸에 배어 그것을 교정하는데 지금 이상의 고통이 뒤따른다면 뒤틀린 등뼈를 치료하고 싶은 마음이 들지 않을 것이다. 문화란 신체와 정신의 강제적인 틀이라 할 수 있다.

그 틀을 벗겨내면 코르셋 없이는 걸을 수 없는 환자와 같이 몸과 마음이 동시에 맥없이 주저앉아 버리는 경우도 있을 것이다.

그러나 틀은 어디까지나 틀에 불과하다. 스스로 변화하기도 하며 직접 변화시키는 것도 가능하다. 생활 습관을 변경하는 것은 쉬운 일이 아니나 그것이 운명이나 숙명이 아닌 단지 '습관'에 지나지 않음을 깨닫는 것은 좋은 일이다.

여성 혐오와 호모포비아를 단일 개념으로 표현하는 용어가 '권력의 에로스화'이다. 에로스와 권력이라는 서로 다른 것을 서로 다른 상태로 분리해두고 권력을 원래의 장소에 되돌려놓고 에로스를 더욱 다양한 형태로 충만하게 만드는 일…은 불가능한 일이 아닐 것이다. 그것은 이미 시작되고 있기 때문이다.

제16장

여성 혐오는
극복될 수 있는가

여성 혐오의 이론 장치

남자는 여자와의 일대일 관계 속에서 '남성이 된다'고 생각했었다. 착각이었다. 남자는 남자들의 집단에 동일화하는 것을 통해 '남성이 된다.'

남자를 '남성'으로 만드는 것은 다른 남자들이며 남자가 '남성'이 되었음을 승인하는 것도 다른 남자들이다. 여자는 기껏해야 남자가 '남성'이 되기 위한 수단, 혹은 '남성됨'의 증명으로 부여되거나 쫓아오는 보수에 지나지 않는다.

이에 반해 여자를 '여성'으로 만드는 것은 남자이며 '여성됨'을 증명하는 것도 남자들이다.

'남성됨'과 '여성됨'의 이 압도적으로 비대칭적인 메커니즘을 정신이 버쩍 들 정도로 훌륭한 이론 장치를 통해 설명해준 것이 바로 이브 세지윅의 《남성 간 유대》였다. 이성애 질서, 남성 간 권력과 욕망, 동성애 혐오, 젠더 비대칭성과 여성 차별…. 이들의 관계를 세지윅의 이론만큼 알기 쉽게 설명해주는 것도 없다. 그래, 그랬구나, 역시나! 어렴풋이 느끼고 있던 것, 의심을 품어온 것 들에 대하여 그녀는 개념을 부여해주었다. 그것이 호모소셜, 호모포비아, 여성 혐오의 3종 세트이다(제2장 참조).

개념은 개념이지 현실이 아니다. 그러나 개념은 현실을 설명하고 해석하는 강력한 무기가 된다. 여성 혐오라는 개념을 얻게 되면 왜 여자를 좋아하는 호색남이 실은 여성을 멸시하는지, 왜 남자가 자신보다 뒤떨어지는 여자를 욕망하는지를 잘 알 수 있게 된다.

남성에게 이성애 질서란 무엇인가? 그것은 남성이 성적 주체임을 증명하기 위한 장치다. 이성애 장치 아래에서 남자와 여자는 대등한 짝이 될 수 없다. 남성은 성적 욕망의 주체, 여성은 성적 욕망의 객체에 위치하며 이 관계는 남녀 사이에 비대칭적이다. 이성애 질서란, 남성은 동성 남자를 성적 욕망의 대상으로 해서는 안 되며 남성이 아닌 자(즉 여성)만을 성적 욕망의 대상으로 하라는 '명령'을 가리킨다. 뒤집어 말하면 남성에 의해 성적 욕망의 대상이 된 자는 '남성 아님=여성'이 된다. 그것이 남성일 때 그자는 여성화, 즉 '여자 같은 남자'가 된다. 여기서 '여성'이란 그 정의상 '남성'의 성적 욕망의 객체를 가리키기 때문이다. 따라서 남성의 성적 욕망을 환기시키지 않는 여자는 정의상 '여자가 아니게' 된다.

호모소셜한 집단이란 이처럼 '성적 주체'임을 서로 승인한 남자들의 집단을 가리킨다. '여성'이란 이 집단으로부터 배제된 자들, 오로지 남자들에게 욕망되고 귀속되고 종속되기 위해서만 존재하는 자들에게 부여된 명칭이다. 따라서 호모소셜한 집단의 멤버가 여성을 열등시하는 것은 당연하다.

'여성'이란 '남성이 아닌 자'에게 찍힌 낙인과 명칭이며 그들은 남성에게 부여된 모든 미덕과 명예로부터 차별화되고 범주화되어야만 한다. '여성'이란 남성과 달리 '용감하지 않은 자', '다부지지 못한 자', '지도력과 결단력이 없는 자', '겁이 많고 마음이 약한 자', '얌전한 자', '무력한 자', 즉 '주체가 될 자격이 없는 자'에게 부여된 명칭이며, 이 모든 '여성스러운' 속성은 남성이 그 지배 대상에 어울리도록 만들어낸 속성이라 해도 무방하다.

때문에 이성애 질서의 핵심에 여성 혐오가 있다는 사실은 전혀 이상하지 않다. 왜냐하면 '나는 여성이 아니다'라는 아이덴티티만이 남성다움을 지탱하고 있기 때문이다. 여성을 성적 객체로 삼아 내가 성적 주체라는 사실을 증명하였을 때 비로소 동성 집단으로부터 남성으로 인정받는다. 즉, 호모소셜한 집단의 정식 멤버로 승인받게 되는 것이다. 윤간이 성욕과는 무관한 집단적 행위이며 남성다움의 의례라고 하는 사실은 다시 언급할 필요도 없다.

욕망의 삼각형

세지윅은 르네 지라르가 《욕망의 현상학》Girard 1965=1971에서 제시한 '욕망의 삼각형'이라는 이론적 틀을 차용하여 자신의 이론을 전개한다. 라캉이 말하듯, 욕망이란 타자의 욕망이며 자신이 동일화하는 대상이 욕망하고 있는 것이 바로 자기 욕망의 대상이 된다. 프로이트의 이론대로 여기서도 동일화의 대상과 욕망의 대상은 서로 다른 성별로 구분되어 있다. '욕망의 삼각형'에서 동일화의 대상이 되는 '타자'는 그 개체에게 존경이나 애착이나 경쟁의 대상이어야 한다. 때문에 이 욕망하는 남자들의 관계는 아버지와 자식, 스승과 제자, 선배와 후배, 라이벌 같은 관계에서 발견할 수 있다. 상대를 존경하고 있지 않으면 '타자의 욕망'에 대한 가치가 발생하지 않기 때문이다. 동일화의 대상이 욕망하는 것을 손에 넣음으로써 그는 스스로를 '욕망의 주체' 위치에 세울 수 있게 되는 것이다.

'욕망의 삼각형'에서 욕망의 주체는 남성으로 제한된다. 삼각형속에서 여성은 의사가 존재하지 않는 욕망의 객체에 지나지 않는다. 같은 객체에 대한 욕망을 통해 남자들은 자신들이 비슷한 가치관을 공유하는 욕망의 주체라는 사실을 확인한다. 남성이 욕망하는 여성의 가치가 여성이 욕망하는 남성의 가치보다도 척도가 일원적이고 단순한 것은 이 때문일 것이다. 남성은 자신이 획득한 가치를 다른 남성에게 과시해야 하기 때문이다.

이성애 질서의 근간에 삼각형, 즉 복수의 남녀가 아니라 두 명의 남성(욕망의 주체)과 한 명의 여성(욕망의 객체)이 있다는 사실을 간파한 것은 게일 루빈Rubin 1975=2000이었다. 그녀는 레비스트로스의 '혼인 교환'[1]에 관한 아이디어를 바탕으로 결혼이란 두 남녀의 연대가 아니라 여성의 교환을 통해 두 사람의 남성(두 남성 집단) 간 연

---

1 혼인을 '한 쌍의 남녀의 결합'으로서가 아니라 '복수의 친족 집단 내 여자 이동'으로 정의함으로써 얻게 되는 교환 모델을 말한다.

대를 성립시키는 일이며, 여자는 그 유대의 매개에 지나지 않는다고 간주했다. 따라서 이성애 질서는 호모소셜(남성 간 탈脫성적 유대)과 여성 혐오(그 유대에서의 여성 배제)를 그 핵심으로 하며 호모포비아(동성애의 추방)를 수반하는 것이다.

호모소셜·호모포비아·여성 혐오

호모소셜·호모포비아·여성 혐오의 3종 세트를 도식으로 표현하면 다음과 같다.

이 도식은 세지윅의 것이 아니라 나의 오리지널이다. 이 모델이 세지윅의 도식보다 나은 점은 '여성에게도 호모소셜한 유대가 있는가?'라는 물음에 동시에 대답해주고 있다는 점이다.

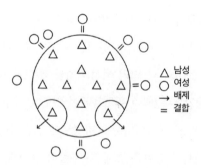

여성에게는 남성에 비견할 만한 호모소셜한 유대는 존재하지 않는다. 세지윅은 여성의 호모소셜한 유대도 상정하고 있지만 동시에

젠더 비대칭성을 지적한다. 즉, 남성에게는 호모소셜과 호모섹슈얼 사이에 단절이 있지만 여성의 경우 그 사이에 연속성이 있다는 것이다. 이것은 에이드리언 리치Rich 1986=1989가 주장한 '레즈비언 연속체lesbian continuum'[2]를 상기시킨다.

젠더 간 권력 비대칭성이 존재하는 곳에서, 호모소셜한 남성의 유대와 호모소셜한 여성의 유대는 설사 존재한다 하더라도 같은 것이 아니다. 동성 집단에 동일화하는 것을 통해 얻을 수 있는 '권력' 자원의 배분이 압도적으로 다르기 때문이다. 열위 집단에 동일화하는 것을 바라는 이는 아무도 없다. 따라서 여성에게 호모소셜과 호모섹슈얼 사이에 연속성이 있다 하더라도 그것은 불리한 선택, 혹은 단순히 열등함에 안주하고자 하는 선택이 된다.

그것보다 성적 욕망의 객체가 되는 것을 받아들이고 호모소셜한 남성 집단에 귀속되는 것을 통해, 설령 간접적이라 할지라도 권력 자원의 배분을 추구하는 편이 훨씬 효율적일 것이다. 여성이 남성(에 의한 선택)을 둘러싸고 잠재적인 경쟁 관계에 놓이는 한, 여성 간 호모소셜한 유대는 있다 하더라도 취약한 것이 된다. 이 질서는 여성의 질투가 자신을 배신한 남성에게 향하지 않고 같은 여성에게 향한다는 사실로부터도 유추할 수 있다.

---

2 남성 집단 내에서는 호모소셜과 호모섹슈얼 사이에 단절이 있으며 경계선이 그어지지만, 여성 집단 내에서는 호모소셜과 호모섹슈얼 사이에 분명한 단절이 없으며 완만한 연속체를 구성하고 있다는 개념.

섹슈얼리티의 근대

물론 세지윅은 이 호모소셜·호모포비아·여성 혐오의 3종 세트가 초역사적인 것이라고 주장할 정도로 신중하지 못한 것은 아니다. 그녀의 탐구는 '섹슈얼리티의 모습과 섹슈얼리티로 '간주'되어 있는 것들이 얼마나 역사적인 권력 관계로부터 영향을 받고 있는가, 그리고 동시에 영향을 미치고 있는가'Sedgwick 1985=2001: 3를 목표로 하고 당연히 그곳에는 '시대에 따라 변화하는 권력의 비대칭성'Sedgwick 1985=2001: 9이 있기 때문이다. 때문에 그녀가 근거로 드는 사례가 모두 19세기 이후의 영국 문학에서 추출한 것이라는 사실은, 이 3종 세트가 푸코가 말하는 '섹슈얼리티의 근대', 특히 이성애 질서에 대한 설명력이 높다는 의미이다. 이것은 반대로 이 개념 장치가 설명력을 가지고 있는 동안은 우리들이 '섹슈얼리티의 근대'로부터 벗어나 있지 못하다는 의미다. 적어도 이 3종 세트로 설명할 수 없는 예외적인 사태가 연이어 나타나거나 이 3종 세트 이상으로 높은 설명력을 가진 다른 개념 장치가 등장할 때까지는.

이 문장을 쓰고 있을 때, 위의 시나리오를 충실히 따르는 훌륭한 사례를 접하게 되었다. 〈AERA〉(2010년 5월 3일 호)의 표지를 장식한 한류 스타 이병헌의 인터뷰 기사다.

"저보다 술도 잘 마시고 말싸움해도 제가 밀리는 여자는 사양하고 싶어요. 제가 지켜줄 수 있는 여자가 좋거든요.", "웬만한 남자들은 간단히 해치울 수 있는 그런 여자는 좀 무서워서 싫어요.(웃음)" 이렇게 말하는 그는, 강한 여자 앞에서는 시들해진다는 것을 솔직하게 고백하고 있는 것이다. 자신보다 열등한 여성을 '소유하고 싶다(자신의 영역 내에 가두어 두고 싶다)'는 노골적인 욕망을 '지켜주고 싶으니까'라는 완곡어법으로 대신했을 뿐이다.

그는 또한 친절하게도 이런 부연 설명을 덧붙인다. "제 친구하고 동시에 같은 여자를 좋아하게 되면 결정을 못 내릴 것 같아요." 지라르가 말하는 '욕망의 삼각형'을 그대로 체현한 발언이다. 그의 말은 다음과 같이 해석하는 것이 옳다. 우연히 좋아하게 된 여성이 친구도 좋아하는 여성이었다는 설정이 아니다. 애착과 존경, 즉 동일화의 대상인 친구가 좋아하는 여성이기 때문에 나도 좋아하게 된 것이다. 그때, 여성을 둘러싸고 친구와 라이벌 관계에 서게 되지만 남자 간 우정을 우선하여 여자를 단념할지 어떨지는 실제로 겪어보지 않고서는 '알 수가 없다'는 것이다. 남자들이 종종 '친구의 연인', '스승의 아내', '영주의 부인'등을 연모하게 되는 것은 조금도 이상한 일이 아니다. 중세 기사도의 연애 대상은 쉽게 접근할 수 없는 기혼 귀부인이었으며(이 사랑은 이후 낭만적 사랑의 원형이 된다) 그녀에게 가치가 발생하는 이유는 다른 어떤 이유도 아닌 바로 그녀가 권력자의 아내이기 때문이다. 기사도 연애는 같은 여성을 숭배의 대상으로 삼음으로써 기사단이라는 호모소셜한 유대를 유지하는 장치로 기능했다는 것은 중세 역사가 조르주 뒤비Duby et Perrot 1991=1994가 설명한 바 있다.

이병헌의 발언을 현재에도 징병제가 실시되고 있는 한국 사회의 마초적 발언으로 해석하는 것도 가능하다. 그러나 이 기사를 작성한 〈주간 아사히〉의 (아마도 젊은 여성) 편집자가 그의 발언을 황홀해하며 반쯤 찬미하듯 전하고 있는 것을 보면, 21세기의 오늘날에도 세지윅이 19세기 영국에서 발견한 것과 같은 호모소셜과 여성 혐오가 역사적 유통기한을 유지하고 있음을 재확인하게 된다. 세지윅이 이 3종 세트를 무기로 근대 영국 문학을 분석한 것과 같이 이 책에서는 여성 혐오라고 하는 열쇠를 손에 쥐고 호모소셜한 일본 사회의 분석을 시도하여 여성 혐오가 어떤 식으로 일본 남성의, 그리고 일본 여성의 욕망과 아이덴티티에 영향을 미치고 있는가를 파헤쳐보았다. 이 개념이 여전히 높은 설명력을 지녔다는 것을 발견하고 우리들은 실망감을 감출 수 없을지 모른다. 그러나 동시에 우리의 이론은 틈새를 발견해내고 그 사이에서 새로운 변동의 가능성을 끌어내는 데에도 도움을 줄 수 있을 것이다.

여성 혐오를 넘어

있는 실컷 여성 혐오에 관해 논한 뒤, 책의 마지막에 가서 '여성 혐오는 극복될 수 있는가' 같은 챕터를 구성하는 것은 너무 빤한 연출처럼 보인다. 간단히 극복될 수 있는 것이라면 애써 이런 책을 쓸 필요도 없었을 테니까. 젠더와 마찬가지로 여성 혐오 역시 그것이 역사적인 구축물이라는 사실을 알았다고 해서 그것으로부터 자유로워지는 것은 아니다. 아니, 오히려 지금까지 논해온 바와 같이 여성 혐오는 너무나 깊숙이 신체화되고 욕망의 핵심까지 파고들어 있어서 그것을 없애려 하면 '빈대 잡으려다 초가삼간 태우는', 즉 욕망 그 자체를 부정해버리는 꼴이 될 수 있다. 그리고 여성 혐오를 극복한 세계에 관해서는 마르크스가 계급이 철폐된 세계에 관해 말한 것처럼 이렇게 말할 수밖에 없다.

"나는 여성 혐오가 너무나도 깊이 박혀 있는 세계에서 나고 자란 탓에 그것이 없는 세계를 상상하는 것이 불가능합니다."

여성 혐오를 극복하는 길은 두 가지가 있다. 하나는 여성이 극복하는 시나리오, 다른 하나는 남성이 극복하는 시나리오다.

전자에 관해 자주 언급되는 오해를 먼저 해결하자. 그 오해란 '페미니스트는 여성 혐오자다'라는 설이다. 이에 관해서는 '그래, 맞아요'라고 긍정하면 된다. 부정할 이유가 하나도 없다. 첫 번째 이유는 여성 혐오 사회에서 태어나 자라면서 여성 혐오를 신체화하지 않은 여성은 없기 때문이며, 두 번째 이유는 페미니스트란 스스로의 여성 혐오를 자각하고 그것과 싸우려는 이를 가리키기 때문이다. 만약 여성 혐오로부터 완전히 자유로운 여자가 있다면(아마도 없겠지만 그래도 만약 있다면) 그 여자는 싸울 대상이 없기 때문에 페미니스트가 될 이유도 없다. 만약 자신은 여성 혐오로부터 완전히 자유롭지만 사회가 그렇지 않기 때문에 사회 변혁을 위해 싸운다는 사람이 있다면 페미니즘은 더 이상 '자기 해방의 사상'이 아니라 '사회 변혁'의 도구로 머물게 될 것이다. 이문화異文化 접촉이라 해도 좋을 이러한 '정의의 강요'는 대화를 성립시키기는커녕 다수파에 의한 소수파의 억압과 배제로 끝나버릴 것이다. 사실 무엇이 여성 혐오인가는 그것이 무엇인지를 알고 있는 사람이 아니면 제대로 판정을 내릴 수가 없다. 많은 여자들이 여성 혐오란 무엇인가를 알고 있기 때문에 그것에 분노와 고통을 느껴온 것이다.

남성의 자기혐오

다른 한 가지, 남성의 시나리오는 어떤가? 나는 여성 혐오란 '남성에게 있어서는 여성 멸시, 여성에게 있어서는 자기혐오'라고 적었다. 모리오카 마사히로는 최근 〈프리터즈 프리〉라는 잡지에서 "많은 페미니스트들이 보지 못하고 있는 것은 남성의 자기혐오라는 문제가 아닐까요"라고 지적한다.フリーターズフリー編 2010: 181 뛰어난 식견이다.

"저는 페미니즘이 길러준 세대에 속합니다. 모두가 인정하듯, 페미니즘에 의한 의식 각성을 경험한 세대입니다"フリーターズフリー編 2010: 147라고 자인하는 모리오카는 "남성에게 고유한 성의 아픔과 고뇌가 존재한다"フリーターズフリー編 2010: 156고 단언한다.

"남성으로서 저 자신이 연애와 성애, 섹슈얼리티 면에서 상처투성이임에도 불구하고 나는 하나도 아프지 않다, 나는 전혀 상처받지 않은 가해자다, 이런 식으로 나 자신을 속여 왔습니다. 그렇게 사회 구조에 나를 적응시켜왔습니다. 그리고 그 사실을 깨닫기까지는 매우 오랜 시간이 걸렸습니다."フリーターズフリー編 2010: 157

모리오카는 남성의 자기혐오에 '자기 부정'과 '신체 멸시'가 있다고 한다. 나 역시 이전에 여성의 '신체로의 소외'와 남성의 '신체로부터의 소외'를 대비한 구도에 이 '신체 멸시'를 대응시킨 적이 있다. 신체사身體史를 제창한 오기노 미호의 탁월한 표현을 빌리자면 여성이 남성보다 '신체도身體度'가 더 높다고 여겨진다. 다른 말로 하면 여성은 신체에 종속되고 남성은 신체를 지배한다. 여성은 신체의 노예라는 사실을 죽을 때까지 저주하며, 남성은 신체를 타자화한 대가를 죽을 때까지 지불한다. 그렇게 생각하면 남성의 신체 혐오는 남성임에서 오는 숙환宿患이라 할 수 있을지 모르겠다.

이 배후에는 근대에 존재하는 주체의 형이상학, 우리에게 친숙한 주체와 객체의 이원론, 정신과 신체의 이항대립이 있다. 남성이 자기 신체를 단련하거나 신체에 고통을 가하는 것에 거리낌이 없는 이유는 신체를 철저하게 타자화하고 있기 때문이며 신체의 주인으로서의 주체=자기를 과시하기를 요구받기 때문일 것이다. 정신에 비해 열등한 위치에 있는 신체의 욕망이기에 성욕은 '더러운 욕망'이 되는 것이며, 그것이 더욱 열등한 위치에 있는 여성에 의해서만 충족될 수 있다고 한다면 신체에 대한 저주는 더욱 더 깊어질 것이다.

남성 신체에 대한 자기혐오는 탈신체화, 즉 자기 자신으로부터의 이탈 소망으로도 나타나며, 그 욕망이 여성 신체에 대한 동일화 소망으로 표현되는 경우도 있다. 어쩌면 여장 취미는 '이상화된 신체를 향한 자기 동일화 소망'에 지나지 않으며 '젠더의 벽을 넘고자 하는 소망'은 아닐지도 모른다. 'M군이 어린 소녀의 신체를 절단하였을 때 그에게는 소녀가 되고 싶다는 소망이 있었다'는 오쓰카 에

이지의 해설을 읽으며 그 근거 없는 판단에 알 수 없는 리얼리티를 느꼈던 것은 바로 이 때문이었는지도 모른다.

남성에게도 자기혐오는 있다. 틀림없이 그럴 것이다. 그러나 그 자기혐오에도 두 종류가 있다. 하나는 자신이 남성이라는 사실에 대한 것, 또 하나는 자신이 충분히 남성이지 않다는 사실에 대한 것이다. 모리오카의 논의 속에 이 두 가지 자기혐오가 구별되어 있다고는 할 수 없다. 이 두 가지 자기혐오는 비슷한 듯 보이나 사실은 다르다. 향하는 방향이 완전히 반대이기 때문이다.

남성학은 젠더의 속박 속에서 남성 역시 고통받아왔다고 지적하는데 그것은 후자, 즉 남자가 '충분히 남성이지 않다'는 것에서 발생하는 고통이 아닐까. 성적 약자, 비인기남, 프리터, 히키코모리 등의 '남성 문제'는 호모소셜한 남성 집단의 규격으로부터 벗어나는 것에 대한 공포와 고통을 나타내는 것이다. 그렇게 생각해보면 규격에서 벗어난 남자가 '설 자리를 잃어버렸다'는 느낌을 받으며 점점 고독해지는 것도 이해가 간다. 호모소셜한 집단으로부터 배제된 '남성이 되지 못한 남자'에게 연대는 불가능하기 때문이다.

물론 여성에게도 같은 식으로 '규격'에서 벗어나는 것에 대한 공포와 고통이 있다. 다이어트 소망, 불임 치료, 노처녀 공포…. 그러나 그녀들이 다행히도 그 공포를 극복하여 '규격'에 달했을 때, 이번에는 자신이 여성 혐오의 틀 안으로 꼭 들어맞게 된 사실을 알고 깜짝 놀라 '자기혐오'에 빠지게 된다. 그리고 '규격 외 여자'들이 자기혐오와 격투를 벌이며 연대하기 시작한 것이 페미니즘이었다. 그녀들은 자기혐오의 보편성을 알고 있었기 때문이다.

모리오카가 지적하는 '남성의 자기혐오'에는 분명 남성성의 근간을 뒤흔드는 깊이가 있다. 그는 남성성과 폭력의 연결을 이야기하는데, 폭력이란 공포라는 이름의 방어 기제를 해제한 타자 신체와의 과잉된 관계를 의미한다. 그것은 타자 신체와의 관계이기 이전에 자기 신체에 대한 폭력적 관계이기도 할 것이다. 폭력은 신체의 안전을 돌보지 않는 무모함 혹은 용기의 형태로 나타나는 한편, 알코올 중독이나 마약 중독과 같은 완만한 자살의 형태로도 나타난다. 반대로 신체에 대한 과도한 배려는 겁, 연약함, 나약함 등 '남성다움'의 결여로 간주된다. 어느 쪽을 향하든 남자에게는 '자기혐오'가 기다리고 있다. 남자에게 남성이라는 사실과 남성이지 않다는 사실 모두가 고통으로 가득 찬 경험일 것이라는 사실은 쉽게 상상할 수 있다.

남성의 자기혐오란 타자화한 신체가 되돌려주는 응징이라 할 수 있다. 그런 남성이 여성 혐오를 넘어설 방법은 오직 하나밖에 없다. 신체의 타자화를 그만두는 것이다. 다른 말로 하면 신체 및 신체성의 지배자로서의 정신=주체됨을 그만두는 것이다. 그리고 신체성과 연결되는 성, 임신, 출산, 육아를 '여성의 영역'으로 여기는 것을 그만두어야 한다. 만약 모리오카처럼 남자들도 '있는 그대로의 자신'을 받아들이고자 한다면 신체를 포함한 자기 자신과 화해해야만 할 것이다. 신체의 욕망과 그 욕망의 귀결점을 마주하고, 신체의 변화를 민감하게 느끼며, 신체를 매개로 하는 친교 행위를 깔보아서는 안 된다. 신체는 누구에게나 자기 뜻대로 되지 않는 최초의 타자이다. 자기 신체의 타자성을 받아들인다면 신체를 매개로 하여 연결되는 타자의 존재를 지배나 통제의 대상, 위협이나 공포의 원천으로서가 아니라 있는 그대로 받아들일 수 있게 될 것이다. 그 '타자'의 중심에 여성이 있다. 즉, 남성 '주체됨'의 핵심에 '여성(과 여자 같은 남자)'의 타자화와 배제를 위치시키는 것을 그만두어야 한다.

남성으로 태어난 이에게 그것은 '남성이 아니게 될지 모른다'는 공포와 싸워 이겨내는 것을 의미할 것이다. 이런 과제를 달성하는 것이 남자들에게 가능할지 어떨지는 모른다. 달성 이후에 남자들의 욕망이 어떻게 변화할지에 대해서도 알 수 없다. 모리오카는 '남성으로 태어나 자랐다는 사실 전체를 완전히 긍정받고 싶다'고 말한다. 따라서 '페미니즘이 가지고 있는 남성 존재 부정의 메타 메시지는 거부하지 않으면 안 된다'フリーターズフリー編 2010: 184-5고 덧붙인다.

오해하지 말았으면 한다. 페미니즘이 부정하고 있는 것은 '남성성'이지 개개의 '남성 존재'가 아니다. 만약 '남성'으로 분류되어 있는 자들이, 여자들이 그렇게 생각하듯, '나라는 존재를 긍정하고 싶다'고 생각한다면―그것은 누구에게나 정당한 바람이다―여자들이 여성 혐오와 싸워왔듯이 남자들도 자신의 여성 혐오와 싸우는 수밖에 없을 것이다.

참고로 남성 동성애자들은 '남자가 아닌' 자, '여자 같은 남자'로서 오랫동안 여성화되어 왔다. 남성 동성애자들은 여성 혐오를 극복한 사람들일까. '남성이지 않게 됨'은 동성애자가 되는 것과 같은 것이 아니다. 동성애자 남성이 여성 혐오를 극복한 남성인지 어떤지는 모른다. 세지윅이 지적하는 바와 같이, 게이 운동과 관련하여 페미니즘에는 다음과 같은 오해가 성립되어 있다. '하나는 게이와 모든 여성은 시대를 초월하여 '자연스럽게' 같이 투쟁하고 (…) 본질적으로 이해가 일치할 수 있다는 전제이며, 다른 하나는 남성 동성애는 여성 혐오의 화신, 인격화, 결과, 혹은 제1 원인이라는 전제이다…Sedgwick 1985=2001: 30 나는 이것들이 잘못되었다고 믿고 있다'고 그녀는 말한다. 이런 극단적인 양측의 입장은 아마도 어느 정도는 올바르며 어느 정도는 틀렸을 것이다.

'게이와 페미니즘은 같이 투쟁할 수 있는가?'라는 질문에 나는 다음과 같은 답을 내린 적이 있다. 'Yes, but 여성 혐오적이지 않은 게이들이라면 가능하다.' 추가로 '섹슈얼리티 여하를 불문하고 여성 혐오적이지 않은 남자들이라면'이라는 조건을 덧붙여도 좋다. 페미니스트가 여성 혐오로부터 자유롭지 못한 것과 마찬가지로 더욱 신중하게 '여성 혐오와 싸우고 있는 남자들이라면'이라고.

모리오카와의 대담에서 스기타 슌스케는 다음과 같이 발언한다.

'포스트 남성 운동'적인 상황이라고도 할 수 있는 지금, 남성성과 관련하여 역풍, 비인기남, 초식계 남자, 동물화, 오타쿠, 라이트light 오타쿠, 아동 포르노, 의사擬似 아동 포르노, 가정 폭력, 가해자 임상臨床, 성범죄자의 갱생 혹은 규제 등이 다시금 토픽으로 올라오고 있습니다. 그 가운데 일부는 남성 운동임을 겉으로 드러내지 않지만(혹은 자각하고 있지 않지만) 남성 운동처럼도 보입니다.

그러나 이들 각각의 흐름을 상호 연결시키는 커다란 맥락은 아직 발굴되지 않고 있습니다. 이 논의들의 논점을 통일적으로 논할 수 있는 남성성 이론이 필수불가결하지 않을까요.フリーターズフリー編

2010: 150

맞는 말이다. 세지윅의 도움을 빌려 고찰을 진행해온 이 책이 그것을 위한 하나의 도움이 된다면 좋겠다. 이 책은 무엇보다도 '남성이라는 사실'에 관해 논한 것이기 때문이다.

페미니즘은 여성에게 있어 자기 자신과 화해하는 길이었다. 남성에게도 자기 자신과 화해하는 길이 없지는 않을 것이다. 그것은 아마 여성의 경우와 마찬가지로 '자기혐오'와 싸우는 일이 될 것이다. 그리고 그 길을 제시하는 것은 더 이상 여성의 역할이 아니다.

제17장

아저씨들!
부디 유종의 미를 거두시길:

성희롱, 무엇이 문제인가?

실명 고발이 가진 힘

2017~2018년 동안 할리우드와 칸에서는 미투#MeToo 운동이 중요한 사회 이슈였다. 한편 일본에서는 미투 운동이 왜 이렇게 시들하냐는 한탄이 있었다. 그러나 일본에서도 미투 운동의 움직임은 분명히 일고 있었다. 마치 돌이킬 수 없는 지각 변동처럼. 미투 운동을 계기로 여론은 '성희롱セクハラ[1]'을 용인하지 않는 쪽으로 기울었다.

변화의 계기는 누가 뭐라 해도 책《블랙박스》를 통해 실명과 얼굴을 공개하고 성폭력을 고발한 이토 시오리다. 그녀가 등장하기 전에는 성폭력 피해자들이 침묵하거나 익명으로 고발하거나, 사건 자체가 공론화되지 않는 경우가 많았다. 그래서 성폭력은 '피해자를 특정할 수 없는 범죄'로서 가해자가 면책되는 일이 반복되고 있

1 영어 'sexual harrasment'를 일본어로 표기한 'セクシュアルハラスメント'의 줄임말로, 주로 직장이나 학교 등에서 일어나는 성적 괴롭힘이나 성차별적 언동 등을 포괄적으로 가리킨다.—옮긴이

었다. 성폭력은 피해자에게 '낙인stigma'을 찍는 효과가 있다. 피해자의 이름이 밝혀지는 순간 온갖 모욕과 험담이 쏟아진다. 그걸 정면에서 맞서서 견뎌낸 이들이 있었기 때문에 #MeToo와 그 뒤를 잇는 사람들이 생겨날 수 있었던 것이다.

"'위안부'가 #MeToo 운동의 선구였다"고 할 수도 있다. 1991년 김학순이 실명을 밝히고 고발한 후, 위안부를 둘러싼 정치 상황은 180도 달라졌다. 김 씨 이전에도 위안부의 존재와 피해는 널리 알려져 있었고 공감과 동정을 표하는 이들이 있었다. 그러나 김학순이 실명을 밝힘으로써 '나는 여기에 있다', '내가 당사자다', '사과와 배상을 요구한다'고 말하는 고발의 '주체'가 등장한 것이다. 그녀가 있었기에 '사실은 나도…' 하며 미투 운동의 뒤를 잇는 사람들이 나타날 수 있었다.

실명 고발이 가진 힘은 아무리 강조해도 지나치지 않다. 국회에서 야마오 시오리 의원이 '어린이집 추첨 떨어졌다. 일본 뒈져라!!!'라는 블로그 기사를 인용했을 때, 아베 신조 당시 총리가 익명의 블로그 기사에서 나온 말이라 진위를 확인할 수 없다며 우기던 모습을 기억하는가? 그러자 곧 수많은 부모가 '어린이집에 떨어진 것은 바로 나다'라고 쓰인 플래카드를 들고 국회 앞으로 모여들었다.

당사자가 없는 상황에서 누군가 그의 이해를 대변해주기는 매우 어렵다. 게다가 성폭력은 오랫동안 친고죄였다. 누가 대신 나서서 고발할 수 있었겠는가.

피해자에게 직접 나서라고 요구하는 것은 말할 필요도 없이 부적절한 행동이다. 실명 공개 후 치러야 하는 대가가 너무 크기 때문이다. 과거의 뼈저린 경험을 통해 이미 많은 피해자들이 그 사실을 학습한 상태다. '피해자에게 문제가 있다', '피해자가 먼저 유혹했다', '합의에 의한 일이었다', '평소 행실이 문란했다'라며 과거의 성경험이나 사생활이 까발려지는 피해를 감수할 수 있는 여성은 많지 않다.

2차 가해, 3차 가해

미투 운동에 기름을 부은 사건이 후쿠다 준이치 당시 재무차관의 성희롱 사건이었다. 녹음이라는 물증이 있음에도 "내 목소리인지 잘 모르겠다", "상대방이 누군지 모르겠다", "직업 여성과 나눈 말장난에 불과하다" 등의 변명을 대며 자신의 행위가 "성희롱에 해당하지 않는다"고 거듭 부인했다. 인터넷에 공개된 녹음에 따르면 "가슴 만져도 돼?", "손 묶는 거 좋아해? 묶어줄까?"와 같이 새삼 인용하는 것조차 불쾌해지는 말을 했다는데, 취재를 받는 공적인 자리에서 이런 말을 내뱉었다는 것 자체가 믿기지 않는다.

뒤이어 기자의 소속 언론사와 재무부 수장의 '리스크 관리' 실패가 잇따랐다.

기자가 아사히TV에 먼저 피해 사실을 호소했을 때 상사는 사건을 무마하려고 시도했다. '자네에게 도움이 되지 않을 걸세'는 가장 저열한 조직 방어책이자 리스크 관리법이다. 도움을 구할 곳이 없어진 기자는 주간지에 피해 사실을 폭로했다. 그러자 회사는 더 이상 손 놓고 있을 수 없게 되어 재무성에 정식으로 항의하는 긴급 기자회견을 열었다. 그런데 기자회견 중에 기자가 타 언론사에 정보를 유출한 것이 저널리스트로서 부적절한 행동이었다고 지적했다. 상사의 압박이 없었으면 다른 신문사에 정보를 주는 일은 없었을 것이며, 아사히TV가 미디어로서 본래의 기능을 다했다면 자사 미디어에서 충분히 다룰 수 있었던 사건이다. 상대의 허락 없이 대화를 녹음한 것이 취재 규칙에 어긋난다는 주장도, 그 대화가 취재 범위를 넘어서는 내용이었고 성희롱 사건에서 녹음은 피해자에게 자신을 보호하기 위해 널리 권장되는 수단이라고 반박할 수 있다. 취재 규칙 위반과 인권침해를 저울질했을 때 어느 쪽이 더 심각한 문제일까. 그런데도 〈산케이신문〉 같은 극우 언론들은 기자의 '부적절한 행위'에 대해 파고들기 시작했다. 사건은 성희롱이라는 인권침해 문제에서 정보 제공원에 대한 '수비의무守祕義務'라는 기자 윤리 문제나 부적절한 취재 활동 쪽으로 변질되는 듯했다. 그러나 다행히도 그런 일은 벌어지지 않았다. 일련의 흐름을 보면서 뇌리에 떠오른 것은 1970년대에 '오키나와 밀약' 문제를 둘러싸고 일어난 〈마이니치신문〉의 니시야마 다키치 기자 사건이었다. 미군기지의 원상회복 비용을 일본이 부담한다는 밀약에 관한 중대한 뉴스가 니시야마 기자가 제보원과 육체 관계를 맺고 정보를 입수했다는 스캔들로 변질되었고, 결국 니시야마 기자가 유죄판결을 받은 사건이었다.

후쿠다 준이치 사건이 알려진 후 재무부에 의한 2차, 3차 가해가 잇따랐다. 먼저 가해자 후쿠다가 성희롱 사실을 부인했다. 성희롱 사건에서는 가해자가 고발 내용을 부인하는 것 자체가 2차 가해가 되는 경우가 많다. 이어 재무장관 아소 다로가 형식적인 조사를 실시한 후 "후쿠다에게도 인권이 있지 않습니까"라며 가해자 옹호와 조직 보호에 나섰다. 특히 피해자에게 실명을 밝히라는 등 성희롱에 대한 무지를 드러냈다. 성희롱 사건의 경우 고발자의 익명성을 유지하고 공판에서는 증언 시 칸막이를 설치하는 등 여러 가지 세심한 대응을 한다. 이런 조치는 모두 피해자 보호가 목적이다. 교통사고 피해자에게 실명 공개를 요구하는 것과는 차원이 다른 이야기다. 실명 공개 요구는 피해자에게 '후미에 효과'[2]를 가져와 2차 가해를 유발한다. 성희롱에 대한 지식이 조금이라도 있다면 결코 해서는 안 될 짓이다. 성희롱 사건을 오랫동안 다뤄온 여성 변호사와 지원단체 등이 나서서 실명 공개 요구가 잘못되었음을 지적하며 반박했다. 아소 장관은 피해자에게 실명을 공개하라며 한 변호사 사무실을 창구로 지정해주었다. 재무성이 아니라 외부 단체에 위탁한 것을 보면 나름 머리를 쓴 듯하나, 해당 변호사가 재무성 고문 변호사라는 점에서 속셈이 너무 뻔한 책략이 아닐 수 없었다. 고문 변호사는 고객의 이익을 위해 움직이므로 결코 중립이라 할 수 없다.

2 '후미에'는 '그림 밟기'라는 뜻으로, 에도 시대 막부가 기독교를 탄압하기 위해 사용한 방법이다. 막부는 기독교도로 의심되는 사람에게 기독교의 상징을 새긴 나무판이나 금속판을 밟고 지나가게 해 기독교도가 아님을 증명하도록 요구했다.—옮긴이

리스크 관리 실패는 그 후로도 이어졌다. 후쿠다 차관은 성희롱을 인정하지 않은 상태였는데 그런 상황에서 후쿠다 차관의 자발적 퇴직을 인정한 것이다. 자발적 퇴직의 경우 징계를 받지 않고 퇴직금도 규정대로 전액 지급된다. 한마디로 경력에 흠이 생기지 않는다. 추후 여론에 밀려 퇴직금 지급을 연기하고 뒤늦게 20퍼센트 감봉 6개월이라는 '징벌'을 내렸는데, 아소 장관은 그 이유에 대해 "어쨌든 재무부에 누를 끼쳤고 품위를 손상시켰으니 (그런 이유로) 처분을 내렸다"고 얼버무렸다. 그 후 뒤늦게 재무성 내에 조사위원회가 설치되었고, 당사자의 인정 없이 '성희롱' 사실이 인정되었다. 서둘러 불을 끄려 한 기색이 역력했다. 조사위원회를 제대로 설치하고자 한다면 부처 내부가 아니라 중립적인 제3의 기관에 설치해야 한다는 것은 상식 중의 상식이다.

그 과정에서도 아소 장관의 실언은 계속되었다. "차관 담당 기자를 남자 기자로 하면 된다"는 발언은 여성 기자를 직장에서 배제하겠다는 뜻이다. 그에게 기자 대신 차관을 여자로 하면 되지 않냐고 하면 뭐라고 대답할까. 남자 기자가 일상적으로 하는 일대일 취재를 여성 기자라고 못 할 이유가 없다. 또한 아소는 "(후쿠다가) 허니 트랩honey trap[3]에 걸려 고소당한 것"이라 말했고, 이 때문에 '허니 트랩'이라는 얄팍한 영어 은어가 퍼졌다. 그러나 많은 성희롱 사건을 보면 알 수 있듯 고발자가 치러야 하는 희생을 따지면 '허니 트

3 미인계를 뜻한다.—옮긴이

랩'의 비용은 너무 크다. 기자가 후쿠다를 허니 트랩에 걸리게 하여 얻을 것도 없다.

아소는 성희롱에 대한 무지도 드러냈다. "'성희롱죄'라는 죄는 없다. 살인죄와 다르다"고 발언했는데, 포괄적인 성폭력 금지법이 없는 일본에서는 '강제추행죄'가 있을 뿐 '성희롱죄'는 존재하지 않는다. 그러나 축적된 판례에 의해 성희롱은 명백한 '불법행위'라는 사실이 확립되어 있다. 2017년 6월 형법 개정으로 성범죄는 더이상 친고죄가 아니게 되었다. 주위에 귀띔해줄 사람이 없는 것인지 아소의 거듭된 실태가 보기에 측은하다.

여성 저널리스트가 당사자가 되다

이런 상황에 위드유#WithYou 운동과 위투#WeToo 운동의 바람이 더해졌다. 4월 21일 신문노연新聞労連[4] 전국여성집회, 4월 23일 '#이젠끝내자 성희롱 피해자 비난을 용납하지 않는 4·23 긴급원내집회', 4월 28일 '#나는침묵하지않는다 0428' 신주쿠 아루타 백화점 앞 집회, 5월 7일 재무성 앞 항의 행동 등 항의 집회가 잇따라 열렸다. 5월 1일에는 '미디어에서 일하는 여성 네트워크'가 발족했다. 4월 23일 집회에서 한 여성 저널리스트가 '객관적 보도'를 위해 당사자가 되는 것을 피해왔다는 발언을 했는데, '미디어에서 일하는 여성 네트

---

4 정식 명칭은 일본신문노동조합연합日本新聞労働組合連이다.—옮긴이

워크'의 하야시 요시코는 그녀들은 언제나 '당사자'였다고 말했다. 4월 21일 신문노연 전국여성집회에서는 '성희롱은 너무나 일상적이라 감각이 마비됐던 것 같다', '기자로서 인정받아야 한다는 압박감이 있었다. 성희롱까지도 업무의 일환이라고 여겨버린 것 같다' 등의 발언이 잇따랐다. 이 자리에서 고바야시 모토히데 중앙집행위원장은 '여성 기자들의 생생한 증언에 새삼 충격을 금치 못했다. 언론도 이제 남성 중심의 조직문화를 바꿀 때'라고 말했다.

이토가 실명 고발을 할 수 있었던 이유는 그녀에게 저널리스트라는 직업의식이 있었기 때문이다. 진실을 전하는 것이 나의 직업인데 나에게 일어난 일을 내가 알리지 않고 도대체 누가 알릴 수 있겠는가? 그런 생각이 그녀를 움직이도록 했다. 저널리즘 현장에서 성희롱이 문제화된 것은 언론 분야의 여성 노동자가 늘어났기 때문이라고도 할 수 있다. 지금까지 감내해온 남성 우위의 조직문화를 더 이상 용납하지 않게 된 것이다. 신문노연 집회에서는 그동안 여성들이 '참고 묵인해온 것이 최악의 결과를 낳았다'는 반성의 소리도 나왔다.

변화를 체감할 수 있는 것은 미투 운동의 외침만이 아니다. 윗세대 여성의 반응도 달라졌다. 여태까지는 고발의 목소리가 높아질 때마다 '숙녀라면 성희롱도 슬기롭게 받아넘기는 것이 지혜', '소란을 피우는 것은 보기에 좋지 않다'는 식의 충고를 하는 것이 관례였고 지금도 그러한 목소리가 없지는 않지만, 적어도 신문 투서란 같은 공적 공간에서는 찾아볼 수 없게 되었다. 작가 나카지마 교코는 이토 시오리와의 대담中島·伊藤 2018 에서 이렇게 말했다.

"만약 우리 세대가 목소리를 제대로 냈다면 사회가 조금은 달라졌을지도 모르겠어요. 시오리 씨가 홀로 싸워야 하는 상황을 만든 것 같아 정말로 미안해요."

피해자를 고립시키지 않는다

미투 운동이 위드유 운동으로 이어진 데에는 이유가 있다. 성희롱 피해자를 고립시키지 않는 것이 매우 중요하기 때문이다. 위드유 운동은 피해자에게 '당신은 혼자가 아니에요. 우리가 옆에 있어요'라는 메시지를 보내기 위한 것이었다.

성희롱 사건이 일어나면 가해자는 우선 피해자를 주위로부터 분리해서 고립시키려 한다. 나쁜 소문을 내고 피해자의 사생활을 들춰내고 가족과 친족에게 압력을 행사한다. 많은 피해자가 성희롱 고발을 단념하거나 취하하는 것은 그 때문이다. 성희롱이 친고죄였을 때는 힘들고 긴 재판 기간 동안 피해자가 원고의 입장을 유지하도록 하는 것이 중요한 과제였다. 오사카 지사 요코야마 노크의 성희롱 사건 때 피해자를 지원하던 사람들이 가장 신경을 쓴 부분도 피해자가 소송을 유지할 수 있도록 돕는 일이었다. 그러는 동안에도 소송 취하나 화해를 요구하는 압력은 끊임없이 작용했을 것이다. 성희롱 사건에서 소송을 취하했거나 합의했다는 뉴스를 들을 때면 나는 보이지 않는 곳에서 얼마나 많은 압력이 있었을지 상상한다.

최근에는 아이돌 그룹 TOKIO의 야마구치 다쓰야 사건의 피해 여고생이 고소를 취하했다는 보도를 들었다. 피해 여고생은 한밤중에 남자 집에 찾아간 것부터 문제라는 비난을 받았다. 그러나 상대는 46세의 남자 어른이고 여고생은 미성년자일 뿐이다. 심야에 집으로 오라고 부른 남자와 부름에 응한 여자 중 비상식적인 쪽은 당연히 남자 어른이다. 오키나와에 주둔한 미군의 강간 사건들에서도 고소를 취하했다는 뉴스가 종종 들리곤 한다. 그럴 때마다 가해자가 피해자를 고립시키고 무력화하려 하고 물밑 압력이나 위협을 가했을 것이라고 생각할 수밖에 없다. 성폭력과 관련된 소송은 소송을 유지하기도 힘들 뿐 아니라 설령 승소하더라도 얻는 것에 비해 따르는 비용이 너무 크다.

성희롱 고발의 파급

성희롱을 용인하지 않겠다는 움직임은 전국으로 퍼져나갔다. 한동안 자치단체장의 성희롱 관련 사퇴가 잇따랐다. 이와테현 이와이즈미초 장의 성희롱 사직, 니가타현 지사의 성매매 사직, 도쿄도 고마에시 시장의 성희롱 사직 등등. 고마에시 시장은 성희롱 사실을 부인하다가 결국 사직했고 군마현 미나카미초 장은 마을 의회로부터 사직 권고를 받았으나 아직 직책을 유지하고 있다고 한다. 성희롱은 정치인의 정치 생명을 끊을 만큼 중대한 범죄가 됐다.

성희롱 고발은 다른 분야로도 퍼졌다. 원래 미투 운동은 할리우드 여배우들이 거물 프로듀서 와인스타인을 고발하면서 시작된 것이지만 학교와 직장, 연예계와 예술계로 확산되었다. 일본 예술계에서는 사진작가 아라키 노부요시의 모델로 활동하던 KaoRi의 고발이 있었다. 예술가와 모델 사이에는 잠재적으로 문제가 있다고 인지되어 왔으나 지금까지는 겉으로 드러나지 않았을 뿐이었다. #NotSurprized(우리는 놀라지 않는다)가 이를 보여준다. '있어도 이상할 것이 없다, 그저 아무도 말하지 않았을 뿐'이라는 상태였던 것이다. 스포츠계에서도 코치·감독과 선수의 관계가 문제가 됐다. 군대라는 성역에도 성희롱이 존재한다는 사실이 여성 자위대원의 고발로 밝혀졌다. 종교 교단 내에서도 치외법권적인 어떤 일이 벌어지고 있는지 알 수 없다.

젠더 비대칭성이 있는 한 모든 영역에서 성희롱은 자행되고 있다고 봐야 한다. 그것이 드러나지 않는다면 단지 피해자가 침묵하고 있기 때문이다.

경험의 재정의

재무성 전 사무차관 후쿠다의 성희롱 의혹을 추궁하기 위한 움직임 속에서 나온 발언을 보면서 나는 놀라움을 금치 못했다. '가부장제의 억압', '젠더 재생산', '자신을 정의한다'… 일찍이 여성학·젠더 연구의 학술 용어였던 개념이 일상 언어로 사용되고 있었다. 원래 '성희롱sexual harassment'이라는 단어도 일본어에 없는 말이었다.

젠더, 섹슈얼리티, 성희롱, DV^{domestic violence}(가정 폭력) 등은 모두 외래어이고 그에 해당하는 개념이 일본어에는 존재하지 않았다.

'장난'과 '놀림'을 성희롱으로, '사랑 싸움'을 DV로 명명하면서 여성의 경험을 재정의한 것은 페미니즘이었다. 반대로 말하면 성희롱을 '장난'이라고 부름으로써 그것을 왜소화하고 시퍼렇게 멍이 들어 파출소로 도망쳐 온 아내를 '사랑 싸움은 칼로 물 베기'라며 돌려보내는 경찰의 행태는 남성에게 유리하도록 '상황정의권'을 행사하는 것이라고 할 수 있다. 자신의 성희롱을 '말장난'으로 왜소화한 후쿠다는 바로 '상황정의권'을 행사하고 있는 것이다. 후쿠다는 성적 인권침해에 해당하는 발언을 '직업 여성과의 말장난'이라고 표현했는데, 여성 기자에게 해서는 안 되는 말은 어느 누구에게도 해서는 안 된다. 그가 '업소'라고 부르는 룸살롱이나 유흥업소에서 그런 말을 하는 것이 허용된다면, 그곳에서는 여성에 대한 인권침해가 만연하고 있는 셈이다. 고객들은 인권침해에 대한 대가로 요금을 내는 것일까? 돈을 내든 안 내든 인권침해는 인권침해다.

후쿠다의 발언이 '말장난'인지 '성희롱'이라는 이름의 인권침해인지는 '상황정의'에 의거하고, 이를 규정할 수 있는 '상황정의권'을 바로 권력이라고 부른다. 많은 성희롱 가해자가 '합의에 의한 것'이라고 항변하는 것은 바로 이 때문이다.

개념이 없으면 경험을 표현할 수 없다. 개념이 있기에 과거로 거슬러 올라가 그때 '답답함'을 느꼈던 일이 실은 '성희롱'이었다고 자신의 경험을 재정의할 수 있게 된다. 성희롱이라는 개념은 결코 '장난'이나 '놀림'처럼 가벼운 것이 아니다. 성희롱은 피해자에게 깊은 상처를 입히고 심신장애, 자존감 저하, 자신감과 의욕 상실, 우울과 불면, 때로는 자살까지 유발한다. PTSD라는 개념을 널리 사용하게 된 것도 그 때문이다. 성희롱 피해를 입은 장소에 가거나 비슷한 상황에 놓이거나 유사한 경험을 하면 플래시백이 일어나 공황 발작을 겪기도 한다. PTSD와 관련된 유명한 사례는 1992년에 있었던 요코하마 성희롱 재판이다. 오전에 상사에게 성희롱을 당한 여성이 점심시간이 되자 (마치) 아무 일도 없었다는 듯 점심을 먹었다는 사실이 알려졌다. 페미니스트 카운슬러 가와노 기요미가 법정에 제출한 의견서에 따르면 심각한 트라우마를 일으키는 사건을 경험하면 일상생활의 루틴을 유지하고자 하는 일종의 해리 현상이 나타난다고 한다. 해리도 PTSD의 일종이다. 이처럼 페미니스트 법률가·활동가·전문가·연구자들은 거듭되는 성희롱 사건 재판에서 성희롱 피해자의 PTSD 및 2차 피해에 관해 '평범한 남성'에 불과한 경관, 검사, 판사들을 계몽해왔다.

페미니즘이 이룬 것

가해자가 피해자의 무저항을 '합의'로 환원시키고 가해성과 피해를 왜소화하려는 데 맞서 페미니즘은 그 시도가 피해자에게 심대한 타격을 가져옴을 밝혔다. 예를 들어 '추근댐'을 '스토킹'으로 재정의함으로써 스토킹 행위의 악질성과 공포가 비로소 알려지게 되었다.

스토킹 행위의 극한은 살인이다. 여성이 피해자인 살인 사건에서 가장 많은 비율을 차지하는 것이 복연復緣 살인[5]인데, 이를 '스토킹 살인'으로 바꾸어 부르면 상황의 정의가 달라진다. 전자의 경우 다시 만나달라고 강요하는 남자는 여자에게 버림받은 피해자처럼 보이지만 후자의 경우 여자는 이유 없는 스토킹 행위의 일방적인 피해자가 된다.

여담이지만 '치한 행위는 범죄입니다'라는 포스터가 도쿄 지하철에 걸렸을 때 느낀 감동을 아직도 기억하고 있다. 전철로 출퇴근하는 여성에게 치한 행위는 '당연'한 일상적 풍경이었다. 그러나 이제는 '해서는 안 되는' 범죄행위가 되었다.

성희롱의 불법화, 가정 폭력 방지법도 여성운동이 이룬 성과다. 이러한 변화는 자연현상처럼 일어난 것이 아니라 투쟁을 통해 얻은 것이다. 학문이라는 것이 대체 어디에 쓸모가 있냐는 비난과 이론은 탁상공론이라는 말을 들으면서도 여성 경험의 언어화와 이론화에 힘쓴 여성학·젠더 연구가 일궈낸 성과였다.

성희롱 개념의 진화

'성희롱'은 1970~80년대에 미국으로부터 들어온 개념이다. 당시 미국에서는 성희롱 소송이 연달아 일어났는데, 특히 미국 스미토모

---

5 헤어진 연인에게 다시 교제해달라고 강요하다가 벌어지는 살인.─옮긴이

쇼지나 미국 미쓰비시 자동차제조 등의 일본 기업을 대상으로 한 소송에서는 거액의 보상금을 지불하라는 판결이 나기도 했다. 그때 미국에 진출한 일본의 글로벌 기업들은 '성희롱에 대한 대가는 비싸다'는 교훈을 학습했다. 한편 이는 미국 여성에게는 해서는 안 될 행동을 일본 여성에게는 일상적으로 해왔다는 뜻이기도 했다. 당시 뉴욕의 일본계 기업에서 일하던 한 일본 여성이 회사 남성 동료들이 미국 여성 동료에게는 조심스럽게 행동하면서 일본 여성 동료에게는 마음을 놓고 '자연스럽게' 행동하는 경향이 있다고 불평하던 것을 기억한다. '자연스럽게' 행동한다는 것은 여성의 입장을 무시한 채 오만하고 난폭하게 행동한다는 뜻이다. 본사에서 파견 나온 남성 직원의 성희롱을 견뎌온 현지 채용 여직원들은 "미국 여성의 고발에도 우리는 여전히 고통받고 있다"고 토로하기도 했다.

80년대에는 '일하는 것과 성차별을 생각하는 산타마三多摩 지역 모임'이 '성희롱에 관한 1만 명 설문조사'를 실시해 일본의 성희롱 실태를 밝혔다. 89년에 일본 최초로 '후쿠오카 성희롱 재판'이 있었고, 같은 해 '성희롱'은 유행어 대상을 수상했다. 당시 "예쁘네"도 성희롱인가! 삐걱거리는 일터'라는 제목의 기사가 남성 주간지에 실리기도 했다. 성희롱이란 용어는 아이러니하게도 남성 매체의 '조롱의 정치학'江原 1985을 통해 확산되었다.

1997년에는 직장 성희롱 문제에 대한 패러다임 전환이 일어났다. 개정 균등법에 의해 성희롱 예방과 대응의 책임을 사업주가 지게 되었기 때문이다. 이 개정으로 성희롱 연수 대상이 '피해자가 되기 쉬운 여성들'에서 '가해자가 될 개연성이 높은 중간 관리직 이상 남성들'로 완전히 달라졌다. 이전까지 연수 프로그램의 내용은 주로 피해자가 될 가능성이 있는 여성들에게 성희롱 피해를 입지 않으려면 어떻게 해야 하는지나 만약 피해를 입었을 때 어떻게 대처해야 하는지 알려주는 것이었다. 그러나 이 개정을 기점으로 연수 프로그램이 가해자가 될 개연성이 높은 남성 관리직과 경영진을 대상으로 무엇이 성희롱에 해당하는지나 가해자가 되지 않으려면 어떻게 해야 하는지 등을 알려주는 것으로 바뀌었다. 그에 따라 성희롱 연수는 '성희롱 산업'이라고 부를 수 있을 만큼 시장이 확대돼 연수 교재 출간과 강사 파견이 증가했다. 내가 근무하던 도쿄대학에서도 일 년에 한 차례, 교수회 전원이 반드시 참석해야 하는 성희롱 연수를 진행했다. 성희롱 가해자가 될 개연성이 높은 집단은 직책이 높은 관리직인데, 그중에서도 특히 개연성이 높은 집단은 중소기업 사장 같은 기업 경영자들이다. 주변에 간섭하는 이가 아무도 없기 때문이다. 자치단체장도 예외가 아니다. 이들 고위험군은 성희롱 연수를 받을 필요가 있으나 후쿠다 사건을 보면 중앙 부처에서는 성희롱 연수를 실시하고 있지 않은 듯하다.

1997년 법 개정은 기업의 리스크 관리 방식도 근본적으로 바꿨다. 이전까지는 성희롱 가해자를 보호하고 피해자를 자르는 것이 조직 보호책이었으나 이제는 가능한 한 빨리 가해자를 해고한다. 후쿠다 전 일본 재무성 차관에 대한 '처분' 역시 이 이론에 따라 사실관계 조사도 제대로 하지 않고 사직 처리가 진행된 경우다.

성희롱은 산업재해

성희롱 대응이 '균등법'이라는 노동 관련 법령에서 나온 것은 우연이 아니다. 성희롱은 일종의 산업재해이기 때문이다. 과거 성희롱은 '직장의 윤활유'라고까지 불렸다. 신문노연 여성 기자들은 성희롱을 '직무의 일환'이라고까지 생각했다. 성희롱이 여성 노동자들이 직무를 수행하기 위해 감내해야 하는 비용 중 하나로 여겨졌던 것이다. 예를 들어 1970년대에 일어난 '야마가타 교통 성희롱 사건'에서는 관광버스 운전사가 여성 차장을 강간하는 것이 일종의 '보너스'처럼 관례화되어 있었다.

성희롱에는 '환경형 성희롱'과 '대가형 성희롱' 두 종류가 있다. 모두 '직무상 지위에 따른 권력의 남용'에 해당하며 '피해자의 뜻에 반하는 성적인 언동'으로 '직무의 계속을 현저하게 저해하는 행위'를 가리킨다. 직장의 위계질서는 상급자에게 지휘명령권을 부여하지만 어디까지나 직무 수행을 위한 것으로 사적 영역에까지 권력을 행사하는 것은 월권이자 직무상 '권력 남용'이다. 일반적으로 성희롱 가해자는 상급자의 요구를 거절할 수 없는(거절하기 어려운) 하급자, 예컨대 직장의 경우 부하 직원, 파견 사원, 임시직, 아르바이트 같은 사람의 약점을 이용하는 경향이 있다. 가해자들은 결코 충동적으로 욕망을 억제하지 못하는 것이 아니다. 그들은 약점을 파고들 수 있는 상대를 유심히 고른 뒤에 권력을 행사한다.

성희롱 지사 요코야마 노크 사건 재판 당시, 소노 아야코는 〈마이니치신문〉 칼럼 ☞ 野 1999 에서 피해자를 비판하며 이렇게 썼다. '일이

벌어졌을 때 그 자리에서 '노No'라고 하지 않고 뒤늦게 고발하는 건 비겁하다.' 이렇게나 성희롱에 대해 무지한 발언도 없다. 성희롱은 '노'라고 말할 수 없는 상대, 혹은 말하지 않을 상대를 표적으로 삼는다. 지사라는 절대 권력자와 아르바이트생이라는 관계에서, 선거 유세 차량이라는 밀실에 갇힌 여성의 입장에서 '노'라는 말이 나올 수 있을까?

성희롱의 정의에서 '의사에 반하는 성적 언동'의 여부를 결정하는 것은 피해자다. 성희롱 가해자가 자주 써먹는 변명 가운데 '같은 일을 당했을 때 기뻐하는 사람이 있다'는 주장이 있는데, 똑같이 보이는 '성적 접근'에도 '바람직한 것'과 '바람직하지 않은 것'이 있다. 그리고 무엇이 '바람직하고' 무엇이 '바람직하지 않은지'를 정의하는 것은 당연히 당사자다. 이 법리는 일본이 세계에 자랑하는 공해기본법公害基本法을 상기시킨다. 길고 긴 공해 소송 과정에서 피해자는 줄곧 피해의 인과관계를 입증할 의무를 짊어져왔다. 그러나 판례의 축적과 사회 운동의 성과로 공해기본법이 성립되면서 피해자에 의한 인과관계의 입증 의무가 가해 기업에 의한 인과관계의 반증 의무로 뒤바꼈다. '상황정의권' 개념을 사용해 이와 비슷한 성희롱 사안에 대해 표현하자면 '성희롱에 대한 상황정의권'이 약자인 피해자 쪽에 주어지게 된 것이다.

'직무 계속의 저해'가 성희롱의 정의에 포함된다는 점도 중요하다. 이는 여성의 노동 시장 진출이 확대된 결과, 일터에 여성 노동자가 존재하는 것이 당연해졌고 여성에게 직업이 언제든 그만둘 수 있는 가벼운 '임시적인 것'이 아니게 되었음을 의미한다. 여성의 평균 근속연수는 해마다 늘고 있다. 일터가 여성에게 쉽게 떠날 수 없는 중요한 장소가 되면 '근무의 지속을 저해하는 요인'은 참고 견디기 어려운 것이 된다. 계속 일할 수 있도록 직장 환경을 개선하라는 요구가 커지는 것이 당연하다. 나는 여성에게 직장이 더 중요해졌다는 사실이 성희롱 신고 건수가 증가한 배경이라고 본다.

균등법은 1997년에 이어 2007년에도 개정돼 가해자와 피해자의 성별을 특정하지 않게 됐다. 여성도 성희롱의 가해자가 될 수 있고 남성도 성희롱의 피해자가 될 수 있다. 성적 소수자 역시 성희롱의 피해자가 될 수 있다. 균등법에는 충분한 금지 규정과 벌칙 규정이 없는 탓에 실효성이 없다는 지적이 있는데, 두 번의 개정을 통해 기업들이 성희롱 대응에 민감해진 것은 긍정적으로 평가할 만하다. 대부분의 기업에서 성희롱 상담 창구 혹은 담당자를 두게 되었다. 그러나 여전히 대응하기 어려운 경우는 조직 간 성희롱이나 비고용자 사이에서 일어나는 성희롱이다. 예를 들어 전자는 거래처 기업과 영업직 사이에서 일어나는 성희롱을, 후자는 프리랜서 노동자가 계약 상대로부터 받는 성희롱을 포함한다. 파견 사원이 파견 회사에서 당하는 성희롱도 대응하기 어려운 문제다. 파견 나온 회사에 피해를 호소해야 할지 파견 알선 업체에 호소해야 할지 모호하다.

파견 나온 회사에 호소할 경우 퇴직 압력을 받게 될 것이고, 파견 알선 업체에 호소하면 인내를 강요당할 것이다. 이토 시오리 사건은 조직에 속한 자와 프리랜서 저널리스트 사이에서 벌어진 성희롱이었다. 조직의 보호를 받지 못하는 노동자를 구제하기 위한 대책은 여전히 마련되어 있지 않다.

대학의 성희롱 대책

나의 일터는 대학이다. 대학의 성희롱 대책은 민간기업보다 한발 앞서 있다. 이는 여성학·젠더 연구자가 급속히 늘어난 결과 이들이 대학 측에 성희롱에 대한 적극적인 대응을 요구했기 때문이다.

대학 내 성희롱 문제의 효시는 1993년에 일어난 교토대학 야노 사건일 것이다. 그전에도 도호쿠대학 대학원에서 성희롱 사건이 있었으나 가해자가 실명 보도되지는 않았다. 야노 도루 교수는 당시 교토대학 동남아연구센터 소장이라는 요직에 있었고 노벨상 심사 단체 중 하나인 스웨덴 왕립과학아카데미의 회원이기도 했다. 저명 인사의 성희롱 사건은 언론을 떠들썩하게 했다. 이 자리를 빌려 증언해두면, 야노 사건은 〈아사히신문〉 도쿄 본사판에는 실렸으나 오사카판에는 오치아이 게이코의 담화를 포함해 관련 연재 기사가 실리지 않았다. 풍문에 따르면 오사카 본사가 성희롱 사건의 보도 가치가 낮다고 판단했기 때문이라고 하는데, 어쩌면 현지 출신인 야노의 영향력을 고려한 것인지도 모르겠다.

이 사건은 연구실 비서 고노 오쓰코(그녀는 끝까지 익명을 지켰다)가 교토시 변호사회에 인권구제신청을 하면서 시작되었다. 대학 내에 문제를 제기할 곳이 전혀 없었기 때문에 여러 가지로 궁리한 끝에 교토시 변호사회의 문을 두드렸다고 한다.

야노 연구실에는 여성 비서가 여럿 있었는데, 어느 날 젊은 여성 비서들이 연달아 그만두는 일이 일어났다. 야노 교수가 지시하여 선배 비서(고노 오쓰코)가 인터뷰를 실시했는데, 그러자 비서들이 일을 시작하면서부터 겪었던 온갖 성희롱 실태가 드러났다. 고노는 자신이 당한 것과 똑같은 성희롱을 젊은 비서들도 경험하고 있었다는 사실에 경악했고, 더는 희생자가 나오지 않도록 인권구제신청을 하기로 결심하기에 이르렀다.

당시 교토대학에는 '여성 교관敎官[6] 간담회'라는 것이 있었다. 오노 가즈코 대표는 여성 교관 간담회가 제대로 기능하지 못한 점을 깊이 반성하고, 고노를 적극적으로 지원하기 시작했다小野 1998. 그 과정에서 야노를 실명으로 고발하는 기사를 지역 신문에 썼다가 야노로부터 명예훼손으로 역소송을 당하기도 했다. 그 사이 야노는 일단 자원 퇴직을 했는데, 곧 부당한 퇴직 권유였다며 지위 보전 요구를 하는 등 진흙탕 싸움이 전개됐다. 이 과정에서 교토대학 여성 교원들은 각종 캠페인을 벌이며 더 이상 성희롱을 용인하지 않겠다고 외쳤고, 반대로 일부 남성 교원은 '성희롱 같이 작은 일로 (야노와 같은) 유능한 인재를 잃어도 되겠느냐'며 여성 교원들의 고발을 막으려는 움직임을 보였다. 제아무리 세계적인 연구자든 유능한 고위직 관료든 성희롱은 성희롱이다. 인권침해를 저지르고도 아랑곳 않는

6 국·공립 학교·대학·연구소 등에서 교육·연구 등에 종사하는 공무원.—옮긴이

사람을 용서할 수 없다는 목소리는 남성 교원들의 완강한 저항에도 불구하고 계속되었다. 결국 재판에서 야노의 성희롱 사실이 인정되면서 오노에 대한 야노의 역소송은 야노의 패소로 막을 내렸다.

내가 도쿄대학으로 자리를 옮긴 것이 1993년. 도쿄대학에서도 교토대학 야노 사건을 지원하는 활동을 벌이려 했는데 문득 이런 생각이 들었다. 도쿄대학에도 교토대학의 여성 교관 간담회에 해당하는 학내 조직이 있을까? 조사해보니 그런 조직이 없어서 도쿄대학 여성 교관 간담회를 조직했다. 후에 명칭을 '교관'에서 '연구자'로 변경했는데, 기관技官[7]이나 대학원생 등 교육직 이외의 연구자 및 예비 연구자들도 성희롱으로 고통받고 있다는 사실을 알았기 때문이다. 우선 실태 조사를 실시하기로 했다. '도쿄대학 여성 교관이 경험한 성차별'이라는 제목으로 설문조사를 실시하자 곧 제보가 쏟아지기 시작했다. 문과보다 이과에서 사례가 많았고, 특히 가해자가 자각 없이 행하는 성희롱에 무방비로 노출된 경우가 많았다. 이과, 그중에서도 특히 장시간 실험실에서 작업하는 여성 연구자들이 성희롱의 고통 속에서 연구를 하고 있었다. 그녀들이 겪었을 고통을 상상하자 가슴이 아파왔다.

1997년에 '캠퍼스 성희롱 전국 네트워크'가 결성되었고 각 대학에 상담 창구가 설치되었다. 도쿄대는 그 흐름에 한 발 늦었지만 '캠퍼스 성희롱 전국 네트워크'가 만든 '성희롱 상담 창구 통지

---

7 학술·기예에 관한 업무를 담당하는 국가 공무원.—옮긴이

표'가 도움이 됐다. 이미 창구를 개설한 곳에서는 어떤 제도를 만들면 효과가 좋고 어떤 제도를 만들면 문제가 생기는지 시행착오를 통해 노하우를 쌓아나가고 있었다. 교육 관계자들은 '통지표'에 약하다. 도쿄대학에 성희롱 상담 창구와 방지위원회를 설치할 당시, 과거 사례를 거울삼아 최선의 제도를 제안할 수 있었다.

처음에 도쿄대학은 각 부국部局[8]의 장이 성희롱 상담 창구를 담당하는 것으로 충분하다고 여겼다. 그러자 여성 교원들이 강력히 반대하고 나섰다. 조직의 장은 성희롱 가해자가 될 개연성이 가장 높은 그룹인데, 그런 사람에게 성희롱 상담 창구를 맡기면 조직 보호 논리가 우선시돼 피해 사실이 묵살될 가능성이 높아진다. 대체 누가 그런 곳에 가서 상담을 한단 말인가?

이 경험을 통해 얻은 원칙은 성희롱 사안을 해결하기 위해서는 반드시 부국을 초월하는 기관이 필요하다는 것이다. 이에 따라 성희롱에 대응하기 위한 전학위원회全學委員會가 만들어졌고 해당 부국 관계자는 위원회에서 제외되었다. 즉, 특정 부국 내에서 발생한 사안에 관해서는 해당 부국이 관여하지 않는다는 원칙이 세워졌다.

다음으로 상담 창구 역할을 배정해야 하는데 그 역할을 맡을 가능성이 높은 것은 부국의 여성 교원들이었다. 특히 상담 창구 설치를 요구했던 페미니스트 여성 교원들이 맡을 가능성이 높았다. 이러한 현실을 가리켜 '페미니스트 교관 총동원 체제'라고 부르는 사

8 대학에 설치된 부部·府, 과科, 연구소, 센터 등을 아울러 가리키는 말.—옮긴이

람도 있을 정도였다. 하지만 교육·연구 업무에 더해 부담과 책임이 무거운 성희롱 대응 업무까지 맡게 된다면 아마 몸이 남아나지 않을 것이다. 게다가 아무리 페미니스트 교원이라 할지라도 상담에는 문외한이다. 벼락치기로 연수를 받는다 하더라도 프로보다 나을 수 없다. 또한 무엇이 2차 가해에 해당되는지 아직 충분히 모르는 상태였고, 상담 과정에서 2차 가해자가 될 우려도 있었다. "그건 너무 지나친 생각이 아닐까요?"라는 말 한마디가 내담자에게는 심각한 영향을 끼칠 수 있다. 페미니스트 교원에게 학내 성희롱 대응의 방파제 역할까지 맡으라는 것은 그다지 좋은 발상은 아닌 듯했고, 그래서 상담 대응을 위해 반드시 심리 전문가를 둔다는 규칙을 세웠다. 그러려면 새로운 자리를 마련해야 하는데 도쿄대 성희롱방지위원회는 이에 필요한 예산을 확보하는 데 성공했다.

마지막으로 성희롱방지위원회의 구성은 각 부국의 장과 지명 위원으로 구성하고 추가로 외부 위원을 포함시킨다는 원칙을 만들었다. 담당 부학장副学長[9]을 장으로 하여 전체 학부의 부국장들을 주된 구성원으로 하는 위원회 구성은 도쿄대학이 성희롱 대응에 얼마나 신경 쓰고 있는지를 보여준다. 외부 위원을 추가한 것은 학내에서 사건을 무마해버리는 일이 없도록 하고 대응의 공정성을 담보하기 위해서다. 나는 지명 위원 중 한 명이었는데 법률 전문가과 심리 전

---

9 일본 대학에는 '종합정책담당 부학장', '교무담당 부학장' 등 특정한 역할을 담당하는 부학장이 여럿 있다. —옮긴이

문가를 외부 위원으로 포함시켰다. 이렇게 도쿄대학 성희롱방지위원회에는 법률 전문가로서 오랫동안 성희롱 소송을 맡아 온 베테랑 쓰노다 유키코 변호사, 심리 상담가로 성희롱 및 가정 폭력에 관한 전문가로 활약해온 페미니스트 상담가의 일인자 가와노 기요미 씨를 초빙해 최강의 포진으로 출발했다.

도쿄대학 성희롱방지위원회의 3원칙은 이런 시행착오를 거쳐 나온 것이다.

1. 담당 기관은 해당 부국 밖에 둘 것.
2. 반드시 전문가가 대응할 것.
3. 학내 위원뿐만 아니라 외부 위원을 넣을 것.

성희롱 문제에는 이렇듯 신중한 대응이 필요하다. 이와 비교하면 재무부의 대응이 얼마나 졸속이었는지는 쉽게 이해할 수 있을 것이다.

그 후 전국의 많은 대학에 성희롱 상담 창구가 만들어졌고 그 존재가 당연하게 여겨지게 되었다. 그런데도 가끔 성희롱 연수 강사로 대학에 불려갈 때면 아연실색할 경험을 하기도 한다. "우리 학교는 창구 개설 이래로 상담이 한 건도 없습니다"라며 그것이 성희롱이 없다는 증거라고 당당하게 말하는 담당자를 만나곤 한다. 성희롱은 도처에 잠재해 있다. 만약 상담이 한 건도 없다면 창구에 대한 구성원의 신뢰도가 낮은 현실을 드러낼 뿐이다. 반대로 상담 건수가 많은 대학은 성희롱이 만연한 대학이 아니라 상담 창구가 제대로 작동하고 있다는 신호로 이해해야 한다. 상담 건수는 상담 창구와 성희롱 대응에 대한 신뢰도를 나타낸다.

교육과 성희롱

대학에서 성희롱 사건이 일어나면 사람들의 반응은 '학부 최고의 지성이 설마…'라는 놀라움을 드러낸다. 하지만 축적된 연구에 의하면 민간 기업 이상으로 대학은 성희롱이 발생하기 쉬운 구조적 조건을 갖고 있다. '아카데믹 해러스먼트academic harassment'라는 신조어는 내가 만든 것인데上野編 1997 성적인 것 이외에 연구 과정에서 일어나는 희롱을 가리키는 용어로 피해자의 성별은 관계가 없다. 다만 실제 현장에서는 성희롱을 수반하는 경우가 많다.

대학의 성희롱에는 일반 직장과 마찬가지로 여성이 노동자로서 경험하는 성희롱과 연구직이라는 직업에서 나타나는 고유한 성희롱이 있다. 연구직의 경우 연구실이라는 밀실 상황에서 도제적 관계를 맺고 평생 노력하여 전문화된 영역에 귀속되어온 탓에 선택지가 제한되어 있다는 특징이 있다. 이는 지도 교수나 전문 영역을 바꾸기가 쉽지 않고, 더구나 대학원생과 같은 수련 과정 중에 문제가 생길 경우 인생이 크게 틀어질 수 있는 등 피해 정도가 매우 심각하고 영속적인 경향이 있다는 뜻이다. 실제로 야노는 자신에게 대든 한 젊은 연구자를 놓고 당사자가 없는 곳에서 "그놈의 미래를 엉망으로 만들어주겠다"고 말한 적이 있다고 한다. 좁은 전문 영역 안에서는 지배적인 리더가 마음만 먹으면 그런 일이 충분히 벌어질 수 있다.

직장 성희롱이 '근무의 지속을 곤란하게 하는, 당사자의 뜻에 반하는 성적 언동'인 것과 마찬가지로 교육기관에서의 성희롱은 '교육·연구의 지속을 곤란하게 하는, 당사자의 뜻에 반하는 성적 언동'이며, 피해자가 놓인 상황은 전자보다 후자가 더 취약하다.

대학 내 성희롱이 문제화됨에 따라 고등학교, 중학교, 초등학교에서도 성희롱이 문제화되었고 묻혀 있던 사례들이 차례차례 보고되기 시작했다. 성역으로서의 학교, 성직자로서의 교사의 우상은 완전히 무너졌다. 오히려 저항하지 못하는 어린이를 상대로 하는 학교라는 밀실적 공간이 실은 성희롱의 온상이었다는 사실이 드러났다. 피해자의 나이가 어릴수록 피해 정도는 심각해지고 영속적이라는 사실도 알게 되었다.

이런 경험을 통해 나는 대학 교원에 의한 성희롱이 사실로 드러났을 때 '설마 그 사람이…' 하고 놀라지 않게 되었다. 쉽게 권력을 남용할 수 있는 환경에 놓인 사람이 그것을 억제하는 것은 그 반대보다 훨씬 어렵다. 교실은 교사의 전제 국가 형태로 운영되기에 상사나 외부인의 눈이 미치는 민간 기업보다 성희롱의 온상이 되기 쉽다.

가해자의 공통점

대학 내 성희롱 사건의 조사와 조정에 관여하면서 알게 된 점이 있다. 바로 성희롱 가해자들의 공통점이다.

가해자 대부분은 문제 행동을 반복적으로 일으킨다. 이들은 권력 남용이 가능한 상황이라는 판단이 들면 '노'를 말할 수 없는 상대와 상황을 냉정하게 가린 뒤 권력을 행사한다. 한편 성희롱 피해자가 빠지기 쉬운 함정이 있는데, 성희롱 피해를 겪는 사람이 나 혼자라고 여긴다는 점이다. 그렇게 침묵하고 고립된다. 야노 사건에서도 알 수 있듯이 나와 같은 피해를 입고 있는 사람이 있다는 것을 알게 되면서 비로소 피해자는 침묵을 깨게 된다. 게다가 가해자는 가해 사실에 대한 자각이 없고, 이 점에서 피해자와 현저한 인지적 차이를 보인다는 사실도 알게 되었다. 가해자는 '이까짓 정도'의 일이라고 생각하며 그것이 피해자에게 얼마나 큰 충격을 주는지 깨닫지 못한다.

가해자는 상대방의 미소나 모호한 태도를 모두 자신에 대한 호의라고 여기는 식으로 상황을 자신에게 유리하게 해석하는 데 능숙하다. 한편 피해자가 보내는 언어화되지 않은 '노' 사인에는 매우 둔감하다. 피해자들은 설령 언어화되지 않았더라도 신체적인 '노' 사인을 여러 번 보낸다. 성희롱 가해자를 보고 있자면 당신의 그 둔감함이 단죄되는 것이라고 말해주고 싶어진다. 그러나 이를 지적하고 비난하면 오히려 화내는 것이 가해자들이다.

한편 성희롱 가해자가 느끼는 곤혹스러움도 어느 정도 이해는 된다. 성희롱을 반복적으로 저지른다는 것은 다시 말하면, '나는 옛날부터 하던 대로 하고 있을 뿐…'이라는 뜻이기도 하다. 예전에는 용

인되던 행동이 더 이상 용인되지 않게 되었음에 당혹스러워하는 이
들을 동정할 이유는 없지만, 그들 말대로 '나는 하나도 변하지 않았
다'는 것은 사실이다. 바뀐 것은 사회 통념과 여성의 의식이다. 과거
의 여성들이 참고 견디던 것을 젊은 여성들이 거부하기 시작한 것
이다. 이는 세대 변화뿐만 아니라 결혼 연령의 상승과 취업률의 증
가에 따라 여성이 직장을 쉽게 그만둘 수 없게 된 것과도 관계가 있
다. 불쾌한 일을 겪었을 때, 옛날 같았으면 조용히 직장을 떠났을 여
성들이 침묵 대신 고발을 택하게 된 것이다.

80년대 말 성희롱 문제가 여기저기서 제기될 무렵 저널리스트
다하라 소이치로가 '(여성의 직장 진출은) 남탕에 여자가 벌거벗고
들어오는 것'과 같다고 말한 적이 있다バンドラ編 1990. 불쾌한 일을
겪더라도 어쩔 수 없다는 것이 그의 요지이지만 직장은 남탕도 사
적인 공간도 아니다. 이제 모든 일터에 여성의 존재가 당연해졌고
여성에게도 일은 없어서는 안 될 것이 되었다. '직무 수행을 저해하
는' 요인인 성희롱은 심각한 '산업재해'가 되었다.

성희롱의 무엇이 문제인가?

성희롱은 왜 문제인 것일까? 성희롱은 '인권침해에 해당하는 불
법행위'라는 법리는 이미 성립돼 있다. 여기서 침해하는 것은 어떤
인권일까? '당사자의 뜻에 반하는 성적 언어나 행동'이 침해하는 인
권은 '성적 자기결정권'이다. 그런데 정말 그것뿐일까? 인권침해라

는 말로는 온전히 표현할 수 없는 이 불쾌함에는 더 뿌리 깊은 근거가 있지 않을까.

성희롱의 본질은 '젠더실천'이다. 여성 직업인과 여성 연구자를 젠더적 속성으로 환원시켜 '너는 여자', '그래봤자 여자', '여자인 네 본분을 알아라'라는 메시지를 보내는 권력 현시와 그에 따른 남성 정체성의 확인이 성희롱의 핵심이다.

여자란 무엇인가? 바로 '남자가 아닌 자'를 말한다. 주체로서의 남자에게 객체로서의 여자는 남자의 욕망을 위해 존재하는 대상이다. 여자란 남자의 욕망을 자극하는 유혹자이며, 따라서 그 가치는 '나를 흥분케 하는 정도'로 측정된다. 반대로 '나의 욕망을 자극하지 않는 여자(못생긴 여자나 아줌마)는 가치가 없다.' 여자는 언제나 남자의 시선에 의해 평가된다.

여자는 언제 여자가 될까? 소녀의 사춘기가 시작되는 시점에 관해 심리학자 오구라 지카코가 내린 탁월한 정의가 있다.小倉 2001 사춘기는 나이와 상관없이 '소녀가 자신의 몸이 남성의 성적 대상이라는 것을 자각했을 때' 시작된다.

'"예쁘네"도 성희롱인가?'라고 묻는다면 대답은 '그렇다'이다. 미추를 기준으로 이렇다 저렇다 여자를 비교할 때, 남자는 자신을 '값을 매기는 자(평가자)'에 위치시킨다. 여자에게 가치를 부여하는 것은 남자, 남자에게서 가치를 부여받는 것은 여자가 된다. 여자도 남자의 값을 매긴다고 주장하는 사람이 있을지 모르나, 집합적 행위로서의 가치 부여, 특히 성적 가치 부여는 압도적으로 남성의 젠더

실천이다. 그 실천을 통해 남자는 스스로가 '우위의 성'임을 반복적으로 확인하고, '남자가 아닌 자'에게 '너의 본분을 깨달으라'고 선고할 수 있는 것이다.

반대로 여자는 언제 여자가 아니게 될까? 남자를 '흥분시키지 않게 되었을 때', 다시 말해 아줌마가 되었을 때다. 2018년 4월 20일. 후쿠다 성희롱 사건과 관련해 항의차 재무성을 찾은 야당 여성 의원들에게 자민당 나가오 다카시 의원이 '이분들은 성희롱과는 거리가 먼 분들'이라는 코멘트를 트위터에 올렸다. 그야말로 성희롱의 전형이다. 여자는 남자의 욕망을 자극해야만 가치가 있다는 젠더 담론을 실천한 셈이기 때문이다.

참고로 성희롱 피해자는 주로 젊고 예쁜 여성일 것이라는 인식은 완전한 신화다. 실제로는 나이, 외모, 체형에 상관없이 모든 여성이 성희롱의 피해자가 된다. 시설에서 생활하는 지적 장애 여성과 노인 복지 시설에서 병석에 누워 있는 노인도 성희롱의 피해자가 된다. 성희롱이나 치한 범죄가 젊고 예쁜 여성만을 대상으로 한다는 신화 역시 여성의 가치가 전적으로 남성의 시선에 의해 결정되기 때문에 만들어진 것으로서 남성 우위 구조의 재생산 효과라고 할 수 있다.

이 책의 독자라면 이것이 여성 혐오의 구조라는 것을 쉽게 이해할 수 있을 것이다. 강간과 마찬가지로 성희롱은 가해자의 성욕이 아니라 여성 혐오에서 비롯된다. 여성 혐오란 남성을 '여성이 아닌 자'로 차별화하기 위해 구축된 정체성의 계기[10]이기 때문이다. 성희롱 피해자가 빠지기 쉬운 함정 중에 '성희롱당했다고 하면 공주병이라는 말을 듣지 않을까?'라는 생각이 있다. 성희롱을 지적했다가 '내가 너를? 말도 안돼. 거울 한번 보고 말해'라고 발뺌하는 가해자도 있다. 둘 다 매우 낯익은, 남성에 의한 여성의 분단 지배 효과다. 전자의 경우 미인에 대한 선민의식을 심어줌으로써, 후자의 경우 못생긴 여자에게 성적으로 가치가 없음을 선고함으로써 여성을 분단시킨다. 이렇게 서로 고립되고 분단된 피해자들은 결국 침묵하게 된다. 하지만 이것은 동전의 양면일 뿐이다. 동료, 직업인, 협력자로서의 가치를 평가하지 않고 '넌 내 앞에서는 '성적 가치'로만 존재한다'고 선언하는 것이기 때문이다. '한 번도 치한 범죄를 당해본 적이 없는 자신'이 성적으로 가치가 없는 여자라고 부끄러워해야 하는 이 사회에 만연한 여성 혐오를, 성희롱은 반복적으로 끊임없이 현재화顯在化하고 있다.

'이건 남자들의 문제예요'

구조적인 젠더 비대칭성을 그대로 두고 성희롱에 대응하는 것은 미봉책에 불과하다. 성희롱을 근절하려면 그 뿌리를 건드려야 한

---

10 '계기moment'란 헤겔 변증법의 개념으로, 여기에서는 여성 혐오가 남성 정체성을 성립시키는 요소라는 뜻으로 사용되었다.—옮긴이

다. 성희롱을 구조적으로 재생산하는 악의 근원은 바로 가부장제라는 시스템인데, 문제는 이를 깨부수는 것이 힘들다는 것이다. 지금껏 성희롱을 고발하는 것은 여성의 몫이었다. 그러나 성희롱은 사실 '남성 문제'이므로 남성이 해결해야 한다.

최근 젊은 남성들이 여성 편에 서서 '이건 남자들의 문제예요'라고 말하기 시작했다. '#나는 침묵하지 않는다 0428' 신주쿠 아루타 백화점 앞 집회에서 여성 발언자들과 나란히 서서 마이크를 잡는 젊은 청년의 모습을 보고 나는 감동을 느꼈다. 30년 전, 성희롱을 고발하는 여자들에게 냉소와 야유를 퍼붓던 남자들과 비교하면 믿기지 않는 광경이다.

그런데 발언 중에 듣기 거슬리는 내용이 있었다. '만약 피해자가 나의 애인이나 여동생이라면…' 성희롱을 용인할 수 있겠느냐는 것이었다. 성희롱 연수 내용에도 '가해자가 되지 않기 위해' 주의해야 하는 사항을 설명하며 '상대가 상사의 아내나 딸이라면' 혹은 '내 아내나 딸이 똑같은 일을 당했다면'이라고 가정하는 부분이 있다.

이 발언의 어디가 문제인가? 이렇게 생각하는 독자들이 있을지 모르겠으나 사실 문제투성이다. 이러한 발언은 여성의 섹슈얼리티를 남자가 비호해야 하는 것, 나아가 남자의 소유물로 전제하고 있기 때문이다. '상대가 상사의 아내나 딸이라고 생각'했을 때 감히 손을 대지 못하는 것은 여성의 인권을 존중해서가 아니라 아내와 딸의 소유자인 '상사'의 권력에 두려움을 느끼기 때문이다. '만약 피해자가 나의 애인이나 여동생이라면…' 분노가 솟는 것 역시 소유물에 대한 보호 책임을 다하지 못했다는 것에 대한 '남성적' 분노다.

여성의 섹슈얼리티는 오랫동안 남성 간 거래의 재화로 다루어졌다. 그래서 여성을 보호하는 데 실패했을 때 남성은 분노와 굴욕을 느낀다. 전쟁 중 벌어지는 성폭력은 여성에 대한 인권침해 이상으로 그 여성이 속한(속해 있다고 여겨지는) 남성 집단에 대한 모욕이고, 때문에 분노의 정도가 배가된다. 보호할 수 없는 상황이라고 판단되면 남자들은 여자를 집단에서 내쫓거나 적에게 바친다. 패전 후 철수하는 소련병에게 여자들을 '공출'한 사례, 점령군[11] 위안부(이들은 '팡팡'이라고 불렸다)의 사례를 보면 알 수 있듯이 남자들의 대응은 언제나 여성을 '바친' 후 '배제하는' 것이었다. 찰스 틸리Charles Tilly 는 이러한 남성 집단의 태도를 '보호 갈취꾼'(겉으로는 여성을 지켜준다고 하면서 의존과 제약을 강요하는 남성)이라고 불렀다. 참고로 틸리의 발언을 일본에 소개한 것은 사회학자 사토 후미카였다. 上野ほか編 2018 피해자가 '만약 내 아내나 딸이라면…'이라는 상상은 이러한 맥락에서 가부장제의 틀을 벗어나지 못한다.

여자들이 '보호 갈취꾼'에게 해야 할 말은 '내 섹슈얼리티는 내 것이니 당신이 지켜주지 않아도 된다'이다. 돌이켜보면 우먼 리브 이후 페미니즘은 줄곧 '내 몸은 내 것'을 외치며 성적 자기결정권을 주장해오지 않았던가. 여성의 성적 자기결정권은 가부장제의 성적 지배에 맞서 여자들이 들이민 궁극의 'No!'다. 때문에 성적 자기결

---

11 제2차 세계대전에서 패배한 일본에 주둔한 점령군을 가리킨다.—옮긴이

정권에 대한 침해는 젠더 지배의 핵심이라고 할 수 있다.

성희롱 연수에서는 '가해자도 피해자도 되지 않기 위해'라고 말한다. 그러나 피해자는 선택해서 되는 것이 아니며 피해자에게 목소리를 내라는 요구 또한 가혹한 일이다. 진정으로 필요한 것은 '고위험군' 남성들이 '가해자가 되지 않도록' 노력하는 일이다. 그렇다. '이건 남자들의 문제'다.

아저씨들! 부디 유종의 미를 거두시길

일본에서 성희롱을 가장 잘 아는 페미니스트 사회학자 무타 가즈에가 쓴《부장님, 그 연애는 성희롱입니다!》牟田 2013 라는 명저가 있다. 부탁을 받아 책 띠지에 들어갈 추천의 글을 썼는데, 그 일부를 인용하는 것으로 마무리를 짓자.

'한 집에 한 권, 아니 남자 한 명당 한 권. 이 책은《가정 의학서》같은 필수품. 그분이 승진하셨다고요? 선물로 이 책을 드리세요. 관리직과 경영자는 성희롱 고위험군이니까요.'

권력을 가진 자는 그것을 남용하는 것보다 남용하지 않는 것이 훨씬 어렵다.

아저씨들! 부디 유종의 미를 거두시길.

제18장

'병든 여자'의
여성 혐오

'병든 여자는 나다'

'병든 여자'라는 말을 유행시킨 아마미야 마미의 저서 《병든 여자》雨宮 2011의 문고판을 출간할 때雨宮 2015 아마미야가 해설자로 나를 지명했다. 서로 아는 사이는 아니었다. 책을 칭찬한 트윗을 보고 연락한 것일 테다.

나에게 이 책을 소개해준 것은 어느 40대 여성이었다. 그녀는 딱 자기 이야기라며 열렬한 공감을 표현했다. 어느 세대에나 그 세대의 아이콘이라고 할 만한 인물이 있다. 1990년대의 40대 여자들은 '도쿄전력 OL은 나다'라고 말했는데, 2000년대 40대 여자들은 '도쿄전력 OL이요? 잘 모르겠는데요?' 하며 대신 '병든 여자는 나다'라고 말한다. 90년대에는 '여자女子'란 말이 없었다. 그 단어가 없었다기보다는 40대나 된 여자가 스스로를 '여자'라고 부르는 일이 없었다. '여자'라는 말은 남성 사회가 '여성女'에게 부여한 자리에 불편함을 느끼고 그 자리에 앉지 않으려 했거나 앉을 수 없었던, 그리고 그 사실에 자조와 긍지를 느끼는 새로운 세대의 '여성상'을 표현하고 있는 듯하다.

'여자'가 병들어 간다니? 포스트 페미니즘 시대에는 이전보다 '여자 되기'가 더 어려워졌다. 아마미야의 책에는 여자가 되어도 되지 않아도 겪는 복합적으로 고통받는 '여자'의 모습이 담겨 있다.

'당사자 연구'의 고통

고통스럽다. 고통스러운 책이다. 읽는 것도 고통스러우니 쓰는 것은 더욱 고통스러웠을 것이다.

이토록 예리하고 철저한 자기분석과 성찰이 담긴 텍스트는 그리 많지 않을 것이다. 지적당하기 전에 이미 모든 것을 스스로 지적해 놓은 책.

왜 나는 여자의 몸으로 AV(Adult Video) 평론가가 되었을까? 왜냐하면 병든 여자니까. 왜 병든 여자가 되었을까? 왜냐하면… '나'란 존재는 이렇게 자신에게 가장 큰 수수께끼다. 그녀는 그녀가 가진 지성과 성찰을 총동원하여 이 수수께끼에 도전한다. 재미없을 리가 없다.

그래서 나는 이 책을 병든 여자의 당사자 연구라고 부른다.

심리학자 오구라 지카코는 《섹슈얼리티의 심리학》小倉 2001에서 사춘기에 관한 탁월한 정의를 내린 바 있다. 여자에게 사춘기란 나이와 상관없이 자신의 몸이 남자의 성적 욕망의 대상이라는 것을 자각했을 때 시작된다고.

여자는 남자에게 성적으로 욕망받아도 상처 입고 욕망받지 않아도 상처 입는다. 그 배경에는 여성을 성적 욕망의 객체(사물)로 바라보는 남자의 시선으로 가득 찬 자기장이 존재한다. 그 속에서 나를 '흥분케 하는 여자'와 '흥분케 하지 않는 여자'라는 분단이 일어난다. 남자가 '괜찮은 여자'라고 한마디 던지면 그 순간 좋든 싫든 당신은 여자의 서열 속에 위치하게 된다. 누구에게 어떤 가치를 부여하느냐는 남자 손에 달려 있고 여자는 그 평가에 휘둘린다.

아마미야는 '교실 계급' 최하층에 속했다고 한다. 2차 성징이 시작되는 중학생. '예쁜 애', '못생긴 애'라는 외모의 정치가 시작된다. 고등학교에 들어가면 '학력'과 '인기'에 의한 계급 사회가 기다리고 있다. 주변에서 '넌 가치가 없어'라는 말을 들으며 자란 그녀는 스스로에게 연애할 자격도 섹스의 대상이 될 가치도 없다고 생각했다. '여자가 병들어 가는' 첫 번째 단계다.

대학에서는 여기에 '시골 출신'이라는 콤플렉스가 더해졌다. '멋을 내고 싶다', '예뻐지고 싶다'는 평범한 욕망조차 자신에게는 그럴 자격이 없다며 금지시켰다. 그러다 어느 날 '여장'을 하자 남성의 욕망 대상이 된 자신을 발견한다. 대부분의 여자는 '여장'이라는 몸에 맞지 않는 코스프레와 타협하면서 '여자가 되어'간다. 그러나 '여장'을 해도 자기 부정의 감정은 사라지지 않고, 오히려 '충분히 여자답지 못하다'는 자격지심이 남는다. 남자들은 그것을 이용하려 든다. 흔한 전개다. 남성의 욕망 대상이 되긴 했지만 남성에 의한 가치 매김과 업신여김 사이에서 자존감은 갈수록 낮아진다. 이것이 '여자가 병들어 가는' 두 번째 단계다.

욕망의 시장

아마미야의 모험심은 남다르다. 성욕의 대상이 된다는 것은 남성 욕망의 시장에 스스로 뛰어든다는 뜻이다. 그녀는 상품으로서의 '여자'를 상징하는 기호 그 자체인 '바니걸' 일을 하기로 결심한다. '바니걸'의 경우 손님이 만지는 것이 금지되어 있고 옷을 벗지 않는 규칙이 있어서 진입 장벽이 다소 낮다고 할 수 있으나 룸살롱이나 성매매 업소와 크게 다르지 않았을 것이다. 그녀는 얼마 지나지 않아 만남 사이트를 통해 남자친구를 만든다.

욕망의 시장은 '몸을 내주는 여자'와 '이 정도 코스프레에도 쉽게 넘어가는 남자'들이 주고받는 모멸로 가득찬 게임의 장이다. 금전 거래가 발생하든 아니든 상관없다. 아마미야처럼 코스프레가 몸에 잘 맞지 않는 사람도 있지만 날 때부터 잘 맞는 여성도 있다.《사랑보다 빠르게》의 저자 사이토 아야코 씨는斎藤 1981, 1998 자신의 육감적인 몸매를 '보디 슈트'라고 부른다. 그런 그녀가 '코스프레' 신체를 남자 앞에 내보이면 신기할 정도로 남자들이 꼬인다고 한다. 그녀는 남자들이 그녀가 아니라 그녀의 코스프레에 반응하고 있다는 사실을 잘 알고 있다. 남자의 욕망을 이끌어내고 그런 남자를 모멸하고 남자에게 욕망받음으로써 자기 확인을 하면서, 그 모든 것의 어리석음과 한심함에 구역질을 느낀다… 이런 욕망의 게임 속에서 일어나는 악순환이 '여자가 병들어 가는' 세 번째 단계다.

그런 시장에서도 상품 가치의 순위 매김은 없어지지 않는다. 우연히 들은 가요에서 이런 가사가 흘러나왔다. '조금 착한 사람이 좋아', '잘 받아주는 사람이 좋아.' … 번역하면 이렇다. '바보 같고 다루기 쉬운 여자가 좋아', '팬티 벗기는데 너무 힘들게 하지마.' 너무나 직설적이라 졸도할 지경이다. 뒤집어 말하면 이런 말을 할 정도로 단순한 남자는 코스프레로 간단히 다룰 수 있다는 뜻이기도 하다. 여자를 모멸하는 남자에 대한 철저한 모멸. 연쇄 남성 의심사 사건[1]의 피고 기지마 가나에와 후처업後妻業 연쇄 살인 사건[2]의 피고 가케히 지사코에게도 이런 모멸감이 있었음에 틀림없다.

AV 여배우가 될 수 없는 여자

아마미야는 AV 잡지의 평론가가 된다. 남성 성욕의 대상이 되지 않으면서도 남성 성욕을 잘 아는 드문 여자라는 위치다. '남자의, 남자에 의한, 남자를 위한 소비재', 자위의 재료인 AV. 매달 수천 편씩 양산되는 AV를 시청한 후 작품의 매력을 전달하는 AV 리뷰의 프로가 되기로 결심한 이유는 'AV의 세계는 너무너무 섹시해서 부러워 죽겠을' 정도로 좋아하는데다가 '나오는 여자 배우들이 너무 예

1 '수도권 연속 의심사 사건'이라고도 한다. 기지마는 2007~9년 사이에 중매 모임을 통해 만난 남성 3명을 살해한 혐의로 체포되어 2017년에 사형이 확정되었다.—옮긴이

2 '관서 청산화합물 연속사 사건'이라고도 한다. '후처업'은 고령 남성을 상대로 한 결혼 사기를 가리키는 말이다. 가케히는 2007~13년 사이에 남편·내연 관계였던 4명의 남성을 청산화합물을 사용해 살해한 혐의로 체포되었고 2021년에 사형이 확정되었다.—옮긴이

뼈서' 자신과의 차이를 절감하기 때문이다.兩宮 2015: 98 남자에게 사랑받을 가치가 없다고 생각하면서도 자신의 성욕을 인정하고 싶은 여자에게 AV 평론가라는 위치는 절묘하다. 이것이 '여자가 병들어 가는' 네 번째 단계다.

AV 업계에는 두 부류의 여자가 있다. 절대로 AV 여배우가 될 수 없는 여자와 기회만 주어지면 언제든지 AV 여배우가 될 수 있는 여자. 현재는 AV 여배우층이 매우 두터워져서 평범한 외모의 여성이 벗기만 해도 상품이 되는 시대는 지나갔다고 한다. 길을 가던 남자들이 뒤돌아볼 만큼 청초한 미소녀, 보기 드물 정도로 가슴이 큰 여자가 아니면 더 이상 상품으로서 가치를 갖지 못한다. 성매매 업소 기사 중 최하층에 속하는 종류가 체험 르포인데, '나 같은 초보 평론가는 일을 골라서 할 처지가 못 된다'는 비하감과 함께 그녀는 이 세계로 빠져들어 갔다.

아마미야는 '절대로 AV 여배우가 될 수 없는 여자'의 위치에서 남자에게 욕망받는 AV 여배우의 화려함을 보며 압도당한다. 여자를 성욕의 대상으로 환원시켜버리는 가장 비열한 승인조차 화려하게 보일 만큼 여자의 자존감은 낮은 것일까. 그 '화려함'에 매혹당한 다른 여자도 있다.《한 번 잤으니 안녕: 밤 언니의 사랑과 행복론》鈴木 2014 의 스즈키 스즈미다. '나를 위해 하룻밤에 100만 엔을 쓰는 남자'의 존재가 남은 인생을 지탱하는 자랑거리가 될 정도로 여자의 자랑거리는 보잘것없는 것일까.

울스턴크래프트의 딜레마

'AV 여배우가 되지 않은/될 수 없는 여자'라는 안전지대에 있음에도 그녀는 '여자'로부터 도망칠 수 없다. 프로 AV 평론가로 성실히 일해 인정받으면 '같은 여자라도 이 친구는 다르다', '뭘 좀 아는 여자'라는 명예 남성으로서의 평가가 주어진다. 반대로 '여자니까' 혹은 '여자 시선'이라고 평가절하당할 때도 그녀는 상처받는다.

여자가 아니어도 상처받고 여자여도 상처받는다. 많은 여자에게 낯익은 풍경이다. 일을 잘하면 '여자임에도 훌륭하다'는 말을 들어야 하고, '여자라서 높게 평가받았다'는 시기와 질투도 겪어야 한다. 일을 못하면 아예 이름조차 거론되지 않는다. 남성 사회에서 한 자리를 차지하려면 스스로 여자임을 부정해야 하고, 반대로 남성 사회가 준비해 놓은 '여성 지정석'에 앉으면 독립된 성인으로 취급받지 못한다. 워낙 흔한 경험이라 이 모순된 상황에 '울스턴크래프트의 딜레마'라는 이름이 붙어 있을 정도다. 18세기 페미니스트 메리 울스턴크래프트가 지적한 이래 사용되어온, 성차별의 딜레마를 가리키는 역사적인 용어다. 이것이 '여자가 병들어 가는' 다섯 번째 단계다.

여기까지 읽은 독자라면 이 책이 '전국의 병들어 가는 여성들에게 바친다!'라는 선전 문구가 전혀 어색하지 않을 정도로 보편적인 경험을 논하고 있다는 사실을 알 수 있을 것이다. 지금까지 이야기한 '여자가 병들어 가는 단계들'과 무관한 여성은 거의 없을 것이다.

한편 아마미야의 자존심은 어긋난 방향으로 나아가기 시작한다. 어쩌면 이것이 '병든 여자' 아마미야의 '병든' 정도의 심각성을 나타내는 것인지도 모르겠다. 그녀는 여자를 다루는 전문가인 AV 감독의 연인이 되려고 하며, 그에게 선택받았다는 사실에 은근히 자부심을 갖는다. 그러나 실제로는 연인은커녕 편리한 섹스 프렌드 중한 명일 뿐이었다. 그녀는 그녀가 사랑하는 사람이 AV 여배우와 섹스하며 작품을 촬영하는 모습을 차마 볼 수 없었다. 그 혐오감까지 억압해버리지 않은 것이 그녀를 구해준 것일지도 모르겠다. 메스꺼움, 혐오, 고통… 이런 강렬한 신체적 반응을 경험하고 나서 비로소 그녀는 다음 단계로 나아갈 수 있었다.

나는 닳고 닳았었다

당사자 연구는 읽는 이에게 당사자 연구를 해보도록 자극한다. 이 책을 읽으며 나는 내가 '닳고 닳았던 시절'을 떠올렸다(지금도 닳고 닳긴 했지만). 남자를 깔보고 남자의 욕망을 천한 것으로 여겨 오히려 남자의 어리석음과 하찮음에 관대한 '세상 물 좀 먹은 아줌마' 전략을 취하던 시절이 있었다. 성희롱을 당해 충격받은 아가씨에게는 '남자란 원래 그런 거야'라며 달래주고, 음담패설에는 음담패설로 받아치고, 남자의 음흉한 수작을 능숙하게 받아넘기는 방법을 전수해주는… 그런 경험 많은 할머니 같은 존재 말이다. 그런데 이런 '세상 물 좀 먹은 아줌마'처럼 남자에게 편리한 존재도 없다.

돌이켜보면 이 전략은 남성 욕망의 자기장 속에서 분노하거나 상처받지 않고 지내기 위해 감수성 센서의 역치를 잔뜩 올려 '둔감함'으로 자신을 보호하는 생존 전략이었던 것 같다. 남자의 행동 하나하나에 소란을 피우는 여자는 어리석고 촌스러운 내숭쟁이로 보였다. 그렇게라도 하지 않으면 내 감수성을 지킬 수 없었기 때문이다. 그러나 그 대가는 혹독했다. 감수성은 사용하지 않으면 녹슨다. 나는 더 이상 남자의 둔감함을 느끼지 못하게 되었고 어느덧 남자에게 편리한 여자가 돼 있었다. 저자가 말하듯 'AV 여배우와 섹스하는 작품을 찍는 걸 알면서도 AV 감독 남편과 잘 지내는 아내'雨宮 2015: 165 나 '부인이 있는 걸 알면서도 남자의 욕망을 만족시켜주고 문제를 일으키지 않는 애인'만큼 남자에게 편리한 존재도 없다.

남성 시선의 내면화

아무리 발버둥쳐도 여자를 그만둘 수는 없다. 저자는 두렵고 고통스럽다 할지라도 '여자'임을 마주하려고 노력한다. 바로 거기서부터 자기분석, 당사자 연구가 시작된다. '남자다 여자다 얽매이고 싶지 않았다. 그러나 그것에 가장 얽매여 있는 것이 바로 나였다'는 걸 깨달았기 때문이다.

그녀가 도달한 결론은 이렇다.

'내가 여자로서 가진 강렬한 콤플렉스는 남자의 시선을 내면화하지 않았다면 생겨나지 않았을 것이다.'雨宮 2015: 195 그녀는 그것을 '내 안에 남자를 기르고 있는 것과 같다'고 분석한다.雨宮 2015: 196 이렇게 쓰면 간단한 답인 것 같지만, 여기에 이르기까지 칠전팔도七顚八倒의 과정이 있었기에 설득력이 남다르다.

분석은 계속 이어진다. '문제는⋯ 내 안에 있는 남성 시선이 '숫총각 망상 수준의 시선'이라는 점이다.'雨宮 2015: 195 무리도 아니다. AV 업계란 '숫총각 망상 수준의 남성 시선'(저자의 표현을 빌리자면 '여자는 가슴이 크고 피부가 곱고 귀엽고 미인이고 신비스러운 새침데기이지만 동시에 솔직하기도 하다는 초월적 논리가 지배하는 비현실적 시선'雨宮 2015: 195)에 맞춰 상품을 생산하는 곳이기 때문이다.

'남자의 시선을 내면화한 여자는 남성용 성인물에 감정이입하는 것이 어렵지 않다'雨宮 2015: 196고 그녀는 말한다. 그녀의 통찰은 '야오이やおい[3] 팬의 심리까지 나아간다. '여자임'을 부정하고 싶은 여자의 입장에서는 남자 간의 연애를 보는 편이 마음이 더 편하다. 스스로를 안전한 곳에 위치시키고 '탑top'과 '바텀bottom' 양쪽에 자유롭게 감정이입할 수 있기 때문이다. '여자'에 동일화하지 못한 이들이 '여성용 성인물에 거부 반응까지 생기'는 것도 이해가 간다.雨宮 2015: 195

'여자가 남자의 시선으로 성인물을 보는 것은 여성용 성인물이 생겨나기 시작한 현재의 과도기에 나타나는 극히 자연스러운 현상

---

3 남성 간 동성애를 테마로 한 만화나 소설 등의 장르를 가리키는 일본어.—옮긴이

이라고 생각한다'雨宮 2015: 194고 저자는 지적한다. '자연스럽다'기
보다는 '그렇게 할 수밖에 없었던 필연'이라고 나는 생각하지만, 그
과도기를 살아낸 한 여자가 극심한 분열 상태를 경험했다는 사실만
큼은 기억해두자.

그렇다면 왜 '남자 시선의 내면화'가 일어났을까? 저자의 자기 분
석은 이렇다.

'어린 시절, 남자가 성적인 시선으로 바라보는 '여자'로서의 나를
확립하기 전에 '남자가 여자에게 욕정하는 성적 욕망'을 먼저 알아
버리고, 욕정하는 이로서의 나를 확립해버렸'기 때문이다.雨宮 2015:
196 좀 더 정확하게 말하면, AV를 보면서 '숫총각 망상 수준의 욕망
을 가진 남자가 그 망상에 부합하는 편리한 여자에게 욕정하는 성
적 욕망'을 학습해버렸다는 것이다.

성과 사랑이 분리될 수 있으며 이 두 가지가 별개라는 것을 그녀
세대는 어른이 되기도 전에 배운다. 그녀보다 윗세대(특히 여자)의
경우 성과 사랑이 일치해야만 한다는(사랑하는 남자와만 섹스해야 한
다는) 억압적 규범이 문제였다면, 그녀 세대는 성이 무엇이고 사랑
이 무엇인지 모르는 시기에 성과 사랑이 분리된 환경 속으로 내던
져지는 것이 문제라고 할 수 있다. 섹스의 장벽이 낮아진 탓에 무방
비 상태로 성욕의 시장에 노출되는 젊은 여성이 늘어나 버렸다. 사
랑을 알기도 전에 성을 알아버리는 것, 그것도 AV를 통해 남성 편
의주의적인 섹스를 배우는 상황… 그녀 세대의 여자와 남자에게
심각한 문제가 될 수 있다.

AV 여배우에 대한 '존경과 경멸'

　욕망이란 타자의 욕망을 향한 욕망이다…라고 굳이 라캉까지 들먹이지 않아도, 욕망은 문화 장치이기 때문에 학습된다. 욕망의 학습은 남자에 의해서도 여자에 의해서도 이루어진다. 아마미야의 책을 읽고 절실히 느낀 것은 그녀 세대가 성과 사랑을 알기도 전에 미디어를 통해 '욕망이란 무엇인가'를 학습하고 있다는 사실이다. 게다가 AV라는, 남자가 여자를 성욕의 도구로 환원하는 성차별적인 매체를 통해서 말이다. 물론 AV에도 예술성 있는 작품, 실존 문제를 건드리는 작품이 소수지만 있다는 것을 부정하지는 않는다. 하지만 대부분의 AV가 여성에 대한 멸시(여성 혐오)를 바탕으로 하고 있다는 점은 분명하다. 예를 들어 여자를 도구 삼아 호모소셜적인 유대를 재확인하는 열도 종단 레이스 형식의 작품에서 '이런 못생긴 여자하고도 섹스할 수 있는 나!'를 뽐내는 남자 배우를 보고 불쾌감을 느끼지 않을 여성은 없을 것이다. 그러나 여자가 불쾌감을 나타내는 순간 그 불쾌감마저 무시당하고 만다.

　AV 여배우라는 직업은 돈이라는 대가가 없으면 아무도 하려고 하지 않을 것이다. 과거 출연작을 이력서에 쓸 수 있는 것도 아니다. 한편 스스로의 욕망이 보잘것없다는 사실을 충분히 자각하고 있는 남자들은, 바로 그렇기 때문에 AV 여배우를 도구 삼아 욕망을 충족하면서도 그녀들의 과거에 낙인을 찍고 '패널티'를 준다. 그런 하찮은 승인조차 화려해 보일 정도로 여자의 자기 평가는 낮은 것일까.

AV 업계라는 '금녀 영역' 취재에 도전한 여성 만화가·논픽션 작가가 있다. 다부사 에이코다. 그녀는《남자만 갈 수 있는 곳에 여자가 다녀왔습니다》田房 2015 에서 이렇게 썼다.

"지금껏 AV를 '남자'에게서 '빌려' 봤다는 것을 새삼 느낀다. 여자에게 있어 AV는 모두 해적판이라고 할 수 있다. / '세상에 나와 있는 것이 모두 남성복뿐이라 몸에 안 맞아도 어쩔 수 없이 빌려 입는' 그런 느낌이라고 할까. 그게 너무 당연해서 의심을 가져본 적이 없었다…."田房 2015: 232-3 사실 우리는 '여자의 성적 욕망'에 관해 모르는 것이 많다.

그녀는 '남성용밖에 없는 탓에 빌려 쓸 수밖에 없는 것'은 'AV 이외에도 많이 있는 듯하다'며 '우리가 사는 세계 자체가 남자에 의한, 남자를 위한 '남자밖에 갈 수 없는 장소'이기 때문이 아닐까'라고 지적한다.田房 2015: 233-4

책 띠지에는 '댁의 남편(남자친구)은 이렇게 즐기며 사는데… 부럽다!(화가 남)'이라고 쓰여 있는데 누가 썼는지 모르지만 맥을 잘못 짚어도 한참 잘못 짚었다. 이 책은 다부사가 '남자밖에 갈 수 없는 곳'에서 경험한 분노, 혐오, 짜증, 넌더리가 적나라하게 표현돼 있다. 이걸 어떻게 잘못 읽을 수 있는지. '출산도 하고 서른다섯 살이 된 지금, 나는 더 이상 남자들이 부럽지 않게 되었다'田房 2015: 236고 저자 후기에 분명히 적지 않았는가. 그런 그녀가 '부럽다!'고 생각할 리 없다. 다부사는 '남자밖에 갈 수 없는 장소'에서 남자들이 보이는 안하무인한 행동에 혐오감을 감추지 않았다. 또한 그걸 알면서도 받아주는 '세상 물 좀 먹은 아줌마'라는 덫에도 빠지지 않았다. 그녀는 소심한 남자의 이기적 욕망에 웃는 얼굴로 답해주는 것이 '착한 할머니'들이고, 여고생 교복을 입고 춤추고 노래하는 '남자가 만들어낸 남자를 위한 서비스'가 AKB 아이돌 그룹이라고 설파한다.田房 2015: 227 그런 여자를 '아이돌'이라는 이름으로 양산하는 사회, '아이돌'을 지망하는 여자가 끊이지 않는 사회가 유지되는 이유는 남자의 망상에 맞춰주는 삶의 방식이 여자에게 더 유리한 삶의 방식이라는 사실을 그녀들이 알고 있기 때문이 아닐까.

다부사가 풍속 산업과 AV 업계에 관한 평론을 쓸 수 있었던 이유는 아마미야와 마찬가지로 스스로를 'AV 여배우가 되지 않은/될 수 없는 여자' 카테고리로 분류했기 때문이다. '성매매 업소 아가씨나 AV 여배우에 대해 내가 가지고 있는 멸시와 열등감, 모순된 과잉 감정, 이것은 존경과 경멸 중 과연 어느 쪽일까 하는 의문이 있었'고 쓴 다부사가 느끼는 양가감정은 아마미야도 공유하고 있었을 것이다. 자기 분석을 통해 '두 가지 모두 가지고 있다는 것을 깨달았고 '존경과 경멸'을 함께 느낀다는 것을 스스로 인정하고 난 후 답답함이 사라졌다'고 한다.田房 2015: 153-4

그럼에도 그녀는 다음과 같이 말한다.

'분명히 말해두지만, AV 같은 것에는 출연하지 않는 게 좋다. 만약 친구가 나온다고 한다면 '그런 생각일랑 그만둬', '더이상은 출연하지마'라고 충고할 것이다…'田房 2015: 141

그녀 역시 AV 같은 것에는 출연하지 않을 것이고, 만약 딸이 있다면 말릴 것이다.

그녀처럼 나도 젊은이들에게 말하고 싶다. 푼돈 때문에 속옷을 벗지 마시길. 좋아하지도 않는 남자 앞에서 다리를 벌리지 마시길. 남자들 분위기에 휩쓸려 벗지 마시길. 옷 한번 벗는다고 인생 바뀌지 않으니 착각하지 마시길. 남자에게 좋은 평가를 얻으려고 남들 보는 앞에서 섹스하지 마시길. 남성 욕망의 대상이 되었다고 들뜨지 마시길. 남자의 승인에 의존하며 살지 마시길. 남자의 둔감함에 웃는 얼굴로 대하지 마시길. 솔직한 감정을 억압하지 마시길. 그리고… 더 이상 스스로를 폄하하지 마시길.

40년 전, 우먼 리브의 전사 다나카 미쓰는 이렇게 말했다.

'남자에게 꼬리를 흔드는 모든 여자는 나가타 히로코다.' 田中 1972, 2004

나가타 히로코. 연합적군連合赤軍[4]의 리더로 12명의 동료에 대한 린치 살해의 주모자로 사형을 선고받은 여자다. 나가타는 '어디에도 없는 여자'가 되기 위해 다른 여자를 죽이고 자기 자신도 죽였다.

다나카는 '문화' 관련 제목이 붙은 회의에 초대받아 리셉션 파티에 참석한 적이 있다고 한다. 그런데 주최측이 준비한 프로그램 가운데 동아줄을 사용한 SM 쇼가 있다는 사실을 알고 자리를 박차고

---

4 1970년대 초에 조직된 좌익 연합 단체. 군사 조직을 표방하며 실시한 '병사' 훈련 과정에서 '총괄'이라는 이름으로 조직원들을 집단 린치 살해한 사건을 일으켜 당시 사회에 충격을 주었다.—옮긴이

나갔다. 모두가 보는 앞에서 여자의 알몸을 동아줄로 묶는 쇼. 그런 여흥을 준비한 주최측은 대체 무슨 생각을 한 걸까. 다나카가 자리를 떠난 뒤 문화인 신사 숙녀분들은 즐겁게 웃으며 여흥을 즐겼을까. 독자 여러분이라면 다나카처럼 자리를 박차고 나올 것인가, 아니면 풍류를 모르고 어른스럽지 못하다고 다나카를 꾸짖을 것인가. 다부사의 말처럼 세상은 남성의 성욕에는 지극히 관대하며 남성의 성욕에 관대한 여자들을 환영한다.

남자에게 욕망당하든 당하지 않든 당신의 가치는 변하지 않는다… 페미니즘은 언제나 그렇게 외쳐왔다. 젊은 여성들도 그 외침을 듣고 있을까.

스스로를 '여자'라고 칭하는 이유

그런데 왜 '여자女子'라는 단어를 쓰는 것일까.

아마미야의 책뿐만이 아니다. 제인 수의 《'넌 언제까지 여자로 있을 건데?'라는 문제》ジェーン 2014, 유야마 레이코의 《문화계 여자의 라이프 스타일: '포스트 연애 시대 선언!'》湯山 2014 등 40대 이상 여성 작가가 '여자'를 논하는 책이 연달아 출판되었다. 중년의 나이에 스스로를 '여자'라고 부르는 것이 우습다고 하는 사람이 있을지 모르겠다. 그러나 중년 남자들이 사용하는 '여자애女の子'(직장 여성은 30대가 돼도 40대가 돼도 이렇게 불렸다)라는 호칭을 거부한 여성들이 '여자'라는 단어를 택한 데에는 다음과 같은 이유가 있다고 본다.

'여자'는 혼전 여성을 가리키는 대명사였다. 결혼을 하든 출산을 하든 '나는 변하지 않는다'고 강력하게 어필한 사람이 가수 마쓰다 세이코였다. 그때까지 결혼과 출산은 '사용 전/사용 후'처럼 근본적이고 불가역적으로 여자를 바꾸는 어떤 것으로 여겨졌다. 아내가 돼도 어머니가 돼도 '나는 나'라는 마쓰다 세이코의 메시지는 여자들의 가슴을 울렸다. '소녀少女'라는 대명사는 내키지 않는데다 소녀처럼 순진하지도 무력하지도 않다. '여자', '남자'라는 남녀가 대등한 호칭에는 남녀 공학 시절의 메아리가 남아있다. 그래서 '여자'라는 호칭을 택한 것이다.

얼마 전 기시모토 유키코의 《정년여자: 앞으로의 직업, 생활, 하고 싶은 일》岸本 2015, 2017이라는 신간을 발견했다. 기업에 진출한 여자들이 드디어 정년을 맞이할 시기가 다가온 것이다. 머지않아 '개호介護여자'[5], '치매여자'라는 명칭이 등장할지 모르겠다. 왜냐하면 여자는 평생 여자니까. 여자는 죽을 때까지 누구도 침범할 수 없는 투명한 핵을 갖고 있으니까.

'여자문제女子問題'는 이전의 '여성문제女性問題'와 다를지 모르겠다. 일하는 것이 당연해진 세대, 결혼과 출산이 인생의 일부에 지나지 않게 된 세대는 이전 세대(결혼하지 않으면 살아갈 수 없었던, 출산하지 않으면 어른으로 인정받지 못했던)와 다른 경험을 하고 있을 것이

---

5 일본어 '개호'는 혼자 일상생활을 영위하는 데 불편함을 겪는 이들에게 제공되는 돌봄 서비스를 가리킨다. '개호여자'란 '돌봄이 필요한 여자'라는 뜻이다.—옮긴이

고, 맞닥뜨리는 고난 역시 다른 종류의 것일 테다. 이미 우리는 아마미야의 현장 리포트를 통해서 설사 여자에게 성욕이 허락된다 한들 그것이 조금도 해방적이지 않다는 것을 잘 알고 있다. '여자문제'는 여자 스스로 풀어가야 한다. 그것이야말로 당사자 연구다.

당사자 연구의 최고의 교재

당사자 연구의 원조《베델의 집Bethel's house 의 '당사자 연구'》浦河べてるの家 2005 에는 '살아남기 위한 기술'의 일환으로 실시한 '섭식 장애 연구' 챕터가 있다. 이 글을 쓴 젊고 영리한 여성 와타나베 미즈호는 철저한 자기분석을 마친 뒤 이렇게 썼다.

'분석은 끝났다. 그래서?'

나란 존재는 수수께끼다. 그러나 나보다 나에 대해 더 잘 아는 사람은 없다. 그러니 나에 관한 수수께끼는 내가 풀어야 한다. 하지만 자기분석의 종착점에 도착했다고 해서 삶의 고달픔이 줄어드는 것도, 나를 둘러싼 곤란한 상황이 나아지는 것도 아니다. '그래서?'라고 말하고 싶어지는 것도 무리가 아니다.

아마미야는 '저자 후기'에서 이렇게 쓰고 있다.

'평범하고 둔한 나는 시간이 지나면 지금의 느낌을 잊어버릴 것이고 그러다 또 문득 무언가를 깨닫고 잠에서 깨어난 듯한 기분을 느낄 것이고… 그런 일을 반복할 것 같다'雨宮 2015: 236, '마음씨 착한, 병들어 가는 여자들이 한 사람이라도 더 웃을 수 있는 날이 오

기를 바라며'라고 응원을 보낸다.雨宮 2015: 237

다부사의 '저자 후기'는 다음과 같이 끝을 맺는다.

'산[6]을 밀어 없애버리고 싶은 것도 아니고 빼앗고 싶은 것도 아니다. 그저 산을 보고 지레 겁을 먹어 '방법이 없다'고 체념하고 뒤치다꺼리에 충실해지는, 원래대로라면 산에 부딪쳐야 할 분노를 다음 세대 여자에게 푸념으로 돌리는 그런 역사는 더 이상 반복돼서는 안 된다고 생각할 뿐이다.'田房 2015: 237

여자라는 수수께끼를 마주하고 그것이 고통스러운 작업임에도 불구하고 솔직한 자세로 자신을 분석하고 탐구한 질좋은 당사자 연구가 이렇게 하나둘씩 생겨나고 있다.

세뇌에서 깨어나는 아픔

고통스럽다. 고통스러운 책이다. 읽는 것도 고통스러우니 쓰는 것은 더욱 고통스러웠을 것이다. 이 고통은 탈피의 고통, 탈세뇌의 고통일 것이다. 아마미야는 그것을 '디톡스(해독제)'라고 부른다. 만약 중독으로부터의 탈출, 남성 욕망에 의한 세뇌로부터의 탈세뇌. 아픈 것이 당연하다. 얼굴에 달라붙은 탈을 벗기는 작업이기 때문이다. 하지만 바깥 공기를 맞는 얼굴에는 시원한 감촉이 들 것이다. 앞으로 어떤 얼굴을 만들어가야 할지…는 당신 손에 달려 있다.

6 남성 사회에 대한 비유.

덧붙임

여기까지 쓴 것이 2015년. 2016년 11월 15일 아마미야의 갑작스러운 부고를 들었다. 사인은 분명치 않으나 자살이라는 설도 있다.

그녀는 내가 주재하는 WAN Women's Action Network 에서 2015년 9월에 연 우에노 세미나 서평 세션에 게스트로 참석해주었다. 아마미야의 글에 깊이 공감한 자칭 '병든 여자' 20대 두 명의 제안에 의해 열린 세션이었고 그녀는 무보수로 흔쾌히 참석해주었다. 아마미야의 첫인상은 시원한 지성과 청초한 자태의 소유자라는 느낌이었다.

2016년 9월에는 사회학자 기시 마사히코와의 대담 《사랑과 욕망의 잡담》岸·雨宮 2016 이 간행되었는데 그것이 그녀의 유작이 되었다. 아마미야의 죽음이 알려진 후, 기시는 11월 18일에 인터넷에 다음과 같은 글을 올려 그녀를 추모했다.岸 2016

'아마미야 씨가 사라져버린 것을 순수하게 슬퍼하려고 합니다. 단호한 결의를 갖고 당당하게, 정면으로 마주하여 성실하고 진지하게 슬퍼하려고 합니다. 아마미야 씨의 글처럼 말이죠. 언제나 진지하고 성실한 글을 쓰는 사람이었습니다. 독자의 한 사람으로서 그녀의 글을 두 번 다시 읽을 수 없다는 사실을 진심으로 슬퍼하고 싶습니다.' 기시만이 아니다. 인터넷에는 '믿을 수 없다', '말이 안 나온다'며 충격에 빠진 독자들의 반응이 쏟아졌다.

죽기 직전까지 블로그에 '마흔이 온다!'라는 글을 연재하던 그녀였다.

"아줌마'라는 소리를 들으면 화가 나거나 슬퍼지기보다 '아, 언제까지 이렇게 '여자의 나이'에 얽매여야 할까?' 하는 기분이 든다. 젊음이나 아름다움에 질투? 그런게 있었다면 마흔 살까지 살지도 못했을 것이다. 나보다 젊고 아름다운 여자는 널리고 널렸다. 나보다 재능도 훨씬 뛰어나고, 돈도 훨씬 많고, 훨씬 성공한 사람도 많다. 그런 사람들 앞에서 '나는 나'로 존재하기 위해, 비굴해지지 않기 위해, 기분 좋게 사람을 사귀기 위해 얼마나 노력했던가.

영원히 젊어지고 싶은 것도, 이젠 아줌마가 됐다고 자학하고 싶은 것도 아니다. 나는 나로 있고 싶을 뿐. 어떻게 하면 있는 그대로의 내 모습으로 마흔 살이 될 수 있을까. 나는 어떤 마흔 살을 꿈꾸는 것일까.' 雨宮 2016

11월 1일, '마흔에 인생이 시작되다'라는 글에는 다음과 같이 썼다. 죽기 2주 전의 글이다.

'여든까지 산다고 가정하면 마흔은 딱 반환점이다. 살아 있음은 당연한 것이 아니다. 그래서 우리는 반복해서 누군가와 약속을 맺고 살아서 다시 만나기를 기도한다.'

그렇다. 인생 백세 시대에 마흔은 반환점은커녕 미숙한 어린아이다. 나는 50세를 맞이했을 때 반세기나 살았다고 자화자찬하고 싶은 기분이 들었다. '살아 있음은 당연한 것이 아니다.' 그래서 돌이킬 수 없는 순간순간이 소중한 것이다.

아마미야가 약속을 주고받는 '누군가'에는 독자도 포함되어 있지 않을까. 글로 자신을 표현하는 이들은 독자에 대한 책임을 안고 있다. 당신은 앞으로 어떻게 살 것인가라는 질문에 답할 책임이. 책을 한두 권 썼다고 해서 상황이 달라지는 것은 아니다. 삶의 고통이 없어지는 것도 아니다. 하지만 글이라는 것은 아직 만나지 못한 '누군가'에게 메시지를 전하는 커뮤니케이션 행위가 아니었던가.

여성 혐오로부터의 탈세뇌

앞의 글 말미에 '남성 욕망에 의한 세뇌로부터의 탈세뇌'라고 썼다. 이 책의 독자라면 이것이 '여성 혐오로부터의 탈세뇌'와 동의어임을 이해할 수 있을 것이다. 하지만 탈세뇌 후의 나는 누구인가? 무엇을 향해 나아가야 하는가? 나라는 존재가 세뇌 장치에 의해 만들어진 존재라면 과거의 나를 모두 부정해야 하는가? '세뇌 전'과 '세뇌 후'를 명확하게 경계지을 수 있는가? 여성 혐오가 여자에게 있어서 자기혐오라고 한다면 여성 혐오로부터 탈세뇌한 후 나는 '여자'가 아니게 되는가? 나는 어떤 '여자'로 살아가야 하는가?

만약 가부장제가 눈에 보이지 않지만 어디에나 편재하는 중력처럼 벗어날 수 없는 것이라면? 그 중력 덕분에 내가 땅 위에 설 수 있는 것이라면? 중력 없이 살 수는 없다. 중력권에서 벗어난 나를 상상할 수는 없다.

마르크스는 '다가올 공산주의 사회의 인간은 어떤 존재인가?'라는 질문에 대해 '나는 계급사회에 오염돼 자란 역사적으로 피규정된 존재다. 미래의 인간상은 그 사회에서 태어나 자란 인간만이 알 수 있다'고 답했다고 한다.

'나'란 존재는 언제나 중간적인, 과도기적인 시대의 산물이다. 과거의 자신을 부정하며 살 필요는 없다. 과거 자신의 한계, 실수, '병듦'이 있었기에 지금의 내가 있는 것. 과거의 나를 용서하고 화해하고 품에 끌어안으면 된다.

아주 옛날 내가 젊었던 시절에 '성숙이란 내 안에 있는 타자의 흘수선[7]이 올라가는 것'이라고 쓴 적이 있다. 여전히 그 생각이 달라지지 않았다는 것에 놀란다. 그러나 당시에 비하면 더 현실적으로 받아들일 수 있게 됐다.

과거의 나는 '타자'다. 미래의 나도 '타자'다.

마미 씨, 죽지 마. 약속을 맺은 '타자'와 다시 만나기 위해.

누군가의 '타자'가 되기 위해.

이 책을 여성 혐오에 괴로워하는 모든 독자에게 바친다.

일본 편집부 주: 이 글은 아마미야 마미 씨의 저서 《병든 여자》에 '해설: 병든 여자의 당사자 연구'라는 제목으로 처음 실렸습니다. 아마미야씨가 하늘나라로 떠난 뒤 내용을 더하고 제목을 바꾸어 여기에 싣습니다.

---

7 배가 물 위에 떠 있을 때 배와 수면이 접하는, 경계가 되는 선.—옮긴이

초판 작가의 말

　사회학자라는 직업을 가끔 '업보'라 생각할 때가 있다. 나에게 기분 좋은 것, 아름다운 것, 마음 따뜻해지는 것이 아니라 반대로 불쾌한 것, 화가 나는 것, 용서하기 힘든 것을 대상으로 골라 그에 얽힌 수수께끼를 밝혀내고자 골몰하기 때문이다. 물론 그 작업에 열중하고 있는 동안에는 나 자신도 안 좋은 기분을 맛보게 된다.

　내가 그랬던 것처럼 이 책을 읽는 것은 많은 여성·남성 독자들—특히 남성 독자들—에게 유쾌하지 않은 경험으로 다가올 것이다. 이 책은 많은 남녀가 눈을 돌리고 싶어 하는 것들을 다루고 있기 때문이다. 그런 내용을 줄기차게 적어놓은 것을 읽는 책이 기분 좋은 경험이 될 리가 없다.

　불쾌함을 느끼며 책을 쓰고 불쾌함을 느끼며 읽어야 하는 책을 쓴 것은 어째서일까? 아무리 불쾌하다 하더라도 눈을 돌리면 안 되는 현실이 그곳에 존재하기 때문이다. 우리가 그것을 앎으로써, 설사 쉽게 달성될 수는 없다 하더라도 현실을 변화시킬 수 있는 가능성이 존재한다는 사실을 알고 있기 때문이다.

　만약 이 책의 독서 체험이 불쾌한 것이었다면 그것은 당신이 여성 혐오란 무엇인가를 이미 알고 있기 때문일 것이다. 만약 그렇지 않다면 이 책은 엉뚱하고 비현실적인 기술로 가득 찬 것으로 느껴질 것이다. 그렇게 된다면 얼마나 좋을까…. '진짜? 안 믿겨져! 이렇게 어처구니없는 시대가 존재했었다니!' 하고 독자들이 놀라준다면 내가 여기에 적은 모든 이야기는 과거지사가 될 테니 말이다.

처음부터 이렇게 불쾌한 책을 쓸 생각은 전혀 없었다. 기노쿠니야 서점 출판부의 편집자, 아리마 유키코 씨의 종용으로 회사 홍보지 〈스크립타〉에 연재를 시작하게 되었다. 잊힐 만하면 나오는 계간지로 중철 제본의 얇은 잡지다. 연재는 놀랍게도 3년 반이나 이어졌다. 나는 이 '조용한' 잡지에 독자를 신경 쓰지 않고 쓰고 싶은 이야기를 계속 적어나갔다. 그렇게 하다 보니 문득 말하고 싶은 게 아주 많다는 사실을 깨닫게 되었다. 3년 반의 연재 기간 동안 어느샌가 독자들이 생겨났고 연재를 손꼽아 기다려주는 사람들도 나타났다. 다른 연재 집필자로 다나카 미쓰, 이토 히로미, 사이토 미나코 등의 이름이 올랐고 어느새 '일본에서 가장 페미니즘도가 높은 잡지'로까지 불리게 되었다. 이 책의 최대 공로자는 기획자인 아리마 씨다. 그녀의 인내심 강하고 치밀한 업무 처리가 없었다면 이 책은 빛을 보지 못했을 것이다.

연재 중에 코멘트와 정보를 보내준 많은 독자 분들에게도 감사의 말을 전하고 싶다.

이 책은 예기치 못한 독자들과도 조우할 것이다. 거기서 생겨나는 곤혹, 분노, 불쾌 등의 반응이 눈앞에 떠오른다. 그뿐 아니라 새로운 깨달음에 손뼉을 치고 묵혀두었던 체증이 싹 가시는 기분을 느끼는 독자들도 있을 것이다.

공감과 반감을 포함하여 이 책이 일으킨 파문이 널리 퍼져나가길 바란다. 이 책은 바로 그것을 위해 쓰였기 때문이다.

우에노 지즈코

개정판 작가의 말

2010년에 단행본을 간행하고 8년이 지났다. 통상적으로 단행본이 문고판이 되기까지 걸리는 기간은 3년. 몇 번인가 문고판 제안이 있었으나 그때마다 초판 담당자, 기노쿠니야 서점의 아리마 유키코 씨가 거절을 반복했다. 오랫동안 꾸준히 팔리는 책이라는 것이 이유였다.

안타깝게도 기노쿠니야 서점에는 문고판 간행 부서가 없다. 아사히신문출판의 야사카 미키코 편집자는 몇 번이고 기노쿠니야 서점을 찾아 문고화할 것을 요청했다. 초판 작가의 말에도 언급했지만 이 책은 아리마 씨의 집념의 산물이다. 그녀가 이 책을 떠나보내고 싶지 않아 하는 마음을 충분히 이해한다. 그런 그녀를 존중해 나는 번번이 문고판 제안을 거절해왔다. 그러나 이번 문고화는 야사카 씨의 집념의 성과다. 야사카 씨는 이 책을 문고화하면서 더 많은 독자들이 책을 읽게 될 테니 새 원고를 추가해 증보판으로 만들자고 제안했다. 아리마 씨와 야사카 씨 모두 이 책을 사랑해주었다. 저자로서 더할 나위 없이 행복한 일이다.

초판 이후 인쇄 부수 합계는 12쇄로 대략 3만 부다. 꾸준히, 그리고 조용히 읽혀왔다. 이 책 덕분에 여성 혐오를 뜻하는 'misogyny'라는 외래어가 일본어로 사용되는 예가 늘면서, 컴퓨터로 입력할 때 '서른 살에'[1]로 변환되는 일이 적어졌다. 이 책 제목이나 목차에는 '페미니즘'이라는 단어가 사용되지 않았다. 페미니즘에 거부감을 가진 독자들도 이 책을 읽고 '체증이 가셨다', '궁금증이 해소됐다'는 등의 감상을 전해주었다. 젊은 독자들은 '신선하다'는 반응을 보였다. 페미니즘에서는 이미 상식이 된 내용을 다룬 부분이 젊은 세대가 보기에는 새롭게 다가오는 것 같아 세대 간 단절을 느꼈다. 하지만 어쨌든 '가부장제', '성차별'이란 용어로 불리던 것을 호모소셜, 여성 혐오, 호모포비아의 3종 세트 개념으로 읽는 것은 놀라운 경험이었을 것이다. 초판에서 밝힌 바와 같이 이 책의 내용은 세지윅의 아이디어를 빌려온 것이다. 그러나 이 책의 이론과 응용은 단순한 차용 이상이다. 아이디어는 세지윅에게서 빌렸지만 내가 독자적으로 전개한 내용이 담겨 있다. 개념을 빌려왔다는 사실을 부끄러워할 필요는 조금도 없다. 우리는 언제나 그런 식으로 문화나 언어권을 넘어 서로 배워왔으니까. 스피박의 말처럼, 그것이 어디서 생겨났건 간에 쓸 만한 개념은 뭐든 동원해서 철저히 써먹어야 한다.

　이 책은 한국어, 중국어 간체자(중국 본토), 중국어 번체자(대만)로

---

1 '서른 살에ろそじに'와 'misogyny'의 외래어 표기(ミソジニ-)는 읽는 방식이 거의 같다.—옮긴이

번역되었고, 모두 베스트셀러가 되었다고 들었다. 동아시아 사회에 여성 혐오가 만연해 있다는 공통점을 확인하는 것 같아 슬프다.

2016년 한국에서는 여성 혐오 살인이 일어났다. 서울 강남의 한 남녀공용화장실에 숨어 있던 30대 남자가 먼저 온 6명의 남자를 그 냥 보낸 후에 들어온 여성을 찔러 죽인 비참한 사건이다. '여자들이 나를 무시한다. 여자가 밉다'가 그의 동기였다고 한다. 당국이 정신 이상자에 의한 살인사건으로 처리하려던 것을 '여성 혐오 살인'으로 명명하고 프레임화framing 한 것은 한국의 여성들이었다. 여자라 는 이유만으로 살해되었다…. 이 사건은 한국 여성들을 충격에 빠 뜨렸고 과거 그녀들이 겪었던 경험을 상기시켰다. 살인 현장은 곧 성지가 됐고 엄청난 수의 여성들이 찾아와 포스트잇에 메시지를 적 어 넣었다. 거기에는 이런 글들이 쓰여 있었다.

'13년 전. 나도 화장실에서 칼을 든 남자에게 협박당해 강간 피해 자가 됐다. 죽지는 않았다. 나는 운이 좋았을 뿐이다.'

'나는 살아남았다. 나는 침묵하지 않겠다.'

일주일 뒤로 예보된 비가 내리기 전, 서울시장의 영단으로 이들 포스트잇은 모두 서울여성플라자에 회수됐다. 일부는 한쪽 벽을 천 장까지 메운 채 지금도 전시되고 있다. 플라자에서는 모든 자료를 아카이브화하는 작업이 진행되고 있다고 한다.

이 책의 한국어판은 사건이 일어나기 전에 이미 간행된 상태였 다. 강남 사건을 여성 혐오 살인으로 정의하는 데 이 책이 얼마간 기여했을 것이고, 사건은 책의 판매를 가속시켰다. 내가 독자와의 만남 행사에 초대받았을 정도다. 일본에서는 좀처럼 만나기 힘든 20~30대 젊은 여성들이 통역사의 입을 거쳐 나의 이야기에 집중해 주었다. 페미니스트 모임이라고 하면 중년 이상의 여성이 많은 일본을 떠올리며 나는 두 나라 간의 차이를 피부로 느꼈다.

이 책을 대학 강의나 독서 모임의 텍스트로 사용하는 경우도 많다.

중국 상하이 푸단 대학의 한 여성 연구자는 이 책을 강의 지정 교재로 사용한다고 했다. 그녀의 초청으로 푸단 대학을 방문해 중국 학생을 대상으로 강의할 기회가 있었다. 책의 내용을 반복하는 것은 그다지 재미가 없을 테니 쌍방향 수업을 시도하기로 했다. 나는 중국인 남녀 학생에게 '여러분은 어떤 여성 혐오를 경험했나요?'라고 물었다. 한 여학생이 대답했다.

"태어나자마자 딸이냐는 소리를 들었어요. 태어날 때부터 여자의 가치는 남자보다 낮아요. 여성 혐오는 날 때부터 시작돼요."

'하늘의 절반을 떠받치는 것은 여성'[2]인 공산주의 중국에서도 그렇다. 개혁 개방 이후 시작된 노골적 시장경제 체제와 한 자녀 정책 아래에서 여성 차별은 오히려 심해지고 있다. 중국의 남녀 출생 성비는 113.5 대 100(2015년)으로, 비정상적인 수치다. 여아는 임신한 뒤 선별되어 낙태되거나 태어난 후 버려질 가능성이 높다.

여성 혐오는 보편적이지만 운명적인 것은 아니다. 그 내용은 역

---

2 마오쩌둥이 했다고 전해지는 말.—옮긴이

사와 사회와 문화에 따라 달라진다. 누구나 이 개념 도구를 사용해 자신이 속한 사회의 응용문제를 풀고 싶어질 것이다. 그만큼 예리한 도구다. '아, 저건 호모소셜이잖아', '역시 호모포비아구나', '원인은 여성 혐오였구나'라는 식으로 말이다.

한국에서는 '한국판 여성 혐오' 책이 출간됐다고 들었다. 같은 식으로 '중국의 여성 혐오', '대만의 여성 혐오'가 나오면 흥미롭겠다. 그래서 언젠가 여성 혐오의 비교문화론이 나오길 바란다. 예를 들어 태국은 동성애자에 대한 사회적 허용도가 높은데, 그러한 사회의 호모소셜리티는 다른 사회와 다를 수 있다. 징병제가 있는 한국에서는 '군사화된 남성성' 구축이 문제인데, 징병제가 있는 사회와 없는 사회의 호모포비아의 모습에는 차이가 있을 수 있다. 그런 미세한 차이 혹은 균열로부터 여성 혐오를 탈세뇌할 기회나 힌트를 얻을 수 있을지도 모른다….

이 책에 훌륭한 해설을 써준 나카지마 교코 씨가 '내가 경험한 여성 혐오'에 관해 언급해주었다. 이처럼 이 책은 독자를 '당사자 연구'로 이끌 것이다. 여성 혐오로부터 자유로운 사람은 없으니 말이다.

이 책을 독해할 수 있다는 것은 독자가 가부장제와 여성 혐오의 중력권에서 자유롭지 못하다는 것을 뜻한다. 언젠가 이 책의 내용을 독자들이 이해할 수 없게 되는, 이 책이 이상한 시대의 이상한 증언으로 읽히는 그런 시대가 오기를 바란다.

우에노 지즈코

옮긴이의 말

우에노 지즈코의 주요 테마를 꼽으라 한다면 나는 연애, 가족, 개호를 꼽고 싶다. 모든 테마에 페미니즘이 배경하고 있음은 물론 언급할 필요가 없을 것이다.《여성 혐오를 혐오한다》를 읽은 후 우에노 지즈코라는 인물의 사상과 활동에 호기심을 느낀 독자들이 책을 선택하는 데 도움이 될 수 있도록, 그녀의 저서를 이 세 가지 테마에 따라 '개호, 가족, 연애'의 순으로 간략하게 적어보도록 하자. 각각의 테마가 시간적으로도 일치하고 있으니 최근 저작에서 초기 저작으로 거슬러 올라가는 것이 될 테다.[1]

'개호介護'란 일본어는 영어로는 'care', 한국어로는 '돌봄'으로 번역할 수 있는데, 영어와 한국어의 경우 병간호에서 육아까지 넓은 범위의 활동을 가리키는 단어임에 반해 일본어의 개호가 가리키는

---

1 아쉽게도 우에노의 모든 저서가 한국어로 번역되어 있는 것은 아니며, 이미 번역된 책 중에도 현재는 절판되어 쉽게 구하기 어려운 것들이 있다. 이 글에서는 미번역이나 절판에 상관없이 책을 선택하였는데, 그렇게 하는 편이 전체적인 맥락을 파악하는데 도움이 되고 여성학 연구자들이 책을 참조하는데도 도움이 될 것이기 때문이다. 또한 미번역작의 소개가 우에노 저서의 번역에 일조할 수 있다면 더할 나위가 없겠다.

내용은 우리말의 '수발'에 가깝다. 즉, '혼자서 일상생활을 영위하는 데 불편함을 겪는 이들에게 제공되는 돌봄 서비스'가 개호이며, 특히 '고령자 돌봄'이라는 제한된 의미에서 주로 사용된다.

일본에서 '개호'를 학문적으로 개척한 선구자로서 우에노를 소개하는 데에는 주저할 필요가 없다. 물론 그녀가 개호 연구에 손을 대기 이전에도 개호에 대한 논의는 존재해왔으나 그 동안의 논의를 엮는 사상적 토대를 제공하고 그것을 바탕으로 정책적 실천까지 이끌어내는 하나의 체계를 세웠다는 점에서 개호 연구에 기여한 우에노의 공헌은 독보적이다. 그런 그녀의 공헌을 한 권의 책으로 읽을 수 있는 것이 《케어의 사회학ケアの社会学―当事者主権の福祉社会へ》(2011) 이다. 500쪽이 넘는 이 책에는 말 그대로 우에노의 개호 연구가 집대성되어 있는데, 관련 분야 연구자들에게는 빼놓을 수 없는 참고서가 되리라 의심치 않는다(아직 한국어로 번역되어 있지 않지만 곧 소개되리라 기대한다).

《케어의 사회학》을 발표하기 전, 젠더론과 당사자 주권주의의 아이디어에 입각하여 '어떻게 개호받을 것인가', '어떻게 노후를 보낼 것인가'에 관해 쓴 《오히토리사마의 노후おひとりさまの老後》(2007)는 약 100만 부의 판매를 기록하며 일본 사회에 충격을 주었다. '싱글은 여자라면 누구나 맞이하게 될 운명'이라는 눈이 번쩍 뜨이는 명제로 시작하는 이 책은, 모두가 믿어 의심치 않는 '가족 개호[2]'가 사실은 실현 가능성이 매우 낮은 이데올로기에 불과하며 설사 가족 개호를 받는 데 성공한다 하더라도 그것이 개호하는 쪽과 개호받는 쪽

모두를 불행하게 만들 수 있다는 사실을 설파함으로써 많은 사람들을 놀라게 했다. 또한 많은 사람들이 '노후 대책'으로 경제적인 것에만 집중하던 때에, 만족스러운 노후를 보내기 위해서는 하드웨어(돈)뿐만 아니라 그걸 적절히 사용할 소프트웨어(마음가짐) 역시 필수적이라는 사실을 일깨워주고 그 소프트웨어의 구체적 내용을 풍부한 사례로 풀어놓아 중장년층(특히 여성)의 폭넓은 지지를 얻었다.

강연회장에서 만나는 우에노는 청중의 웃음과 맞장구를 이끌어내는 '입담꾼'이지만, 사실 그녀는 '싸움꾼'으로서의 '악명'이 더 높다. 젠더 불평등을 재생산하는 기본 단위로서의 가부장적 가족 제도는 그녀가 가장 오랫동안 그리고 가장 치열하게 싸워왔던 주제였으며, 그런 그녀에게 이론적 무기를 제공해준 것이 마르크스주의 페미니즘이다. 보이지 않는 존재인 '무상 노동자unpaid worker로서의 가사 노동자'를 가시적 존재로 만들기 위한 그녀의 노력은 그녀를 이시하라 신타로[3] 공식 지정 '위험인물 제1호'로 만들어주기도 하였다.

2 고령자 돌봄의 의무와 권리가 오로지 가족에게만(고령자 본인 역시 제외된다) 있다고 여기는 것. '늙고 힘없어지면 자식에게 기대면 된다', '부모를 모시는 것은 자식된 도리', '자식 집에 안 가고 혼자 사는 노부모를 측은하게 여기는 마음' 등의 사고방식도 가족 개호를 전제로 하고 있다.

3 1932년생. 1999년부터 2012년까지 도쿄도지사 재임. 2011년 3월 11일 동일본대지진 때 "쓰나미는 정신 못 차리고 있는 일본인에게 내린 천벌이다. 쓰나미로 마음을 깨끗하게 씻어내고 새로 출발해야 한다"라는 발언으로 물의를 빚었으나 뒤이어 열린 도지사 선거에서 재선에 승리했다.

치열한 논쟁에서 사용되는 탄약은 정교하게 구축된 논리이다. 따라서 이 주제와 관련된 우에노의 저술은 쉽게 읽히는 종류의 것이 아니다. 학술적인 논의에 따라갈 준비가 되어 있다면《자본제와 가사노동資本制と家事労働—マルクス主義フェミニズムの問題構制》(1985),《가부장제와 자본주의家父長制と資本制—マルクス主義フェミニズムの地平》(1990, 2009, 한국어판 1994)와 이미 고전이라 할 수 있는《근대가족의 성립과 종언近代家族の成立と終焉》(1994, 한국어판 2009) 등을 권할 수 있다. 이 밖에 전문 건축가들과 함께 건축 구조 속에서 근대 가족의 흔적을 읽어내는 대단히 흥미로운 시도인《가족을 담는 상자, 가족을 넘는 상자家族を容れるハコ 家族を超えるハコ》(2002)는 가볍게 읽을 수 있으면서도 많은 생각거리를 던져주는 책이다.

'한 번 걸려온 싸움은 절대로 피하지 않는다'는 호전적 태도가 그녀의 '악명'을 널리 퍼지게 하기 이전, '팔리는 작가'로서 메이저 데뷔에 성공했을 당시 그녀가 다룬 테마는 '남자는 왜 여자 팬티를 보면 흥분하는가'와 같은 '선정적'인 것이었다. 실제로 선정적 제목과 표지에 '낚여' 많은 남자들이 그녀의 책을 손에 들었다고 하는데, 마스터베이션 재료를 찾고자 했던 이들이 그녀의 문장을 읽으며 뒤통수를 세게 얻어맞는 기분을 맛보았는지도 모르겠다.《여성혐오를 혐오한다》의 본문에도 수차례 등장하는《스커트 밑의 극장スカートの下の劇場—ひとはどうしてパンティにこだわるのか》(1989, 한국어판 1991)과《발정장치発情装置—エロスのシナリオ》(1998), 그녀의 데뷔작인《섹시 걸의 대연구セクシィ・ギャルの大研究—女の読み方・読まれ方・読ませ方》(1982,

2009), 연애의 본질을 '아이덴티티 게임'으로 풀어내는 놀라운 내용을 담고 있는《여자라는 쾌락女という快楽》(1986) 등의 저작이 바로 그것이다.

　이 책《여성 혐오를 혐오한다》는 그러한 그녀의 초기 관심사를 총정리한 책이라 할 수 있다. 사람은 어떻게 '여성' 그리고 '남성'으로 태어나게 되는가, 여성(성적 객체)과 남성(성적 주체)의 비대칭적 권력 관계는 왜 생겨나게 되는가, 궁극적으로 '남녀 관계(=연애)'란 무엇인가에 관한 우에노의 생각을 '총결산'하는 완결편이라 봐도 좋을 것이다.

　'개호, 가족, 연애' 이외에도 우에노는 여러 주제와 관련한 글을 남기고 있는데, 페미니즘 전반에 관한 그녀의 초기 생각을 알 수 있는 저작으로《여자 놀이》(1988, 한국어판 2000), 최근의 생각을 알 수 있는 저작으로《차이의 정치학差異の政治学》(2002)이 있다. 그녀의 중요한 테마 중 하나(였던)인 구조주의 관련 저작으로는《구조주의의 모험構造主義の冒険》(1985)을 참조할 수 있다. 우에노가 일본 국내에서 전쟁(그리고 '위안부')과 관련하여 어떤 논의를 전개하였는가를 알고 싶다면《내셔널리즘과 젠더ナショナリズムとジェンダー》(1998, 한국어판 1999),《살아남기 위한 사상生き延びるための思想—ジェンダー平等の罠》(2006) 등을 읽을 수 있다. 그 밖에 도쿄대학교 교수 부임을 계기로 도쿄대학생들을 관찰, 분석하고 학교 제도 전반에 관해 논한 책으로《사요나라, 학교화 사회サヨナラ, 学校化社会》(2002, 2008)가 있으며, 기회가 된다면 우에노의 '소녀적 감수성'을 맛볼 수 있는 개인적 내용의 에

세이집을 읽어보는 것도 색다른 재미를 줄 것이다.

번역과 관련한 몇 가지를 일러두며 역자 후기를 마치고자 한다.

첫째, 본문에서 여성, 여자, 남성, 남자라는 단어가 사용되었는데 이는 원문을 직역한 것이 아니다. 각 단어의 사용 기준은 조한혜정이 《성찰적 근대성과 페미니즘》(1998, pp. 142)에서 사용한 '집단적 성격일 경우에는 여성/남성, 구체적 성격일 경우에는 여자/남자'에 준거하여 역자가 임의로 번역하였다.

둘째, '마케이누負け犬'는 '루저loser'로 번역하였다. 우에노가 자주 사용하는 이 단어는 언제나 적당한 역어를 찾는데 고민하게 만드는 단어이다. 직역하면 '패배한 개'이고 승자 그룹에 대한 반의어로 사용되므로 '패자 그룹'으로 번역이 가능하나, 원어가 가지고 있는 풍자적 뉘앙스를 전달하기에는 부족하다. 그런데 뜻하지 않게 '루저녀' 소동이 일어나 영단어 '루저'가 널리 퍼지게 되었고 '사회적 기준에 미치지 못하는 낙오자 그룹'을 표현할 시니컬한 언어를 얻게 되었다. 논쟁으로서는 거의 아무런 가치를 가지지 않는 '루저녀 소동'이지만 이런 점에서는 평가할 만하다.

셋째, 영어에서는 이중의 의미, 풍자적 의미 등을 나타내기 위해 작은따옴표(' ')를 사용한다. 비슷하게 일본어에서도 꺾쇠(「」)를 사용하곤 하는데, 한국어에는 원래 그런 습관이 없으나 번역물이 늘어나면서 영어나 일본어의 습관을 들여와 사용하기도 한다. 다만 그것이 의미하는 바가 일반적으로 공유되고 있지 않으므로 다시 설명을 하고자 한다. 본문에 수많은 작은따옴표가 등장하는데, 인용과 강조를 표시하기 위해 사용한 부분을 제외한 대부분의 작은따옴표는 '단어가 뜻하는 본래 의미로 사용되지 않았음'을 나타내는 의미로 사용되었다. 예를 들어 '나이 서른에 애인도 없는 "루저"'라는 문장에서 '루저'는 진짜 루저를 가리키는 것이 아니라 세상이 규정한 '이른바 루저'를 풍자적으로 가리키는 말이다.

마지막으로, 한국어판 서문에 나온 20년 전의 이야기에 대해 부연 설명을 하자.《스커트 밑의 극장》은 '시기상조'라는 최초의 응답이 있은 후 약 2년 뒤에 번역 출간이 되었다. 2년이라는 기간은 일반적으로 번역 출판에 걸리는 시간을 생각하면 거의 아무런 '지체' 없이 작업이 진행된 축에 속하며, 따라서 우에노의 저작이 '20년 전에는 시기상조였고 20년이 흐른 지금에는 시기상조가 아니'게 되었다는 이해는 옳지 않다. 다만 한국판의 표지가 원서의 '선정적'인 것에서 덜 '선정적'인 것으로 바뀌었고, 간혹 서점의 책 분류에서 '인문/사회'가 아니라 '실용/취미', '패션/미용'으로 구분되는 등 아주 '작은' 변화가 더해졌을 뿐이다.

나일등

참고문헌[*]

일본어 문헌 50음 순

● 赤木智弘,《若者を見殺しにする国 — 私を戦争に向かわせるものは何か》, 双風舎, 2007.

● 浅野智彦,「孤独であることの二つの位相」, 大澤真幸編,《アキハバラ発》, 岩波書店, 2008.

● 'アジア·太平洋地域の戦争犠牲者に思いを馳せ, 心に刻む集会' 実行委員会編,《アジアの声 第11集 私は「慰安婦」ではない — 日本の侵略と性奴隷》, 東方出版, 1997.

● 雨宮まみ,《女子をこじらせて》, 幻冬舎文庫, 2015 / ポット出版, 2011.

● 飯島愛子,《《侵略=差別》の彼方へ — あるフェミニストの半生》, インパクト出版会, 2006.

● 石原宗典,「『第三のジェンダー』研究を再考する」(未発表), 2005.

● 伊藤詩織,《Black Box》, 文藝春秋, 2017.
이토 시오리(김수현 역),《블랙박스》, 미메시스, 2018.

● 絲山秋子,《沖で待つ》, 文藝春秋, 2006.
이토야마 아키코(권남희 역),《바다에서 기다리다》, 북폴리오, 2006.

[*] 저작물의 해당 원어로 기재하는 것을 원칙으로 하되, 한국어 판본이 있는 경우 한국어 판본의 출간 정보를 병기하였습니다.

● 井上輝子・上野千鶴子・江原由美子編,《日本のフェミニズム1 —— リブとフェミニズム》,岩波書店, 1994.

● 岩月謙司,《なぜ,「白雪姫」は毒リンゴを食べたのか》,新潮社, 2003.

● ヴィンセント, キース・風間孝・河口和也,《ゲイ・スタディーズ》,青土社, 1997.

● 上野千鶴子,「異人・まれびと・外来王 —— または,『野生の権力理論』」,〈現代思想〉一九八四年四月号,青土社(1985,《構造主義の冒険》,勁草書房に収録), 1984.

● 上野千鶴子,「〈外部〉の分節 —— 記紀の神話論理学」,桜井好朗編,《大系仏教と日本人第1巻　神と仏》,春秋社, 1985.

● 上野千鶴子,「めうと事して遊ぶ此里 —— 江戸の戀」,〈言語生活〉四二五号, 1987.

● 上野千鶴子,「解説」,《日本近代思想大系23 風俗 性》,岩波書店, 1990.

● 上野千鶴子・小倉千加子・富岡多惠子,《男流文学論》,筑摩書房, 1992.

● 上野千鶴子,《近代家族の成立と終焉》,岩波書店, 1994.

우에노 지즈코(이미지문화연구소 역),《근대가족의 성립과 종언》, 당대, 2009.

● 上野千鶴子,「セクシュアリティの社会学・序説」,上野ほか編,《岩波講座現代社会学10 セクシュアリティの社会学》,岩波書店, 1996.

● 上野千鶴子編,《キャンパス性差別事情 —— ストップ・ザ・アカハラ》,三省堂, 1997.

● 上野千鶴子,《ナショナリズムとジェンダー》,青土社, 1998a.

우에노 지즈코(이선이 역),《내셔널리즘과 젠더》, 박종철출판사, 1999.

- 上野千鶴子,《発情装置 —— エロスのシナリオ》, 筑摩書房, 1998b.

- 上野千鶴子·宮台真司, 「対談　援助交際は売春か?」, SEXUAL RIGHTS PROJECT編, 《買売春解体新書 —— 近代の性規範からいかに抜け出すか》, つげ書房新社, 1999.

- 上野千鶴子,《差異の政治学》, 岩波書店, 2002.

- 上野千鶴子編,《脱アイデンティティ》, 勁草書房, 2005.

- 上野千鶴子,《生き延びるための思想》, 岩波書店, 2006a.

- 上野千鶴子, 「それでも『家族』は生きる」—— 斎藤環《家族の痕跡》書評,〈ちくま〉四一八号, 筑摩書房, 2006b.

- 上野千鶴子, 「インタビュー ポルノグラフィと女性 —— 表象と現実は地続きか?」, 2007, 永山薫·昼間たかし編,《2007–2008　マンガ論争勃発》, マイクロマガジン社, 2007.

- 上野千鶴子·蘭信三·平井和子編,《戦争と性暴力の比較史へ向けて》, 岩波書店, 2018.

우에노 지즈코·아라라기 신조·히라이 가즈코(서재길 역),《전쟁과 성폭력의 비교사》, 어문학사, 2020.

- 内田樹,《私家版·ユダヤ文化論》, 文春新書, 2006.

- 浦河べてるの家,《べてるの家の「当事者研究」》, 医学書院, 2005

- 江藤淳,《成熟と喪失 ——"母"の崩壊》, 河出書房新社, 1967(初版) / 1988.

- 江原由美子,《女性解放という思想》, 勁草書房, 1985.

- 大塚英子,《「暗室」のなかで —— 吉行淳之介と私が隠れた深い穴》, 河出書房新社, 1995.

● 大塚英子,《暗室日記》上・下, 河出書房新社, 1998.

● 大塚英子,《「暗室」のなかの吉行淳之介》, 日本文芸社, 2004.

● 大塚英志,《少女民俗学》, 光文社カッパ・サイエンス, 1989 / 光文社文庫, 1997.

● 奥本大三郎,「男の領分 ── 『驟雨』小論」,〈ユリイカ〉一九八一年十一月号, 青土社, 1981.

● 小倉千加子,《セクシュアリティの心理学》, 有斐閣選書, 2001.

● 小倉千加子,《ナイトメア ── 心の迷路の物語》, 岩波書店, 2007.

● 落合恵美子,《21世紀家族へ ── 家族の戦後体制の見かた・超えかた》, 有斐閣, 1994 / 第3版, 有斐閣, 2004.
오치아이 에미코(이동원 역),《21세기 가족에게: 일본의 가족과 사회》, 양서원, 2004.

● 小野和子,《京大・矢野事件 ── キャンパス・セクハラ裁判の問うたもの》, インパクト出版会, 1998.

● 小野登志郎,《ドリーム・キャンパス ── スーパーフリーの「帝国」》, 太田出版, 2004.

● 角田光代,《対岸の彼女》, 文藝春秋, 2004.
가쿠다 미쓰요(최선임 역),《대안의 그녀》, 작품, 2005.

● 勝間和代,《勝間和代のインディペンデントな生き方　実践ガイド》, ディスカヴァー携書, 2008.

● 加藤秀一,「性的身体ノート ──〈男語り〉の不可能性から〈新しい人〉の可能性へ」, 鷲田ほか編,《身体をめぐるレッスン2　資源としての身体》, 岩波書店,

2006.

● 加納実紀代,《女たちの〈銃後〉》, 筑摩書房, 1987 / 増補新版, インパクト出版会, 1995.

● 川上未映子,《ヘヴン》, 講談社, 2009.

가와카미 미에코(김춘미 역),《헤븐》, 비채, 2011.

● 岸政彦·雨宮まみ,《愛と欲望の雑談》, ミシマ社, 2016.

아마미야 마미·기시 마사히코(나희영 역),《보통의 행복》, 포도밭출판사, 2018.

● 岸本裕紀子,《定年女子 —— これからの仕事 生活 やりたいこと》集英社文庫, 2017 / 集英社, 2015.

● 木村涼子,「ジェンダーと学校文化」, 長尾彰夫·池田寛編,《学校文化》, 東信堂, 1990(井上輝子ほか編,《日本のフェミニズム4 権力と労働》, 岩波書店に再録, 1994).

● 桐野夏生,《グロテスク》, 文春文庫, 2006.

기리노 나쓰오(윤성원 역),《그로테스크》, 문학사상사, 2005.

● 桐野夏生,《IN》, 集英社, 2009.

기리노 나쓰오(권일영 역),《IN》, 살림, 2013.

● 倉塚曄子,《巫女の文化》, 平凡社, 1979.

● 倉橋由美子,《聖少女》, 新潮社, 1965.

쿠라하시 유미꼬(서은혜 역),《성소녀》, 창비, 2014.

● 高知新聞社編,《植木枝盛日記》, 高知新聞社, 1955.

● 小島信夫,《抱擁家族》, 講談社文芸文庫, 1988.

고지마 노부오(김상은 역),《포옹가족》, 문학과지성사, 2020.

- 小谷野敦,《帰ってきたもてない男》, ちくま新書, 2005.

- 金野美奈子,《OLの創造 —— 意味世界としてのジェンダー》, 勁草書房, 2000.

- 斎藤綾子,《愛より速く》, 新潮文庫, 1998 / JICC出版局, 1981.

- 斎藤環,《生き延びるためのラカン》, バジリコ, 2006a

- 斎藤環,《家族の痕跡》, 筑摩書房, 2006b.

- 斎藤環,《母は娘の人生を支配する —— なぜ「母殺し」は 難しいのか》, NHK
ブックス, 2008.

- 斎藤環,《関係する女 所有する男》, 講談社現代新書, 2009.

- 斎藤美奈子,《文壇アイドル論》, 岩波書店, 2002.

사이토 미나코(나일등 역),《문단 아이돌론》, 한겨레출판, 2017.

- 酒井順子,《マーガレット酒井の女子高生の面接時間》, 角川文庫, 1996.

- 酒井順子,《少子》, 講談社, 2000.

- 酒井順子,《負け犬の遠吠え》, 講談社, 2003.

사카이 준코(김경인 역),《서른 살의 그녀 인생을 논하다》, 홍익출판사, 2004.

- 桜庭一樹,《私の男》, 文藝春秋, 2007.

사쿠라바 가즈키(김난주 역),《내 남자》, 재인, 2008.

- 佐藤裕,《差別論》, 明石書店, 2005.

- 佐野眞一,《東電OL殺人事件》, 新潮文庫, 2003a.

사노 신이치(류순미 역),《도쿄전력 OL 살인사건》, 글항아리, 2018.

- 佐野眞一,《東電OL症候群》, 新潮文庫, 2003b.

- 佐野洋子,《シズコさん》, 新潮社, 2008.

사노 요코(윤성원 역),《시즈코 상》, 펄북스, 2016.

● サルトル, ジャン=ポール (白井浩司・平井啓之訳),《サルトル全集　第三四巻　聖ジュネⅠ》,《サルトル全集　第三五巻　聖ジュネⅡ》, 人文書院, 1966.

● 清水ちなみ,《お父さんには言えないこと》, 文藝春秋, 1997 / 文春文庫, 2000.

● 白井裕子,「男子生徒の出現で女子高生の外見はどう変わったか：母校・県立女子高校の共学化を目の当たりにして」,〈女性学年報〉二七号, 日本女性学研究会, 2006.

● 鈴木涼美,《身体を売ったらサヨウナラ —— 夜のオネエサンの愛と幸福論》, 幻冬舎, 2014.

● 鈴木道彦,「日本のジュネ」,〈新日本文学〉一九六七年二月号 (いいだ・もも編,《反抗的人間》, 平凡社, 1967 / 鈴木道彦,《アンガージュマンの思想》, 晶文社に再録, 1969).

● 鈴木道彦,《越境の時 —— 一九六〇年代と在日》, 集英社新書, 2007.

● 鈴木由加里,《「モテ」の構造》, 平凡社新書, 2008.

● スペース・ニキ編,〈ダディ〉(上映用資料), スペース・ニキ, 1980.

● 清野初美,《話があるの ——「分かりあいたい女」と男》, 創風社出版, 2009.

● 関根英二,《〈他者〉の消去》, 勁草書房, 1993.

● ジェーン・スー,《貴様いつまで女子でいるつもりだ問題》, 幻冬舎, 2014.

● 曾野綾子,「時代の風」,《毎日新聞》朝刊, 一九九九年二月七日.

● 竹村和子,《愛について —— アイデンティティと欲望の政治学》, 岩波書店, 2002.

● 田嶋陽子,「父の娘と母の娘と」, 鷲見八重子・岡村直美編,《現代イギリスの女性作家》, 勁草書房, 1986.

● 田中貴子,《日本ファザコン文学史》, 紀伊國屋書店, 1998.

● 田中美津,《いのちの女たちへ —— とり乱しウーマン・リブ論》, 増補新装版,

パンドラ, 2004 / 田畑書店, 1972.

● 田中優子,《江戸の恋》, 集英社新書, 2002.

● 谷崎潤一郎,《痴人の愛》, 改造社, 1925 / 中公文庫, 2006.

다니자키 준이치로(김춘미 역),《치인의 사랑》, 민음사, 2018.

● 田房永子,《男しか行けない場所に女が行ってきました》, イースト・プレス,

2015.

● ダラ・コスタ, ジョヴァンナ・フランカ(伊田久美子訳),《愛の労働》, インパ

クト出版会, 1991.

● 永井荷風,《現代日本文學大系24 永井荷風集2》, 筑摩書房, 1971.

● 永井荷風,「四畳半襖の下張」,〈月刊面白半分〉第一巻第七号, 1972.

● 中島梓,《美少年学入門》(増補新版), くま文庫, 1998.

● 中島京子・伊藤詩織,「中島京子の《扉をあけたら》」,《本の窓》, 二〇一八年一月

号, 小学館, 2018.

● 中村うさぎ,《ショッピングの女王》, 文藝春秋, 1999.

나카무라 우사기(안수경 역),《쇼핑의 여왕》, 사과나무, 2002.

● 中村うさぎ・石井政之,《自分の顔が許せない！》, 平凡社新書, 2004.

● 中村うさぎ・倉田真由美,《うさたまの霊長類オンナ科図鑑》, 角川書店, 2005.

● 中村うさぎ,《女という病》, 新潮社, 2005.

● 中村うさぎ,《私という病》, 新潮社, 2006.

● 中村うさぎ,《鏡の告白》, 講談社, 2007a.

● 中村うさぎ,《セックス放浪記》, 新潮社, 2007b.

● 永山薫,《エロマンガ・スタディーズ ──「快楽装置」としての漫画入門》, イ
ースト・プレス, 2006.

● 永山薫・昼間たかし編,《2007-2008　マンガ論争勃発》, マイクロマガジン
社, 2007.

● ナフィーシー, アーザル(市川恵里訳),《テヘランでロリータを読む》, 白水
社, 2006.

아자르 나피시(이소영 역),《테헤란에서 롤리타를 읽다》, 한숲출판사, 2003.

● ナボコフ, ウラジーミル(若島正訳),《ロリータ》, 新潮文庫, 2006.

블라디미르 나보코프(김진준 역),《롤리타》, 문학동네, 2013.

● 信田さよ子,《愛情という名の支配》, 海竜社, 1998.

● 信田さよ子,《母が重くてたまらない ── 墓守娘の嘆き》, 春秋社, 2008.

● 林真理子,《不機嫌な果実》, 文藝春秋, 1996.

하야시 마리코(정회성 역),《불유쾌한 과일》, 큰나무, 2009.

● 林真理子,《ミスキャスト》, 講談社, 2000.

● 林真理子・上野千鶴子,「マリコのここまで聞いていいのかな　林さん, もう
《アグネス論争》では寝返ってもいいんじゃない?」,〈週刊朝日〉二〇〇一年三
月二日号, 朝日新聞社, 2001.

● 林真理子,《アッコちゃんの時代》, 新潮社, 2005a.

● 林真理子,「でもね, 恋愛小説は」,〈朝日新聞〉夕刊　二〇〇五年三月二二日,
2005b.

● 速水由紀子,《あなたはもう幻想の女しか抱けない》, 筑摩書房, 1998.

● パンドラ編、《バトルセックス》、現代書館, 1990.

● 彦坂諦、《男性神話》、径書房, 1991.

● 深澤真紀、《自分をすり減らさないための人間関係メンテナンス術》、光文社, 2009.

● 藤川隆男編、《白人とは何か？── ホワイトネス・スタディーズ入門》、刀水書房, 2005.

● 伏見憲明、《欲望問題》、ポット出版, 2007.

● 藤本箕山、《色道大鏡》, 1678 ／ 野間光辰編、《日本思想大系60 近世色道論》、岩波書店, 1976.

● フリーターズフリー編、《フェミニズムはだれのもの？── フリーターズフリー対談集》、人文書院, 2010.

● 星野智幸、《虹とクロエの物語》、河出書房新社, 2006

● 本郷和人、「アカデミズムとおたく」、〈メカビ〉02, 講談社, 2006.

● 三浦展、《非モテ！── 男性受難の時代》、文春新書, 2009.

● 水田宗子、《物語と反物語の風景── 文学と女性の想像力》、田畑書店, 1993.

● 溝口明代・佐伯洋子・三木草子編、《資料日本ウーマン・リブ史Ⅰ》、松香堂書店, 1992.

● 宮台真司、《〈性の自己決定〉原論》、紀伊國屋書店, 1998.

● 宮台真司、《制服少女たちの選択── After 10 Years》、朝日文庫, 2006.

● 牟田和恵、《部長、その恋愛はセクハラです！》、集英社新書, 2013.
무타 가즈에(박선영 외 역)、《부장님, 그건 성희롱입니다!》、나름북스, 2015.

● モア・リポート班編、《モア・リポートNOW》、集英社, 1990.

● 森岡正博,《感じない男》, ちくま新書, 2005.

모리오카 마사히로(김효진 역),《남자는 원래 그래》, 리좀, 2005.

● 山田昌弘,《結婚の社会学》, 丸善ライブラリー, 1996

● 山田昌弘·白河桃子,《「婚活」時代》, ディスカヴァー携書, 2008.

야마다 마사히로, 시라카와 도코(나일등 역),《결혼 심리 백서》, 이덴슬리벨, 2009.

● 湯山玲子,《文化系女子という生き方「ポスト恋愛時代宣言」！》, 大和書房, 2014.

● 吉行淳之介,《砂の上の植物群》, 新潮文庫, 1985.

● 鷲田清一·荻野美穂·石川准·市野川容孝編,《身体をめぐるレッスン2 資源としての身体》, 岩波書店, 2006.

비일본어 문헌 abc 순

● Atwood, Margaret,《The Handmaid's Tale》, Toronto: McClelland and Stewart, 1985 = 斎藤英治訳,《侍女の物語》, 新潮社, 1990.

마거릿 애트우드(김선형 역),《시녀 이야기》, 황금가지, 2002.

● Boston Women's Health Book Collective,《The New Our Bodies, Ourselves》, New York: Simon & Schuster, 1984 = 藤枝澤子 監修,《からだ·私たち自身》, 日本語翻訳グループ訳,《からだ·私たち自身》, ウィメンズブックストア松香堂, 1988.

● Dalby, Liza C.,《Geisha》, Berkeley: University of California Press, 1983 =

入江恭子訳,《芸者── ライザと先斗町の女たち》, TBSブリタニカ, 1985.

리자 댈비(유용훈 역),《게이샤》, 우석출판사, 1999.

● Deleuze, Gilles et Guattari, Felix,《L'anti-Oedipe: Capitalisme et Schizophrénie》, Paris: Editions de Minuit, 1972 = 市含宏祐訳,《アンチ・オイディプス── 資本主義と分裂症》, 河出書房新社, 1986.

질 들뢰즈·펠릭스 가타리(김재인 역),《안티 오이디푸스》, 민음사, 2014.

● Duby, Georges et Perrot, Michelle,《Histoire des Femmes en Occident, 2 Le Moyen Age》, Paris: Plon, 1991 =《女の歴史 II 中世 I》, 藤原書店, 1994.

● Fineman, Martha, A.,《The Neutered Mother, the Sexual Family, and Other Twentieth Century Tragedies》, New York & London: Routlege, 1995 = 上野千鶴子監訳·解説, 速水葉子·穐田信子訳,《家族, 積みすぎた方舟── ポスト平等主義のフェミニズム法理論》, 学陽書房, 2003.

● Foucault, Michel,《L'Histoire de la Sexualité, tome I-III》, Paris: Editions Gallimard, 1976-84 = 渡辺守章他訳,《性の歴史》全三巻, 新潮社, 1986-87.

미셸 푸코(이규현 역),《성의 역사 1: 앎의 의지》, 나남출판, 2004.

미셸 푸코(문경자 역),《성의 역사 2: 쾌락의 활용》, 나남출판, 2004.

미셸 푸코(이혜숙 역),《성의 역사 3: 자기 배려》, 나남출판, 2004.

● Foucault, Michel,《The History of Sexuality, Volume 1-3, translated by Robert Hurley》, New York: Vintage Books, 1980-86.

● Gay, Peter,《Education of the Senses: The Bourgeois Experience, Victoria to Freud》, 1984 = 篠崎実·鈴木実佳·原田大介訳,《官能教育》1·2, みすず書房, 1999.

● Girard, René, 《Deceit, Desire, and the Novel: Self and Other in Literary Structure》, Baltimore: Johns Hopkins University Press, 1965 = 吉田幸男訳, 《欲望の現象学》, 法政大学出版局, 1971.

● Hite, Shere, 《The Hite Report: A Nationwide Study of Female Sexuality》, New York: Macmillan, 1976 = 石川弘義訳, 《ハイト・リポート —— 新しい女性の愛と性の証言》, パシフィカ, 1977.

● Kerber, Linda, 《No Constitutional Right to be Ladies: Women and the Obligations of Citizenship》, New York: Hills and Wang, 1998.

● Levi-Strauss, Claude, 《Les Structures élémentaires de la parenté》, Paris: PUF, 1949 = 馬渕東一・田島節夫監訳, 《親族の基本構造》, 番町書房, 1977.

● MacKinnon, Catharine, 《Feminism Unmodified: Discourses on Life and Law》, Cambridge: Harvard University Press, 1987 = 奥田暁子・加藤春恵子・鈴木みどり・山崎美佳子訳, 《フェミニズムと表現の自由》, 明石書店, 1993.

● Michael, R.T., Gagnon, J.H., Laumann, E.O. & Kolata, G., 《Sex in America: A Definitive Survey》, New York: Little Brown and Co, 1994 = 近藤隆文訳, 《セックス・イン・アメリカ》, NHK出版, 1996.

● Morrison, Toni, 《Playing in the Dark: Whiteness and Literary Imagination》, Cambridge: Harvard University Press, 1992 = 大社淑子訳, 《白さと想像力 —— アメリカ文学の黒人像》, 朝日新聞社, 1994.

● Rich, Adrienne, 《Blood, Bread & Poetry: Selected Prose 1979-1985》, New York: Norton, 1986 = 大島かおり訳, 《血, パン, 詩 —— アドリエンヌ・リッチ女性論》, 晶文社, 1989.

● Rubin, Gayle, 《The Traffic in Women: Notes Towards a 'Political Economy' of Sex, in Rayna Reiter, ed., Toward an Anthropology of Women》, New York: Monthly Review Press, 1975 = 長原豊訳, 「女たちによる交通——性の『政治経済学』についてのノート」, 〈現代思想〉 二〇〇〇年二月号, 2000.

● Said, Edward W., 《Orientalism》, New York: Pantheon Books, 1978 = 今沢紀子訳, 《オリエンタリズム》, 平凡社, 1986.

에드워드 사이드(박홍규 역), 《오리엔탈리즘》, 교보문고, 2000.

● Saint-Phalle, Niki de, 《Mon Secret》, Paris: La Différence, 1994.

● Schultz, Pamela D., 《Not Monsters》, New York: Rowman & Littlefield Publishers, 2005 = 颯田あきら訳, 《9人の児童性虐待者》, 牧野出版, 2006.

패멀라 D. 슐츠(한국성폭력상담소 부설연구소 울림 역), 《괴물이 된 사람들》, 이후, 2014.

● Sedgwick, Eve Kosofsky, 《Between Men: English Literature and Male Homosocial Desire》, New York: Columbia University Press, 1985 = 上原早苗・亀澤美由紀訳, 《男同士の絆》, 名古屋大学出版会, 2001.

● Sedgwick, Eve Kosofsky, 《Epistemology of the Closet》, Berkeley: University of California Press, 1990 = 外岡尚美訳, 《クローゼットの認識論——セクシュアリティの20世紀》, 青土社, 1999.

여성 혐오를 혐오한다

1판 1쇄 발행 2012년 4월 25일
2판 1쇄 발행 2015년 10월 21일
2판 11쇄 발행 2020년 5월 8일
개정판 1쇄 발행 2022년 6월 14일

지은이 · 우에노 지즈코
옮긴이 · 나일등
펴낸이 · 주연선

(주)은행나무
04035 서울특별시 마포구 양화로11길 54
전화 · 02)3143-0651~3 | 팩스 · 02)3143-0654
신고번호 · 제1997-000168호(1997. 12. 12)
www.ehbook.co.kr
ehbook@ehbook.co.kr

ISBN 979-11-6737-172-0 (03300)